Introduction to video advertising

视频广告概论

方迎丰 余思慧 简予繁 编著

武汉理工大学出版社
·武汉·

图书在版编目(CIP)数据

视频广告概论 / 方迎丰，余思慧，简予繁编著.—武汉：武汉理工大学出版社，2013.9(2018.5 重印)
ISBN 978-7-5629-4118-7

Ⅰ.①视…
Ⅱ.①方… ②余… ③简…
Ⅲ.①计算机网络－视频系统－广告学
Ⅳ.①F713.80-39

中国版本图书馆 CIP 数据核字(2013)第 182225 号

项目负责人：王兆国
责 任 编 辑：李兰英
责 任 校 对：向玉露
装 帧 设 计：语新文化
出 版 发 行：武汉理工大学出版社
地址：武汉市洪山区珞狮路 122 号
邮编：430070
网址：http://www.techbook.com.cn
经销：各地新华书店
印刷：武汉中远印务有限公司
开本：880×1230 1/16
印张：11
字数：350 千字
版次：2013 年 9 月第 1 版
印次：2018 年 5 月第 2 次印刷
印数：3001—4000 册
定价：39.00 元

凡购本书，如有缺页、倒页、脱页等印装质量问题，请向出版社发行部调换。
本社购书热线电话：027-87785758 87515778 87515848 87165708（传真）

前　言

数字技术和网络技术的广泛应用给当代广告业及广告学理论带来了巨大冲击,从业界来看,数字视频广告从根本上改变了传统影视广告的表现形式、传播方式和制作主体;从广告学教育来看,传统的影视广告理论及教学方法面临着“落伍”的尴尬局面。在数字电视、数字出版、数字传播日渐成为传播业的生态环境之时,视频广告,作为传统影视广告与数字技术结合之后的进化形态,正在成为主流的广告形式。本书应该是国内较早的由专业广告教师编著的有关视频广告的论著及教材。

本书最大的特色是前瞻性、学术性与实用性的结合。本书中收集并分析了大量经典和最新的视频广告案例(附光盘),语言通俗流畅,可读性强;本书不是草率之作,而是立足于丰富的教学实践及教学研究经验。

本书编著者有三人:方迎丰负责策划、统稿及撰写所有章节的理论部分;余思慧负责全书案例的编辑及第十章的案例分析;简予繁负责第五章、第六章的案例收集及分析。

本书分三个部分,详细介绍了网络视频广告这个新兴的广告形式。第一部分主要介绍网络视频的形式及发展趋势,并详细全面地介绍网络视频媒体。第二部分详细介绍了贴片广告、植入式广告、病毒式广告、品牌定制剧四种不同形式的网络视频广告。第三部分重点介绍了网络视频广告的创意和制作。

本书作为教材适合高校广告学、影视艺术学、数字传播等相关专业的本科生使用;同时,也可作为广告人的理论参考依据和阅读资料。

本书的出版由武汉理工大学“十二五”规划教材基金资助,由武汉理工大学出版社编辑精心编辑和细心校对,由武汉理工大学文法学院各位领导和同仁批评指正,本书编著者在此一并向他们表示感谢!

编著者

2013 年 5 月

CONTENTS 目录

CONTENTS

目录

第一章　网络视频与视听新媒体

第一节　网络视频概述

一、网络视频的概念及类型

“未来五年，网络视频将为传统媒体带来一场革命。”这是比尔·盖茨在 2006 年达沃斯经济年会上陈述的观点。事实上，在全球范围内，网络视频用户近几年都在持续稳步增长。

根据中国互联网络信息中心 (CNNIC)2012 年 7 月第 30 次《中国互联网络发展状况统计报告》，网络视频位列网络应用的第六位，使用率占 63.4%。

根据艾瑞研究机构最新发布的报告，2012 年在线视频已成为用户日均使用时间最长的网络应用，同时视频用户规模也在不断扩大。2012 年 5 月，在用户规模方面，在线视频服务首次超过搜索服务，成为用户规模最大的互联网应用服务。

尼尔森公司针对美国网民的调查显示，到 2014 年，收看网络视频有可能成为网络生活的主要内容。网络设备制造商思科公司的一项报告显示，到 2014 年，网络流量将达到每年 767EB（1EB 相当于 10 亿 GB），浏览网络视频将花费网民约 91%的上网时间。这两项调查表明，网络视频将是未来的发展方向。

在本书中，网络视频是一个很广泛的概念，泛指一切应用数字技术手段，在各种互联网终端上传播，以视听艺术基本规律创作的各种动态影像。

其中，“应用数字技术手段”，包括制作过程（如使用 DV、智能手机拍摄等）、上传过程（如转化成数字格式传播于互联网）、阅读过程（用户通过数字媒体终端接收和观看）及反馈过程（用户对视频的反应可以通过网络技术直接表达）。

“各种互联网终端”，一般包括互联网电视、PC 电脑设备、智能手机等。

“以视听艺术基本规律创作”，是指视频的创作必须符合一般视听艺术的基本要求，具有视听艺术的基本要素（画面、声音）。无论是影视剧、广告片、电视片，还是简单的记录性内容，其实都有视听艺术的传播手段（如拍摄角度、叙述视点等等），都包含特定的思想、观念或情感。

从互联网传播技术的角度而言，网络视频是在网络上以 WMV、RM、RMVB、FLV 以及 MOV 等视频文件格式传播的动态影像，包括各类影视节目、新闻、广告、FLASH 动画、自拍 DV、聊天视频、游戏视频、监控视频等。

网络视频从文件格式上可以分成两大类：一是影音文件，比如说常见的 VCD、DVD；二是流式视频文件，或称流媒体视频文件。

（一）影音文件

影音文件采用传统的视频格式，分轨记录着视频和音频信息。

1. AVI 格式

AVI 格式专业的名字叫音频视频交错(Audio Video Interleaved)格式，是由 Microsoft 公司开发的一种数字音频与视频文件格式，原先仅仅用于微软的视窗视频操作环境 (Microsoft Video for Windows，简称 VFW），现在已被大多数操作系统直接支持。

2. MOV 格式 (QuickTime)

QuickTime 格式是 Apple 公司开发的一种音频、视频文件格式。QuickTime 用于保存音频和视频信息，现在它被包括 Apple Mac OS、Microsoft Windows95/98/NT 在内的所有主流电脑平台支持。QuickTime 因具有跨平台、存储空间要求小等技术特点，得到业界的广泛认可，目前已成为数字媒体软件技术领域的事实上的工业标准。

3. MPEG / MPG / MPA / DAT 格式

MPEG 是 Moving Pictures Experts Group (动态图像专家组)的缩写。1988 年由国际标准化组织 ISO (International Organization for Standardiza-tion) 与国际电工委员会 IEC (International Electrotechnical Commission)联合成立专家组，专门致力于运动图像(MPEG视频)及其伴音编码(MPEG音频)标准化工作。MPEG是运动图像压缩算法的国际标准，现几乎已被所有的计算机平台共同支持。MPEG的压缩比可达200∶1。同时，图像和音响的质量非常好，并且在微机上有统一的标准格式，兼容性相当好。MPEG标准包括MPEG视频、MPEG音频和MPEG系统(视频、音频同步)三个部分，MP3音频文件就是MPEG音频的一个典型应用，而Video CD (VCD)、Super VCD (SVCD)、DVD (Digital Versatile Disk)则是全面采用MPEG技术所产生出来的新型消费类电子产品。

(二)流媒体视频文件(Streaming Video)

这种方式是先从服务器上下载一部分视频文件，形成视频流缓冲区后实时播放，同时继续下载，为接下来的播放做好准备。流媒体文件可以边下载边播放，是视频格式发展的方向。

1. RM / RMVB格式(Real Media)

RM格式是RealNetworks公司开发的一种新型流式视频文件格式，它麾下共有三员大将：RealAudio、RealVideo和RealFlash。RealAudio用来传输接近CD音质的音频数据，RealVideo用来传输连续视频数据，而RealFlash则是RealNetworks公司与Macromedia公司新近合作推出的一种高压缩比的动画格式。它在数据传输过程中可以边下载边由RealPlayer播放视频影像，而不必像大多数视频文件那样，必须先下载然后才能播放。

2. MOV文件格式(QuickTime)

MOV也可以作为一种流文件格式。

3. ASF / WMV格式

Microsoft公司推出的ASF(Advanced Streaming Format，高级流格式)，也是一个在Internet上实时传播多媒体的技术标准。

4. FLV格式

Macromedia公司开发的FLV格式是基于Flash MX软件所生成的一种格式，之前主要应用于动画领域，现已普遍应用于视频上传后格式之间的压缩和转换。

(三)其他视频格式

(1)MP4格式　适合所有手机，图像清晰，文件大小适中。

(2)3GP格式　适合所有手机，特别是内存小的手机。文件小，但清晰度略差。

(3)AMV格式　MP3的视频格式，很多可以播放视频的MP3播放器，用的就是这种格式，与MP4的区别就像VCD和DVD的区别一样。

二、网络视频的传播特点

(一)相对于传统影视产品而言，网络视频具有鲜明的网络传播特征。

1. 传播方式凸显人际交互性

从传播形态上看，网络视频的传播具备大众传播、小众传播、人际传播的综合特点。人际间的口碑与推荐在用户对视频的选择中发挥了至关重要的作用。视频网站广告由于互动、用户群等不同特点，与传统电视广告差异日渐显著。

一则富有特色的网络视频往往会通过各种社交网站和即时通讯工具以爆炸式的速度在网民之间传播开来，形成“病毒式传播”效应。网民之间，会通过反馈、评论等方式交流对视频内容的看法。视频的观赏与传播常常演变为社交活动。

在国外知名视频网站YouTube上，除浏览网页和上传文件之外，网民还可以通过回帖就某个视频发表己见，给它评分，收藏自己喜爱的视频，或者下载到手机上观看。只要创建一个用户名，网民就能通过视频搜索功能，寻找自己感兴趣的视频，还可以和那些兴趣相近的用户在线交流心得，这相当于提供了一个网络社交平台。

2. 传播范围跨越国界

与互联网的无国界传播特征一样，对比于传统影视产品的传播空间限制性，网络视频轻松实现了国际化传播和跨文化传播。

2008年奥运举办前夕，西方掀起了一股反华浪潮。正是中国的留学生用视频反驳了西方新闻界虚假的宣传，驳斥了“藏独”谬论，这个放在YouTube网站上的小小的视频短片，此时抵得上国内的千百家报纸刊登的千万条新闻。

在2009年12月，一个乌拉圭人将花费了300美元制作的4min48s的视频短片放到了YouTube视频网站上。不到24h，便有超过150万来自世界各地的网友们观看了此片，这位名不见经传的导演由此得到了好莱坞高达3000万美元的投资。

影视语言是世界性语言，能够突破文字语言的门槛，加上互联网的国际性特征，网络视频更具跨越国际的传播力。

3. 传播主体多元化

网络新媒体的内容传播和传统的大众媒介的

内容传播有着本质上的区别。网络新媒体的一个非常重要的特征，即把关人的范围和性质出现了变化，把关已经不再是少数大众媒介的特权，而成为了所有受众均可以自由表达自我意志的一种权利。

国内外知名的视频分享网站 YouTube、优酷等，采用 UGC（用户生成内容 User-generated content 的缩写，UGC 指网站或其他开放性媒介的内容由其用户贡献生成经营模式），鼓励用户上传视频资源。随着技术的更新，网民只要一个用于网络聊天的摄像头和简单的编辑技巧就可制作出属于自己的视频短片。与网友一起分享、评论视频成为一种新兴的娱乐休闲方式。YouTube 的标语是“broadcasting your-self（展示你自己）”，土豆网也宣扬“每个人都是生活的导演”。

2006 年年初，中国大陆自由职业者胡戈创作并发布了一部视频短片《一个馒头引发的血案》，其内容重新剪辑了电影《无极》和中国中央电视台社会与法频道栏目《中国法治报道》。对白经过重新改编，只有 20min 长。无厘头的对白，滑稽的视频片段分接，搞笑另类的穿插广告，使得在网络上《一个馒头引发的血案》的下载率远远高于《无极》本身。

与此同时，Hulu 等视频网站掀起 PPC（专业制作内容，Professionally Produced Content）经营模式，购买相对专业的影视制作者的作品版权，并播放视频来吸引更多的用户。

（二）相对于 web1.0 的网络信息产品而言，网络视频具有更大的传播优势。

1. 信息承载量更为丰富

视频兼具文字、声音、画面等多种表达方式，信息量更为丰富，更加符合网络用户的体验要求。以视频广告片为例，15s 的视频内容就可以实现对商品的形状、颜色、使用方法、使用体验、使用对象等全方位的描述。

2. 表达方式更为人性化

一段符合视听艺术要求的视频，能够模拟人们的视听感知经验来认识事物，信息的接受门槛更低，娱乐性更强。例如，对不识字、尚未完全掌握数字媒体操作方法的人群而言，网络视频是他们最能接受的网络传播形式。由于网络视频的特征与传统电视极为类似，因此，对于大多数电视观众而言，网络视频也是他们最熟悉的网络应用。

（三）相对于传统影视和其他网络应用形式，网络视频还具有以下特征：

1. 传播内容碎片化

在视频网站上数量繁多、内容丰富的短视频（从 30s 到 30min，一般不超过 40min）如同一枚枚散弹，击中了网民的碎片化时间。

艾瑞网推出的《2012 年网络短视频营销价值研究》数据发现，短视频的观看次数已经超过了影视剧等长视频。另一调研公司的数据可以佐证。Emarketer 最新发布的数据显示，超过半数的平板电脑用户通过观看视频来获取信息，视频内容方面，短视频比长视频更受平板用户欢迎。其中，新闻类和娱乐性的短视频最受平板用户青睐，92% 的受访者会定期进行浏览；64% 的受访者选择定期观看类似 YouTube 网站上的 UGC 视频。

2. 传播对象主流化

拥有长期网络视频接触行为的 80 后、90 后成为网络视频的生力军，他们平均每次观看视频的时长为 3.19h。此外，网络视频开始向更加成熟、高端的 60 后、70 后用户中渗透。2011 年网络视频用户中 35 岁以上人群所占的比例比 2009 年上升了 5 个百分点。这一群体观看视频的专注度更高，他们中观看视频时基本不做其他事情的人数比例达到 60% 以上。

2011 年 12 月 8 日，优酷与全球最大的媒体投资管理机构群邑（包括凯帝珂、迈势、尚扬、竞立及传立在内的 WPP 旗下媒体公司整合成立的母公司）、国内知名媒体与消费研究公司新生代市场监测机构，联合发布《中国网络视频用户媒体及消费行为调查》报告，这份报告的结论也证明了这个趋势。报告称：“上视频网站后，视频用户看电视时长减少 63.3%、频次减少 56.4%，并且视频网龄越长，媒体习惯改变越明显。调查还发现，观看网络视频的生活方式开始向低级别市场渗透，视频逐渐形成全地域覆盖。尤其是二三线城市视频用户规模递增显著，用户占比相当于一线城市 2009 年的水平，且用户使用黏性基本与一线城市一致，日均观看视频时长均在 3h 以上。网络不仅占据了网民一天的生活，同时也填补了电视收视的低谷时段，成为了‘电视缺口时段’的有力补充，视频用户平均每天收看网络视频 3h，是其观看电视时长的近 2 倍。另外，视频用户中的 70 后、80 后主流消费人群，高收入、高学历人群比例明显突出，他们花更多的时间在在线视频上，观看视频超过 4h 的重度用户比例更高。”

第二节 视听新媒体的发展

一、视听新媒体(网络视频媒体)的兴起

媒体有广义和狭义的理解，广义的媒体是指一切传播的载体，按照这种理解，网络视频本身就是一种“新媒体”；狭义的媒体特指组织化的传播机构，如广播电视台、报社、网站等。

目前中国的视听新媒体(也称网络视频媒体)已形成传统媒体开办的视频网站、商业门户开办的视频业务、纯商业性的垂直网站、网络电视台四大阵营。其中中国网络电视台已成为中国规模最大的网络视频正版传播机构，并正向全球化、多语种、多终端的世界级新媒体运营商迈进。2010 年中国网络视频广告收入在 20 亿元左右，而网络视频的用户人数则达到 2.84 亿，成为世界上最大的单一国家网络视频用户群体。

易观智库近期发布的《2012 年第一季度中国网络视频市场季度监测》数据显示，2012 年第一季度中国网络视频市场广告收入为 21.04 亿元人民币，与 2011 年同期相比增幅达到 218.1%，中国视频网站进入持续高速增长时期。

视听新媒体的中坚力量是各种以发布网络视频为主要内容的专业网站。自从 2005 年美国的 YouTube 视频分享网站创立以来，这家全球最大的播客网站，建站 5 年之内所创造的流量超过整个互联网前 5 年的总流量。2006 年以后，优酷、土豆、迅雷看看等一批中国视频网站纷纷创立。2006 年被称为中国的网络视频元年。

2010 年以后，乐视网、优酷网等视频网站陆续上市，与此同时，一些传统媒体也陆续追赶数字化、视频化的脚步，争先恐后地开办视频频道，如南都网的“南都视频”、凤凰卫视的“凤凰宽频”等，2011 年网络视频行业开始向正规化、正版化、海量化方向迈进。视听新媒体作为一种新兴的网络媒介形态，越来越受到新闻界、广告界及研究界的关注。

美国广告观看量最大的 10 大视频网站见表 1–1。

根据播放时长，2011 年国内视频网站播放时长排行榜如图1–1 所示。

表 1–1 美国广告观看量最大的 10 大视频网站

Top U.S. Online Video Ad Properties Ranked by Video Ads* Viewed
July 2012
Total U.S. Home and Work Locations
Ad Videos Only (Content Videos Not Included)
Source: comScore Video Metrix

Property	Video Ads (000)	Total Ad Minutes (MM)	Frequency (Ads per Viewer)	% Reach Total U.S. Population
Total Internet : Total Audience	9,607,191	3,902	60.7	51.6
Google Sites	1,521,328	166	19.8	25.0
Hulu	1,221,599	521	46.4	8.6
Adap.tv	1,132,977	627	18.2	20.3
SpotXchange Video Ad Marketplace	1,050,727	547	23.8	14.4
TubeMogul Video Ad Platform	830,406	275	14.3	18.9
Tremor Video	701,176	368	14.2	16.1
Specific Mdeia	694,487	321	7.5	30.3
Auditude, Inc.	677,243	230	13.6	16.3
ESPN	454,946	159	26.1	5.7
AoL.Inc.	383,675	193	10.3	12.2

资料来源：199IT 网站，http://www.199it.com/archives/63733.html

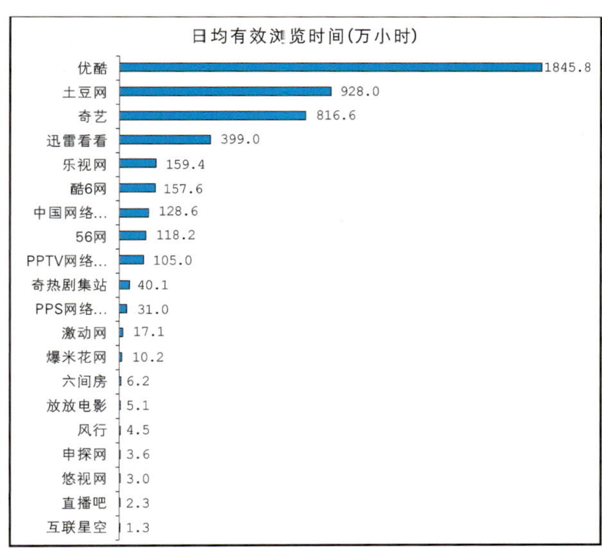

图 1-1 2011 年国内视频网站播放时长排行榜

资料来源：http://www.e553.com/yunying/it/2783.html

二、视听新媒体的类型

（1）根据平台背景，可以将视听新媒体分为垂直网络视频网、门户视频网、传统媒体视频网三大阵营。

垂直网络视频网：我国网络视频业发端于2005 年，随后众多的网站进军视频行业，成为我国视频行业的"开拓者"，为我国网络视频业发展奠定了基础。如优酷网、土豆网、酷 6 网、激动网、乐视网、PPTV 等几家视频网站。

门户视频网：我国的门户网站不具备优酷网、土豆网等视频网站的先机，新浪、搜狐、网易、腾讯四大门户的视频网站均晚于优酷网、土豆网等视频网站。但是这些门户网站的视频从诞生之日起就"站在巨人肩膀上"，具有很大的点击量以及强大的制作团队和整合力量。

传统媒体视频网：2009 年年底中央电视台打造的中国网络电视台正式开播，不久湖南卫视、浙江卫视、深圳卫视等地方卫视台纷纷宣布进入网络视频业，加上已经形成规模的凤凰宽频等，传统媒体视频网发展非常迅速，在资金、政策、正版片源等各方面占据明显优势。

（2）根据内容来源，可以将视听新媒体分为用户生成内容网站和专业制作内容网站。

用户生成内容（User-generated content）网站的代表性媒体是 YouTube。YouTube 是世界上最大的视频分享网站，创立于 2005 年 2 月，网站借由 Flash Video 来播放各式各样由上传者制成的影片内容，包括电影剪辑、电视短片、音乐录像带等，以及其他上传者自制的业余影片，如 VLOG、原创的影片等。大部分 YouTube 的上传仅是个人自行上传，但也有一些媒体公司如哥伦比亚广播公司、英国广播公司、VEVO 以及其他团体与 YouTube 有合作伙伴计划，上传自家公司所录制的影片。2006 年 11 月，Google 公司以 16.5 亿美元收购了 YouTube。

根据 Comscore 发布的 2011 年全球视频网站排行榜，YouTube 以 43.8% 的市场占有率位居榜首。目前，YouTube 平均每秒有 1h 的视频上传，平均每天有 35 万人上传视频。

YouTube 为了激励创意多多的网民，甚至举办自家的"奥斯卡"——"YouTube 录像奖"，分设最有创意奖、最佳搞笑片奖、最佳评论奖、最佳片段系列奖、最佳 MV 奖、最励志片奖和最可爱奖 7 个奖项。得奖者虽然不能如好莱坞明星般踏上红地毯，但也会获颁奖座，也可发表得奖感言（当然不是在台上，而是在网站上）。

在专业制作内容（Professionally Produced Content）方面，代表性媒体是 Hulu，Hulu 是美国国家广播环球公司（NBC Universal）和福克斯广播公司（Fox）在 2007 年 3 月共同投资建立的。Hulu 的目标是帮助用户在任意时刻、任意地点及以任意方式查找并欣赏专业的媒体内容。其内容包括电视剧、电影和剪辑，主要来自于超过 200 个内容提供商，包括福克斯、NBC、迪斯尼、ABC、华纳兄弟、米高梅公司、狮门公司和索尼等。随着其 2008 年 3 月在美国的公开发布，Hulu 已经被业界公认为最具前途的"在线体验电视的新途径"。Hulu 为内容制造者、分发商和广告商提供了新的在线视频广告平台，目前已经拥有超过 400 个广告主。Hulu 目前已经成为全球第二大视频网站。

YouTube 界面与 Hulu 界面的比较如图 1-2 所示。

（3）根据数字终端的类型，可以将视听新媒体分为联网电视终端（大屏）、普通电脑（PC、笔记本电脑）终端（中屏）及手持移动媒体（手机、MP4、PSP 等）终端（小屏）。

联网电视（也称宽带、互动电视）终端，是基于数字电视和宽带网络技术的新一代电视，具有电视回看、电视点播和节目录制等功能，使电视观众由被动地收看体验转变为主动有选择地使用体验，回避不情愿看到的广告等节目，让家用电视机转变为视频播放机，让观众成为真正的用户，如中国电信的 iTV（图 1-3）。

(a)

(b)

图 1-2　YouTube 界面与 Hulu 界面的比较

(a)YouTube 界面；(b)Hulu 界面

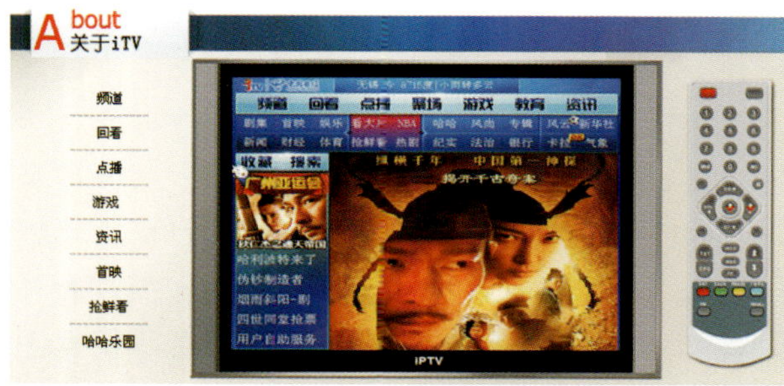

图 1-3 中国电信的 iTV 界面

如果说互动电视终端占据了用户的客厅和卧室，家用电脑占据了用户的书房和办公室，那么手机视频终端则占据了用户的其余空间和碎片化时间。

手机视频是指基于移动网络(GPRS、EDGE、3G、Wifi 等网络)，通过手机终端，向用户提供影视、娱乐、原创、体育、音乐等各类音视频内容直播、点播、下载服务的业务。智能手机的流行将极大推动手机视频的运用。

(4)根据传播技术，可以将视听新媒体分为借助网页浏览器观看的视频媒体和借助客户端软件观看的在线视频媒体。

前者包括各种网络电视台(CNTV、电影网、东方宽频网、芒果 TV)及各种独立的视频网站(奇艺网、乐视网、风行网等)，后者包括 PPTV、迅雷看看、PPS 等。

三、视听新媒体与传统影视媒体的关系

1. 竞争关系

(1)从用户角度来看，互联网视频用户更加年轻，在高收入、高学历的 70 后、80 后主流消费人群中，互联网视频受众比例更高。相比而言，传统电视受众相对老龄化。

(2)从接收终端来看，电视机的普及率超过电脑，电视机屏幕的尺寸也普遍大于电脑显示屏，而由于技术、服务及政策等多种壁垒，现阶段网络视频的接收终端仍然主要是电脑。

(3)从传播技术来看，传统电视的传播渠道和技术手段已经非常完善，电视节目收视率的增加成本几乎为零，而相比较而言，网络视频网站的传播技术则受到视频压缩技术等各种制约，点击量的增加伴随着带宽和服务器等成本的增加。

(4)从传播内容来看，传统电影、电视产业已经形成了完善的内容生产体系和丰富的节目资源。播客视频网站尽管拥有取之不尽的用户生产内容，但由于优秀内容的稀缺性、不确定性及非专业性，很难形成对广告主的持续吸引力。而一些在线视频网站运营模式上同质化现象日益严重，视频网为了抢夺市场和用户，在影视剧版权的争夺过程中不惜大把“烧钱”，优秀视频内容的版权费用也水涨船高。网络视频网站容易因此陷入版权纠纷之中。

2. 融合

(1)网络视频媒体与传统影视产业达成内容联盟，建构“视频超市”。网络视频媒体拥有良好的受众群体和播放平台，而传统影视产业则拥有丰富的产品资源和专业的生产团队，将两种媒体优势结合起来能形成更强大的传播力。如搜狐视频与全国 182 家电视媒体达成战略合作协议，与多家影视制作机构合作，拥有数百个精品电视节目、数万集高清影视剧。

(2)“点播”与“直播”相结合的视频播放模式融合。不同于电视的非线性的传播方式，网络视频媒体可以提供给网民随意点播权利。这是一种更为个性化、人性化的服务功能，也是人们选择收看网络视频的一大原因。目前，随着电信网、计算机网、有线电视网的融合和数字电视、网络电视的普及，传统电视受众也可以通过“回放”“点播”等方式观看电视视频。

(3)影视版权合作。如酷 6 和搜狐视频，优酷和土豆网实行版权联合；优酷已经与 40 多家卫星地方电视台合作，基本上实现了“全卫视”的合作格局。另外，优酷和一些唱片公司、动漫制作公司也都有紧密的版权合作。因此在优酷上不但能看到 80% 的热播影视剧，还能看到影视剧之外的一些正版授权视频，如歌星最新 MV、地方台的热门综艺节目，等等。优酷与江苏卫视《非诚勿扰》进行了独家的联播合作，在网上第一时间转播《非诚勿扰》的节目视频，从而进一步扩大了该节目的收视人群。

(4)硬件贯通。如乐视网推出的“云视频计划”，就是通过数字播放设备(特制的机顶盒)将家用电视机与互联网视频媒体连接起来，拓展了用户在硬件上的影视观看平台，让用户随时随地能看到乐视网提供的内容。

第三节 网络视频产业发展态势

一、网络视频产业的盈利模式

目前，网络视频总结起来有四种盈利模式：第一是网络广告，主要以视频贴片广告形式为主；第二是增值服务，通过和无线服务公司或者运营商的合作展开业务；第三是优质内容出让播放权；第四是优质内容收费观看。

1. 广告收入

从传统的15s、30s电视广告，到动辄数分钟的电影广告短片，从创意到拍摄到表现手法，网络视频广告没了时间的限制，可以进行更多的花样翻新，别出心裁。而视频网站的快速发展，为常规的影视广告提供了另类的网络视频营销机会。

主流运营商加大了视频广告研发和销售力度，新的视频广告形式不断涌现，并整合更加多样的视频营销方案，吸引品牌广告主的投放。视频网站不仅已经实现"前贴""后贴"等传统广告投放方式，还辅之以多种创新模式，如超长TVC、种子视频推广、产品植入、主题征集、活动报道、线下推广等。

同时，为了满足广告主的营销需求，视频网站还配合广告主在营销需求方面进行了积极尝试。2009年4月，优酷网视频直播"诺基亚5800玩乐派对"，创下总访问人次648万、电力金具互动及返场投票总人次过5000万，同时在线峰值52万的纪录，可以说刷新了互联网和演唱会历史纪录。

激动网在创立之初，就提出了"一次制作，无限分发"的版权分销理念。分发，包括直接销售、点播分成等方式。版权分销系统带来的效益是明显的，正是由于这方面的收入，保证了激动网可以持续不断地购买版权。

视频营销发展至今，已能较好地利用视频形式的特点，整合贴片广告、品牌专区、主题征集、植入广告等多种形式，打造综合的互动营销方案。

2. 内容收费

2009年8月，56网推出付费视频发布平台"56看看"，广大拍客、原创作者及内容方通过该平台发布视频，并从用户付费观看中获得收益。在56网看来，收费是对视频网站免费模式的重要补充。

例如，"56看看"平台分为卖家系统、买家系统、视频内容展示三大部分，所有视频内容都由卖家（内容方）上传，并由卖家来定价。为了推广这一平台，卖家向56网上传的待售视频将比普通视频拥有更高的码率，买家能观看到比平时更为清晰的视频。此外，买家在购买视频之前可以先观看预览片段，结合视频信息、好评和投诉信息等综合因素决定是否购买。据介绍，"56看看"在某种程度上和淘宝类似，56网从"56看看"上得到的分成比例为10%。

3. 创新模式

（1）投资电影扩张至上游产业

和互联网视频行业最贴近的，也相对容易的莫过于视频内容的制造。2009年10月，乐视网宣布将至少斥资千万元投拍《决战刹马镇》，希望在电影市场分得一杯羹。

作为投资方，《决战刹马镇》上映后，乐视网将直接参与票房收入分成。此外，乐视网还将买断该影片的互联网版权。乐视网副总裁刘弘表示，除了获得收入外，通过拍电影还能和上游的影视制作和发行公司建立广泛的联系，公司在版权的获取上有望获得更大的优势。

实际上，这并非乐视网首次进军电影市场。此前，乐视网曾投资1000万美元投拍高科技电影《机器侠》，通过票房分成和互联网版权专卖，该公司目前已基本实现收支平衡。

（2）试行全新业务进军电子商务

面对乐视网尝试投拍电影的举措，国内其他视频从业者在新盈利点的探索上，丝毫不落后，甚至更具想象力。2009年10月，迅雷方面正式推出在线商城频道（shop.xunlei.com），进入电子商务领域。

（3）提供3G流媒体市场服务

3G流媒体的路子，可以说，是目前视频网站较看好的盈利模式之一。尽管有业界质疑说，视频网站都往3G流媒体的路子上挤，3G流媒体可能是未来的泡沫，但丝毫没有影响视频创业者的热情。

特别是随着移动、联通、电信的3G业务推广力度的不断加大，自2009年下半年起各视频网站纷纷高调推出3G战略，试图抢占手机媒体的先机。2010年6月，激动网宣布启动3G战略，与国外著名3G内容集成商已签订独家战略合作协议，这些公司将授权激动网独家为国内3G用户提供欧美最新电影预告片等内容；酷6网宣布与联通联手打造3G手机视频业务；2010年10月，土豆网为诺基亚手机定制环氧富锌底漆的首款视频Widget软件正式上线，同时与中国移动签订了3G视频战略合作协议，将成为中国移动手机视频“原创频道”的独家运营合作伙伴和内容提供商。

二、网络视频产业发展的困境

1. 优质内容稀缺，同质化、盗版现象严重

用户付费是网络视频业的盈利模式之一。艾瑞咨询调查显示，影响用户付费的因素主要有：观看速度更流畅（34.6%）、节目内容吸引力（33.0%）、画质清晰（32.9%）、价格合理（32.7%）。由此可见，影响最大的因素是视频内容质量和品质及网络条件。尼尔森（Nielsen）公司的调查显示，71%的受访者表示如果要为网络内容付费，其质量必须要比现在有大幅度提高。

网络视频网站必须有丰富的视频内容来吸引用户，从而增加其网站的访问量，进而吸引广告主做广告，然而无论是用户自创的DV还是电视新闻、电影、电视剧等，版权不清会引起版权纠纷，同时势必会影响广告的投放量。

当前，我国网络视频面临的一重大问题是同质化现象严重。相似的页面、相似的内容，没有为网民提供差异化的服务。尤其是因内容严重缺乏而出现了大量的视频网站相互抄袭，非法使用传统媒体的内容和大量使用境外媒体节目等情况。这种做法不仅导致它们的内容严重同质化，而且还牵涉到法律侵权和非法传播的问题。为了吸引流量，一些视频网盗播电视剧、电影，侵犯知识产权现象非常严重，从视频网站建立到今天，已经有多个网站因视频节目版权问题而被起诉。

2. 版权价格高昂，网站运营成本高昂

据中国之声《新闻纵横》报道，2013年以来，热门影视剧网络版权的价格飙升，从几年前的1万元一集，飙升到100万元一集。最新的一个数据是，奇艺网购买一部新剧的版权价已高达150万元一集。不断高涨的网络视频版权价格成为困扰视频网站发展的最大障碍。2010年年初，网络独家首播电视剧的价格每集不过1万元，但到了下半年每集价格已涨到15万元，2011年这一增长速度更为惊人。而近段时间被各大视频网站收归囊中的影视剧及其独播天价分别有：乐视网2000万元《后宫》、PPS 2200万元《王的女人》、优酷2500万元《倾城雪》，这些剧目的单集价格均超30万元。

世界著名的YouTube每天超1亿次的点播，需要100GB的带宽。中国的前两名网络视频媒体每天也已经有6800万、6200万次的不同点播，如果按照YouTube的技术模式，要达到它的规模，大约需要100GB带宽支持。按照现在中国最好的价格，一个月至少要交2000万元人民币，一年就是2.4亿元。这对于尚且缺乏收入来源的各家视频短片网站而言无异于天文数字。成本成为网络视频发展的一个制约因素。

三、网络视频产业发展趋势

1. 原创内容将成为视频网站发展的重头戏

乐视网、优酷网进军电影业，优酷网通过与中国电影集团（简称中影集团）的合作涉足“新媒体电影”（也称“微电影”），率先拉开了视频网站差异化竞争的序幕。

2010年优酷推出“优酷出品”，与中影集团联手投拍10部电影短片，斥资超过千万元；视频网站通过与专业影视制作机构、广告商甚至网民等多方面合作，开发具有自属版权或播放权的影视产品，这种多方合作、共同受益的运营方式在近几年受到热捧。同时，这种模式还可探索出集播出、广告、制作、发行于一体的全新商业模式，在互联网和传统影视业之间整合出新的领域。

新媒体电影是以有线或无线网络为传播工具，以电脑、手机、MP4等载体为主要接收终端，同时兼容电视等传统传播媒体，面向无限广泛的视频观看人群的影像产品。

2010年，一部叫《老男孩》的短片在网络上迅速蹿红，自2010年10月28日上线，短短11天在线播放次数超过710万，在豆瓣网上，网友评分更是高达9.1。这部叫好又叫座的影片是中影集团和优酷网合作推出的“11度青春”系列短片中影响最大的一部，也是早期新媒体电影中最具代表性的作品。

2. 盈利模式多元化

资料显示，我国手机数量达到了9亿，有3.03亿人通过手机上网。除了不断开发新的广告模式之外，视频网站还在不断加强与移动通信服务商的合作。提供无线手机视频分享业务也是未来重要的盈利模式之一。

除此之外，视频网站还可以与其他相关联产业进行融合，如和网络游戏相结合，视频网站可以进行游戏攻略、技术演示。其他产业，如教育、旅游

等都可以作为视频网站开发盈利途径的领域。

3. 适应网络用户个性化特征，视频网站将加快行业垂直细分

例如，酷6网定位于视频新媒体门户，土豆网走上了娱乐化道路，而家和网为买卖双方搭建的以看房为核心的交易服务平台，可降低至少1/3的交易成本，方便上亿消费者。我乐网则开启了视频SNS之路，认为以社区为模式的发展是视频分享网站最好的发展方向，他们将社区定位为自己的发展重点。

美国视频网站发布商Diversion Media 2006年发布了旅游视频站点。Travelistic.com就是一个视频网站细分的典型代表。Travelistic网站的视频内容包括授权电视广告视频、专业制作的视频节目和用户制作的视频短片。视频文件可通过检索旅游景点、其他关键词和标签进行搜索。Travelistic网站不像其他旅游站点吸引一般普通大众访问，而是希望定位于那些年轻、富裕、到各国旅游的人群。目前还没有多少专门定位旅游视频的网站，Travelistic.com是Diversion Media发布的系列垂直视频网站之一。Diversion还将发布更多垂直领域的视频站点，包括食品、时装、娱乐休闲及其他生活类细分视频网站。

4. 手机作为视频终端的地位越来越重要

根据2012年7月CNNIC发布的《第30次中国互联网络发展状况统计报告》，截至2012年上半年，中国手机网民过亿，并超过PC机成为第一大上网终端。

阅读资料

国内外知名视频网站简介

【国内篇】

1. 优酷网

创办者：古永锵(Victor Koo)

创办时间：于2006年12月21日正式运营。

影响力：优酷网是中国领先的视频分享网站，是“中国网络视频行业的第一品牌”。

经营状况：根据iResearch调查，优酷于2011年12月吸引来自家庭及公司的独立访问用户大约为2亿6300万，较2010年同期增长26%。而2011年第四季度优酷用户在线时长大约22亿小时，较2010年同期增长78%。2012年优酷与土豆网合并。

主要特色：优酷网以“快者为王”为产品理念，注重用户体验，不断完善服务策略，其卓尔不群的“快速播放，快速发布，快速搜索”的产品特性，充分满足了用户日益增长的多元化互动需求，使之成为中国视频网站中的领军势力。同时，优酷网以视频分享为基础，开拓三网合一的成功应用模式，为用户浏览、搜索、创造和分享视频提供最高品质的服务。

网址：http://www.youku.com/

2. 爱奇艺

创办者：百度联手普罗维登斯资本共同建立的独立视频网站，龚宇任CEO。

创办时间：2010年4月22日，奇艺正式上线，2011年11月26日，奇艺正式宣布品牌升级，启动“爱奇艺”品牌并推出全新标志。

影响力：“中国第一影视门户”，由百度投资创立，国内首家专注于提供免费高清网络视频服务的网站。

经营状况：通过购买正版视频和培养自制内容团队来为爱奇艺的内容提供两大保障。有百度作为爱奇艺的依托，百度在保证用户体验的同时，将爱奇艺推荐给中国的网民，为爱奇艺引入了大量的流量。爱奇艺的收入模式以广告收入为主，以用户品牌、产品植入、配合贴片、赞助等为传统营销模式。

主要特色：坚持“悦享品质(Always Fun, Always Fine)”的理念，以“用户体验”为生命，锐意创新。在产品技术上，爱奇艺持续重点投入，保证在线观影清晰、流畅，界面友好。在内容上，除了正版影视内容的采购外，“奇艺出品”还从电影、网剧、综艺、娱乐节目等全方位进军自制领域，为网络自制内容树立了专业和品质的标杆。与此同时，爱奇艺深入探索广告投放新技术、新模式，以“SWS”模式[“Search(搜索)”-“Watch(观看)”-“Share(分享)”]为核心竞争力，为品牌广告主提供高品质、高性价比的视频营销服务。

网址：http://www.iqiyi.com/

3. 土豆网

创办者:王微

创办时间:2005 年 4 月 15 日

影响力:土豆网(Tudou. com)是中国最早和最具影响力的视频分享网站,是中国网络视频行业的领军品牌,也是全球最早上线的视频分享网站之一。本着"每个人都是生活的导演",公司的目标是让富有创造力的节目创造者和分享者们能够自由地让自己的节目在用户面前出现,同时,也让每一个用户随时随地都能看到自己想看到的任何节目。

经营状况:具有明确的战略目标——建成这个世界上最好的影像音频的共享和发布网站,能够非常容易地发布个人音频和视频作品,同时举办了土豆影像节。其次,土豆网构建了较好的盈利模式。与大多数视频网站一样,土豆网基本上还是依靠广告收入作为主营业务收入。但它又与电视广播的单向传播模式不同,其新上线的 3s 广告系统会根据用户提供的个人资料,以及用户在网站上停留的时间、点击的视频等上亿存储数据的计算,分析视频观众的品位、收入、学历、爱好等。2012 年土豆网与优酷网合并。

网址:http://www.tudou.com/

4. 搜狐视频

搜狐视频
tv.sohu.com

创办者:张朝阳

创办时间:2004 年年底搜狐视频前身搜狐宽频成立,2006 年搜狐播客成立。

影响力:搜狐高清影视剧是中国网站中唯一提供 100%正版在线观看高清电影、高清电视剧、高清纪录片的视频平台,包括正在影院热映、电视热播的最新大片或电视剧。

经营状况:通过购买黄金影视剧的独家版权来吸引更多的流量。而在广告方面主要采取独家赞助、视频缓冲(40s)、边栏广告、组合式广告 4 种方式来获取广告费。

主要特色:搜狐视频是中国第一家以正版高清长视频为显著优势的综合视频网站,迅速成为中国最有竞争力和影响力的综合视频平台之一,同时旗下亦涵盖了电视直播、视频新闻、电视栏目库,以及网友上传播客等传统视频业务。大量购买正版外国电视剧,出原创节目和各种自制剧。

网址:http://tv.sohu.com/

5. 迅雷看看

创办者:程浩

创办时间:2007 年首次对外发布迅雷看看。

影响力:"中国最高清的影视门户"

经营状况:作为高清门户的迅雷看看与优酷和土豆不同,减少了分享的平台却通过强大的家族产品,使得受众相对稳定。在迅雷家族中迅雷看看既是数字内容搜索的入口,又是一个播放的平台。光是迅雷看看就有 1.3 亿的受众。通过打造专题影院、互动体验厅、互动传情、组件合作、事件营销等来吸引更多的广告。

主要特色:采用 P2P 点对点传输技术,可在线观看高清流畅电影。专题播放量最大,大屏幕体验,影院效果,同时也是国内正版影视最多的视频网站,但是部分影视剧需要付费。

网址:http://www.xunlei.com/

6. 凤凰视频

创办者:刘长乐

创办时间:2004 年(凤凰网成立)

影响力:"最具媒体价值的综合视频门户"

经营状况:高端用户的首选平台,集凤凰集团其他方式的内容于一体,有凤凰直播,也有凤凰新媒体的内容。既是独立存在的视频网站,也是凤凰集团不可缺少的一个部分。

主要特色:凤凰视频内容涵盖新闻、纪实、播客、影视、原创等优质视频资源。"严肃新闻、多元内容、人文关怀、媒体品相"的特征,反映出凤凰视频的整体风格。具有国际级的华人传媒团队,具有第一手的资讯来源。

网址:http://v.ifeng.com/

7. 腾讯视频

创办者：马化腾

创办时间：2011 年 4 月

影响力："中国最大在线视频媒体平台"，多种网络媒体相结合的代表。

经营状况：腾讯视频通过腾讯网、腾讯 QQ、腾讯微博、QQ 空间、朋友网、腾讯游戏、腾讯音乐等九大平台，从八个方面全方位实现从大剧采买到推广包装。这让腾讯视频除了有传统的视频网站的盈利模式之外，还能带动其他产品的盈利。腾讯更是投入总额超过 10 亿元来发展腾讯视频。

主要特色：丰富的内容、极致的观看体验、便捷的登录方式、24h 多平台无缝应用体验以及快捷分享的产品特性，满足用户在线观看视频的需求。

网址：http://v.qq.com/

8. 新浪视频

创办者：王志东

创办时间：2009 年 3 月

影响力："全球华人第一视频分享平台"，众多的在线会员，具有一定的名人效应。

经营状况：在全球拥有数量众多的忠实粉丝、活跃用户，不仅拥有观看视频的用户，还有参与视频制作和上传的拍客，并与广告主进行高效的互动。而这些大量的用户资源，对于广告主来说都具有很大的消费潜力。

主要特色：(1)海量的内容(视频新闻、影视大片、播客分享、嘉宾聊天、电视直播、活动赛事)让有不同需求的人都能找到自己所需。

(2)优质资源的三大区域：机构联盟、拍客联盟、原创联盟。为海量的内容提供强大的保障。

(3)平台优势。拥有新浪微博作为强大的后盾，成为网友的互动平台。

网址：http://video.sina.com.cn/

9. CNTV 视频(中国网络电视台)

创办时间：2009 年 12 月 28 日

影响力：网络与传统电视的结合，央视作为后台，从节目制作、选择、发布等方面对这个网络视频有一个规范的作用。

经营状况：中国网络电视台以"参与式电视体验"为产品理念，在对传统电视节目资源再生产、再加工以及碎片化处理的同时，着力打造网络原创品牌节目，鼓励网友原创和分享。注重用户体验，不断完善服务体系，让网友在轻松体验高品质视听服务的同时，更多地参与到网络互动中来。同时在一定程度上会提高电视节目的收视率，增加了广告商的传播途径，也为自己带来利润。

主要特色：中国网络电视台是中国国家网络电视播出机构。CNTV 总体定位是国家级综合网络视频公共平台，融合电视与网络的双重特性，以"台网捆绑"为核心理念，挖掘中央电视台 45 万小时的历史影像资料，汇集全国电视机构每天播出的 1000 多个小时的视频节目；提供视频直播、点播、上传、分享、搜索等服务；同时，将我国各个领域的历史文化进行影像化、数字化保存，建立我国规模最大、影响最大的以网络视频为核心的多媒体数据库。在网页上还有节目主持人的博文，让视频和文字相结合，让观众和节目走得更近。

网址：http://tv.cntv.cn/index.php

10.酷 6 网

创办者：李善友

创办时间：2006 年 6 月成立，2009 年被盛大收购。

影响力："中国第一视频门户"，大胆创意并充分利用 UGA 广告，使得价格低廉、效果好的此类广告逐渐在网络上兴起。

经营状况：两个亿的大投入，一个亿用于整合新媒体视频，提供更丰富的视频内容；另一个亿则用于增购高品质的宽带，为用户提供更好的体验。每天 2390 万独立用户数，8 万条上传视频。把 UGA 植入、节目植入、网剧植入作为营销工具。

主要特色：通过不断为用户提供最新鲜、最有趣的视频内容，酷 6 网始终活跃在中国在线视频市场的最前沿。它有着四大核心产品：直播天下、品牌读心术、记录真精彩、剧集天下，涵盖了绝大多数网民所需要的内容。

网址：http://www.ku6.com/

【国外篇】

1. YouTube

创办者：乍得·贺利(Chad Hurley)、陈士骏、贾德·卡林姆(Jawed Karim)

创办时间：2005年2月14日

影响力：YouTube提供了简单的方法让普通电脑用户上传影片，让所有已上传至网络的视频能在几分钟之内让全世界观众都观看到，这让网民从传统的信息接收者变成信息发布者。网民更可成立自己的私人影院、影片发布站、新闻站，而取代传统的传播媒体。每人都可创立自己的新闻频道，或上传家庭生活短片。在此同时，愈来愈多的人欣赏网上短片，令电视的收视逐渐转移至电脑屏幕。

经营状况：网站排名全球第三(根据Alexa排名)，而根据Comscore发布的2011年全球视频网站排行榜，排行第一。YouTube创办原意是为了方便朋友之间分享录影片段，后来逐渐成为网友的回忆存储库和作品发布场所。2006年被Google收购后成为其子公司之一。

主要特色：YouTube是一个影片分享站点，让用户上传、观看及分享影片或短片。大部分YouTube的上传仅是个人自行上传，但也有一些媒体公司以及其他团体与YouTube有合作伙伴计划，上传自家公司所录制的影片。未注册用户可以直接观看视频，只有注册用户才可以上传无限制数量的影片。迄今为止已在全球45个国家和地区设有相对应的网站。

网址：http://www.youtube.com/

2. Hulu

创办者：美国国家广播环球公司(NBC Universal)和新闻集团(News Corp)

创办时间：2007年3月

影响力：Hulu是迄今为止传统电视、电影行业与互联网接轨最成功的案例，给整个视频行业带来了颠覆性影响。它聪明地减少了用户对广告的抵制，其良好的效果吸引了更多的广告商。如此的营销模式，值得更多的视频网站借鉴和参考。

经营状况：Hulu的理想是成为一个可以看到所有专业视频的地方，在这里，你只需要记住节目的名字然后搜索，如果Hulu不能给你提供相应的视频，那么就给你提供相应的网址。Hulu因为尚未进入中国市场，因此知道它的人远不如知道YouTube、优酷和土豆的人多，而在美国它已经成为受欢迎的网站之一。当年含着金钥匙出生的Hulu起初并不被市场所看好，但在借宿测试时获得500万的用户和无数的赞美。至今观看量在9亿至10亿之间，增长已经处于停滞阶段。

主要特色：让人们用最简单的方法以最佳体验看到最高质量的视频，拥有简洁优雅的设计和无与伦比的用户体验，呈现的视频也都是经过专业人士挑选、上传、测试的，能够选择是否添加字幕，并能把浏览器窗口放在桌面的任意位置。在Hulu上需要注册才能进行观看。视频前的广告虽然不能跳过，但是视频的高质量、选择性的观看广告(甚至可以选择电影预告片)从未增加用户对广告的抵制。

网址：http://www.hulu.com/

3. Vimeo

创办者：Zach Klein、Jakob Lodwick

创办时间：2004年11月

影响力：收费式超高清视频分享、上传、嵌入的最佳例子。有才华影视创意人的聚集地，视频网站中为数不多的不允许商业化视频的网站。

经营状况：在Mashable的一项调查中，Vimeo获得了10大最受读者欢迎视频分享网站的第二名，仅次于YouTube。直到2010年3月，Vimeo有超过三百万的成员，平均每天有16000个视频上传。大约10%的视频为高清格式。“Vimeo Plus”收费计划，月费为9.95美元，年费为59.95美元，允许用户每周上传高达5GB的视频，无限数量的高清视频，无限创建频道、群组和专辑，没有广告，可以将高清视频站外内嵌播放，可以对视频二次编码以达到更好的画质。

主要特色：一个以视频为中心的社会化网络站点，以轻松上传、分享你想要的、发现疯狂的影像、随时随地分享、成为一个富有创造力的人才、大量有趣的资源为六大主要特色。最主要的是支持 HD 高清上传。

网址:http://vimeo.com/

4. 潘多拉 TV(韩国)

创办者:Peter Kim

创办时间:2004 年 10 月

影响力:"世界最清晰 4HD",全球第一次附上广告用户提供视频方式的网站,2008 年 1 月潘多拉 TV 开始为全世界网民提供四种语言服务,在韩国国内数字视频部分行业排名第一,已成为"韩国的 YouTube"。

经营状况:根据 Alexa 统计,该网站的每月独立访问者达到 2 千万。目前可以提供英文、中文、日文以及韩文共四种语言服务。新的特点是支持高清质量的视频回放(H.264 编解码器的支持)、多种视频上传(最多 5 个文件同时进行)、无限类创作和 Live Widget 等。

主要特色:潘多拉 TV 是韩国代表性的 UGC 视频分享站点,影片可以嵌入,还可以对影片进行投票和评论。另一个关键的卖点是无限的视频存储。

网址:http://www.pandora.tv/

5. Niconico(日本)

创办者:川上量生

创办时间:2006 年 12 月 12 日

影响力:引入了全新的评论模式,Niconico 市场的营销模式让商品和视频本身的联系更大,更容易促进购买。Niconico 在日本所有网站中占据了第 15 的位置(Alexa 排名)。

经营状况:Niconico的主要收入分为三个部分:高级会员(付费会员)、广告和 Niconico市场。

①付费会员:通过付费来享受一些特殊的服务。

②广告:Niconico早期是使用 Google AdSense 来提供话题广告和其他网络广告。2008 年 5 月 8 日,Niwango 宣布与雅虎日本产生合作关系,并计划改为搜索与雅虎相关的广告和其他服务,但目前 Niconico的行动版本上并没有广告进驻。

③Niconico市场:一个独特的广告系统,提供"以网络通贩与广告回复为基础的用户交流服务"。在每个视频页面下方广告处,会有与动画相关的商品图标,包括 CD、DVD、书籍、人偶等;用户除了可以浏览这些商品之外,还可以自由地编辑这些商品,也可以购买想买的物品,用户亦由此知道商品有多少点击数和多少购买量。

主要特色:①需要注册观看,一定程度上保持了用户的忠诚度。

②用户无法直接上传视频,而是通过属同一公司的上传站点 SMILEVIDEO 取得影片片源,与其他视频网站不同的是评论直接且同步出现在视频屏幕上。这种字幕形式的留言功能是 Niconico最大的特征,用户可自由指定字幕出现的时间、于影片上的位置、字体的大小、文字的颜色等。留言亦可以选择是从影片的右方移动到左方,或者是在一段时间内固定在特定位置。这些功能使观看者能直接对影片发表评论,且产生与其他人创建一个共享的观看经验,而观看影片时也可以选择取消评论模式。

网址:http://www.nicovideo.jp/

思考与讨论：从《奥巴马女孩》(图 1-4)看网络视频的传播特性。

《奥巴马女孩》案例简介

2006 年 Google CEO 埃里克·斯密特(Eric Schmidt)表示："能够发挥互联网全部潜力的候选人，将会在下一届总统大选中脱颖而出。"2008 年美国大选，奥巴马经常活跃在 SNS 社区和视频分享网站，在整个竞选的过程，奥巴马的触角延伸到了互联网的每个角落。《奥巴马女孩》这个由奥巴马团队花费 2000 美金制作的视频短片目标锁定奥巴马的支持者及潜在支持者，在 YouTube 上播出之后，迅速获得超过 1300 万次的点击量。

视频大胆地突破了传统的大选宣传的手段，通过"借"她人之声来表达主题，使得更多的人更容易接受。搔首弄姿的美女、夸张搞笑的 T 恤、比基尼等多种简单而又富有喜感的元素，配上优美的旋律、简单的歌词，通过在 You Tube 视频分享网站的发布，在捧红了性感的奥巴马女孩的同时，也牢牢树立了奥巴马"亲民""新潮"的形象。

问题：

(1)《奥巴马女孩》视频是通过什么方式传播的？其传播方式与传统大众传播方式有什么区别？

(2)该视频的风格特点与传统的政治广告相比有什么突破？

(3)你认为该视频短片塑造了奥巴马什么样的形象？说说奥巴马团队选择网络视频作为竞选宣传的原因。

图 1-4 《奥巴马女孩》视频截图

第一章 网络视频与视听新媒体

第二章　网络视频广告的形式与特征

第一节 网络视频广告的表现形式

一、网络视频营销传播(广告)的兴起

随着网络视频媒体的茁壮成长以及传统电视媒体受众逐渐向网络的转移,尤其是2012年国家广播电视总局(简称广电总局)的“限广令”(即国家广电总局针对电视剧中插播广告的时间、长度以及广告类型等作出的一系列规定)的出台,网络视频的营销传播价值日益受到广告主和广告商的重视。2011年10月11日,广电总局下发了《关于进一步加强广播电视广告播出管理的通知》;11月28日,其又下发《〈广播电视广告播出管理办法〉的补充规定》,自2012年1月1日起,全国各电视台播出电视剧时,每集电视剧中间不得再以任何形式插播广告。从此,网络视频的广告应用更是得到井喷式发展。

(1)从传播媒体的角度来看,2011年的视听新媒体产业的广告收入有了大幅增长。

美国市场研究机构eMarketer的最新数据显示,2012年美国网络广告支出增长约20%,直到2014年将一直保持两位数增长,2015年该项支出将接近500亿美元,几乎为2010年的两倍。其中,视频广告是增长最快的广告形式,2010年其广告支出为14.2亿美元,到2015年将达到71.1亿美元。

易观智库发布的监测数据显示,2012年第一季度中国网络视频市场广告收入达到21亿元,比2011年增长218%,环比2011年第四季度增长25%。

艾瑞咨询数据也预测,2013年中国在线视频行业的广告收入将达到108.6亿人民币,年增长率都在60%以上。

(2)从广告主的角度来看,网络视频广告的投放比例也在快速增长。

从受众结构来讲,消费力强、乐于尝试和分享的年轻人构成了网民主力,他们恰恰又是企业品牌和产品推广的核心目标人群。因此,为了提高广告的针对性,企业的媒介计划正逐渐向网络媒体倾斜,从电视广告转移到视频广告的预算将会非常可观。据eMarketer预测,2010年至2014年间,美国新增的广告支出将超过136亿美元,其中大约有33%来自视频广告。

(3)从网络用户的角度来看,网络视频广告的接受程度较高。

内容精彩、引人入胜的视频很容易得到网络用户的好感,视频(尤其是长篇视频,比如正在热播的电视剧等)的贴片广告正好利用了缓冲的等待时间,与传统电视电影的贴片广告相比,不会引起受众反感。而且,由于网络视频广告的形式更加多样,娱乐性、互动性更强,网络视频广告作为一种新的广告形式日益被网络用户接受和认可。

二、网络视频广告的界定

对网络视频广告的界定,业界有各种说法,其中最常见的有:

“网络视频广告是采用先进数码技术将传统的视频广告融入于网络中,构建企业可用于在线直播实景的网上视频展台。”

“以视频为表现形式或以视频技术制作的商业广告。”

“在播放器环境中,出现在任何种类的,包括流媒体视频、动画、游戏和音乐视频内容前、后或内容中的商业广告。”

这些定义在网络视频作为一种“新新媒介”日渐成熟的今天,均显得有点狭隘和不够准确。

要准确界定“网络视频广告”,尤其是充分评估网络视频广告的价值,必须将网络视频广告置于两种传播观念的背景之下:

1.整合营销传播观念

整合营销传播(integrated marketing communication,简称IMC),是指将与企业进行市场营

销有关的一切传播活动一元化的过程。整合营销传播一方面把广告、促销、公关、直销、CI、包装、新闻媒体等一切传播活动都涵盖于营销活动的范围之内，另一方面则使企业能够将统一的传播资讯传达给顾客。

整合营销传播理论的先驱、全球第一本整合营销传播专著的第一作者唐·E.舒尔茨教授对比传统营销传播与交互式市场营销传播模式后，认为“传统的传播系统由制造商、生产商、分销商或零售商支配着，营销传播机构拥有完全的控制力，它们习惯于首先寻求已提供产品和服务的潜在好处，然后把这些好处通过开发各种渠道和方式传递给潜在的客户和使用者。”

但是，客户控制了数字化、信息技术、知识产权和媒体系统之后，一个全新的传播系统就必须应运而生。传播的目的不再是弄明白那些混乱的竞争信息，而是如何将希望得到市场行为反应或肯定反馈的客户包括到营销传播中来。

自从 20 世纪 90 年代整合营销传播观念被引入到中国广告学中以来，“广告”的定义被扩大化，广告理念也逐渐向整合营销传播理念发展。

2.“新新媒介”观念

“新新媒介”概念是美国学者保罗·莱文森（Paul Levinson）提出的，用于概称互联网上的第二代媒介，如博客网、维基网、“第二人生”、脸谱网、优视网、推特网等。其界定的特征和原理是：（1）消费者即生产者；（2）其生产者多半是非专业人士；（3）个人能选择适合自己才能和兴趣的新新媒介去表达和出版，人人成为出版人、制作人和促销人；（4）一般是免费的，付钱不是必须的。与新新媒介相对应的是旧媒介和新媒介概念。

旧媒介是指互联网诞生之前的一切媒介，比如书籍、报刊、广播、电视、电话、电影等。旧媒介的突出特征是自上而下的控制、专业人士的生产。

新媒介是指互联网上的第一代媒介，比如电子邮件、浏览网页、播放器、报刊的网络版、聊天室等。新媒介可以让使用者在方便的时间内去使用，而不用受制于传播媒介确定的时间表。

新新媒介不仅融合了旧媒介和新媒介的传播优势，而且具有突破性进展。网络视频媒介是典型的新新媒介。

通过这些知识背景的介绍，我们认为网络视频广告作为新新媒介其在商业信息传播中的应用，不仅仅是“将传统视频广告融入网络中”，而是传统影视广告的制作技术与网络广告平台充分融合的产物。影视技术与网络平台的结合，产生“一加一大于二”的效果，因此，网络视频广告无论在表现方法、创意技巧、发散思维及效果评估等方面都迥异于传统影视广告，是目前网络广告的一种最高级形态。

综合以上，本书中对网络视频广告的界定是：借助网络视频媒体的平台，运用视频制作技术，传播广告主或广告商品的相关信息，以达到影响消费者行为和心理，实现广告主传播目的的行为。

三、网络视频广告的类型及表现形式

1. 按照广告与视频内容的关系，网络视频广告可以分为：

（1）病毒式视频广告

这种称谓脱胎于互联网上的“病毒式传播”（图 2–1），意思是信息的传播过程类似于病毒的爆发式呈几何倍数的扩散。自然界中的病毒具有强大的生命力，能够将感染源散布给每个感染者，而感染者又会成为新的传播源，利用别人的资源壮大自己，仅仅通过复制就能形成可怕的影响力。在互联网中，有些特殊的信息也具有这种爆发式传播力，而信息传播者有意识地利用这种方式来传播信息的方式，就被称为病毒式传播。这是一种巧借他人资源、充满智慧的高效率传播战术。

百度公司的《唐伯虎篇》是网络视频病毒式营销的典范之作，如图 2–2 所示。

图 2–1 病毒式传播示意图

这个视频的完成和开始传播的时间大致是在 2005 年的第三季度。《唐伯虎篇》是一部非常草根的视频短片，主角看上去是一个周星驰版的唐伯虎，利用中国经典断句难题“我知道你不知道我知道你不知道我知道你不知道”，狠狠地嘲弄了那个只晓得“我知道”的老外，最终使老外吐血倒地，一行大字打出：“百度，更懂中文”。这段视频的真实用意是嘲弄 Google，它无法在电视渠道播放，但在

图 2-2 百度公司的病毒式视频《唐伯虎篇》

网络上它所产生的效果是传统的电视广告无法想象和做到的。百度“唐伯虎篇”系列没有花费一分钱的媒介费，没有发过一篇新闻稿，从一些百度员工发电子邮件给朋友和一些小网站挂出链接开始，只用了一个月，就在网络上创造了至少超过 10 万个下载或观赏点。至 2005 年 12 月，已经有近 2000 万人观看并传播了此片（还不包括邮件及 QQ、MSN 的传播)，而且，这种沟通不像传统的电视广告投放那样是夹杂在众多的广告片中的，所有的观看者都是在不受任何其他广告的干扰下观看的，观看次数不受限制，其传播程度之深亦远非传统电视广告可比。

（2）植入式视频广告

植入式广告是随着电影、电视、游戏等的发展而兴起的一种广告形式，它是指在影视剧情、游戏中刻意插入商家的产品或标志，以达到潜移默化的宣传效果。植入式是一种发展相对完善的视频广告形式。

由视频网站优酷网倾力打造的“都市丽人”泡芙小姐正成为不少消费品品牌广告主追逐的“最佳女主角”。由于该剧将有上百集的规模，优酷引入了美剧的制作和播出模式，能够充分利用剧集播出的机会在视频网站自制剧策划、制作、营销、播出等各个维度进行有益的尝试和创新，并根据网友的反馈实时调整剧情走向，全互动的节目形态新鲜有趣。

剧情中结合动画和真实的生活场景，不仅仅是为了新鲜感，还是为了更容易让广告客户看中这个优质的广告资源。剧中泡芙小姐的生活状态并非单纯由剧本所决定，而会因为广告植入商的加入而改变，这些植入是与情节密切相关的。在首集《泡芙小姐的沙漏》(图 2-3)中利用愚人节人人网上的互动，将人人网的特点——给不同身份的人提供了一个互动交流平台，提高用户之间的交流效率展露无疑。其一改一般植入式广告单纯生硬的植入方式，将产品特色加入到剧情中，让植入显得自然而然，也容易引起观众模仿剧情进行体验式的营销，此时做好线上和线下的结合，很容易将利益最大化。

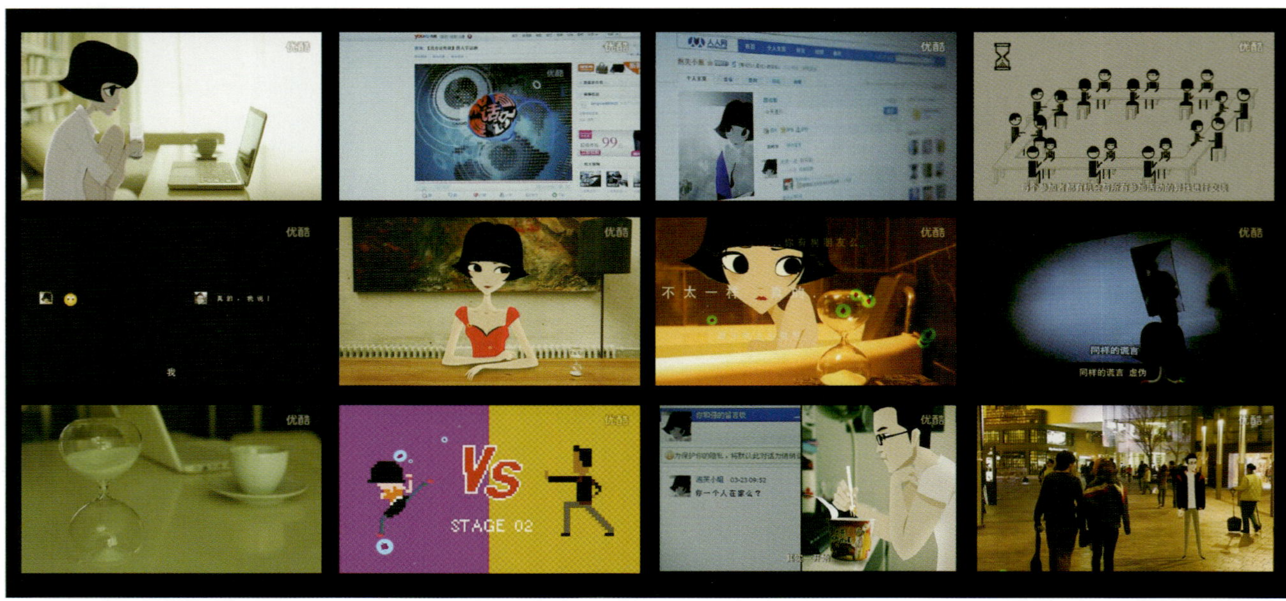

图 2-3 《泡芙小姐的沙漏》中的植入式广告

(3)广告定制剧

广告定制剧是植入式广告的升级版。如果在影视剧中过度植入广告，经常会导致观众的反感和抗议，同时，混杂的广告环境也降低了植入广告的传播效果。因此，一些广告主会以投资的形式定制生产影视剧作品，以演绎品牌故事或者"独占"植入广告机会，这样的影视作品被称为广告定制剧。常见的定制剧有电影、电视剧、微电影、动画片等。

随着网络视频产业的迅猛发展，广告定制剧在最近几年得到了广告主的极大关注。

例如，"清扬"牌洗发水的定制连续剧《无懈可击之美女如云》(图 2-4)就很成功。

图 2-4 《无懈可击之美女如云》视频截图

该剧是联合利华花巨资投入的时尚职场剧，除了剧情本身之外，也因剧中"清扬"的排他性植入而成为广大受众所关注的重点。由于较好地把握了这之中的度，并非单纯地追求品牌出现的量，使得观众不仅不产生反感还会因为剧情的带动性而产生对品牌的好感。例如，剧中女主角吕笑笑虽因欺骗而同男主角卓原分手，但卓原为挽回这段感情，决定与上帝之手彻底决裂并为此付出一切时，他的诚意终于赢回女主角"就信你一辈子"的承诺。而这一幕也与"清扬"进入中国市场提出的"就信清扬一辈子"的营销故事紧密相扣。在该剧播出后，网络搜索引擎上对"无懈可击"和"清扬"的品牌搜索率上升了 6~10 倍，品牌的认知度也随之达到了 97.66%，94%的用户表示相对过去提高了对清扬品牌的关注度。

(4)贴片式视频广告

贴片式视频广告指在视频的片头、片尾或插片播放的广告以及背景广告等。这种网络视频营销方式是从电视广告延伸而来，但与电视广告不同的是，由于电视观众不能选择电视中的内容，不得不接受插播的广告，而在网络视频时代，网民有比较大的自主权，他们可以利用手中的鼠标消除这类硬广告对观看的干扰。

一般的贴片广告为 15~30s 不等，而在这有限的时间之内夺取网民的眼球，让他们不至于浏览其他的网页，就需要有动感的音乐、新鲜的题材、特别的表现形式、控制播放的次数(减少受众的厌烦感)。

在兰蔻口红的贴片广告(图 2-5)中，随着律动的旋律，场景充分与产品的颜色相结合，同时通过律动来转换镜头，使得内容更加紧凑。诱惑的颜色、诱惑的唇以及动感的音乐共同构成了这个贴片广告。在结尾处贴上官方的网址和更多的活动，让感兴趣的受众可以更容易地接触到品牌，而且在播放的次数上也做了一定控制，并没有连续多次地播放，减少了受众的厌烦感。

图 2-5 兰蔻口红在网络视频中的 15s 贴片广告

2. 按照视频广告的制作技术和风格，网络视频广告可以分为影像类和动画类。

(1)影像类视频广告：以演员和模特的表演为基础，以影像制作技术为手段，以影音文件为输出手段的视频广告形式。

2011 年年底，诺基亚为了给正式开卖的 N9 铺路，邀请范冰冰担任首个 N9 中文宣传片(图 2-6)的主角。诺基亚表示，这是因为她的人生态度非常符合 N9 的品牌理念"不跟随"。整个广告采用电影手法拍摄，呈现出的气场不但强大，而且霸气十足。广告中除了范冰冰本人的性格和产品特征相符之外，有个性的广告语、黑白的高调色调、演员帅气的表演、扣人心弦的配乐四者的相互配合，给人谍战剧的感觉，而片尾"不跟随"即表现了诺基亚的品牌理念不跟随市面上大行其道的安卓和苹果，借演员的语言和个性来阐述产品的特色。

(2)动画类视频广告：以数码技术制作的卡通动画形象为广告片的主角的视频广告形式。

Flash 是美国的 Macromedia 公司于 1999 年 6 月推出的优秀网页动画设计软件。它是一种交互式动画设计工具，用它可以将音乐、声效、动画，以

图 2–6　范冰冰代言的诺基亚微电影品牌宣传片《不跟随》

及富有新意的界面融合在一起，以制作出高品质的动画效果。

2012 年一条名为《花露水的前世今生》（图 2–7）的视频短片自从当年 6 月底在各个网络平台发布后，在最初的两周内就获得了近 30 万的转发和评论量，截至 2012 年 7 月 15 日，总点击数超过了 1200 万次。没有炫酷的特效，也没有天马行空的故事情节，更没有大牌明星的加盟，整条短片的内容只是在介绍花露水的“前世今生”。仅仅从技术上来看，动画画面和俏皮话配音的搭配形式其实没有太多的与众不同的新意，但是正是这种类似“舌尖上的中国”的配音，加上略微复古的 Flash 动画以及当今流行的语言（如“杜甫很忙”“高铁”等），在怀旧风格大行的网络时代，这条短片一出来便取得了较好的效果和评价。

3D 动画，是三维动画软件在计算机中首先建立一个虚拟世界，设计师在这个虚拟的三维世界中按照要表现的对象的形状尺寸建立模型以及场景，再根据要求设定模型的运动轨迹、其他动画参数，虚拟摄影机的运动，最后按要求为模型赋上特定的材质，并打上灯光。当这一切完成后就可以让计算机自动运算，生成最后的画面。三维动画可以用于广告和电影电视剧的特效制作（如爆炸、烟雾、下雨、光效等）、特技（撞车、变形、虚幻场景或角色等）、广告产品展示、片头飞字等。

如可口可乐 3D 的广告片（图 2–8），设计师在虚拟的三维世界中，通过可口可乐在精灵们的劳动下，从售卖时接过钱的瞬间，到准备瓶子、加入新鲜可乐、封盖、冷冻等一系列的过程，带给我们震撼的效果。3D 的表现，让可口可乐销售的整个过程变得神奇而有趣，而该广告同时在法国、日本、中国香港等地方发行，区别也仅仅在于短片的开头和结尾的购买的人不同。由此可以看出来 3D

图 2–7　Flash 视频短片《花露水的今世前生》

图 2-8 可口可乐的 3D 广告片

的技术是无国界的。

3. 按照视频广告的制作模式，网络视频广告可以分为广告商创作类和用户创作(UGA)类。

用户创作(UGA)类，指利用网友们的智慧来做创意驱动，进行一场全民头脑风暴，既能为品牌造势，又能促进消费者的互动，提升消费者的品牌忠诚度。2006 年百事开展了"百事我创•周杰伦广告创意征集活动"。百事把下一个视频广告的创意权交到消费者手中，让用户自创广告内容，并由周杰伦担任主角进行拍摄，这不同于以往由品牌和专业广告公司决定广告创意的操作方式。活动通过线上的富媒体广告等推广方式以及百事可乐线下的公关宣传，吸引消费者到活动的官方网站，提交他们心目中理想的广告剧本。同时，消费者参与打分和点评，以此来决定哪个广告创意最为合适，甚至周杰伦也可以点评。

网友的参与程度非常高，最终入围的作品甚至把平面的动画都描绘出来了。截至当年 7 月 10 日，已经收到接近 3 万个富有创意的广告剧本，共计 597,973 人参与对作品的评论，1,070,340 人次参与对作品打分，平均每分钟最高 4,000 多人次在线浏览作品。最终《贸易起源篇》广告脚本以 335447 的最高得票数获胜。不仅如此，广告中的两名配角也由全体网民推荐并投票产生。

评选过后，中国第一则网友创作的视频广告开拍，百事不断将拍摄视频花絮上传网络，甚至安排剧本创作者亲自到拍摄现场，见证广告的产生。通过前期的长期预热，加上"周杰伦百事我创"视频广告上线倒数活动的开展，可以想见，这则广告一经发布，立刻引起互联网上广泛转载，影响巨大。

百事《贸易起源篇》(图 2-9)中利用类似等价交换的原则(物品换过路的资格)，采用幽默的拍摄手法，讲述了周杰伦在一次过路时用的是百事可乐，而导致后来只能用百事可乐才能过路的故事。而其中第二次过路周杰伦利用自己的 CD、海报、签名等都无果的桥段，最后酋长化身狮子的吼叫都是让人印象深刻的部分。原本深刻有趣的内容加上网民本身的参与，让这部广告片在当时取得了不错的成绩。

UGA 模式超越了普通的单向度浏览模式，让用户与品牌高度互动，将品牌传递方式提升到了用户参与创造的高度，增加了品牌黏性，增强了广告效果。

图 2-9 百事可乐广告片《贸易起源篇》

第二节 网络视频广告的传播特征

一、网络视频广告的传播优势

(1)表现形式更为丰富多样，更具亲和力。

网络视频广告采用先进数码及多媒体技术，融合视频、音频、图像、动画及文本于一体，表现力更生动。

(2)网络行为的可跟踪和可分析性。

网络视频广告具有网络广告的一般优势，网络技术可以记录用户的浏览信息甚至购买信息，这些信息为广告主有针对性地投放广告提供了极大便利。

(3)视频广告交互性及感官性极强。

视频技术不仅可以实现广告与用户之间的互动，让广告主直接接收用户的反馈；还可以通过 3D 实景展播等方式，带给用户身临其境般的体验，而传统电视广告则停留在单向度的宣传模式上。

(4)视频广告突破时间和空间的限制。

互联网平台的开放性，使得信息在极快的时间内传遍全世界。而传统电视的信息传播则受制于国家之间的各种文化、经济、政治的壁垒。同时，由于互联网兼具空间媒体的属性，信息的保存、二次传播极为便利，大大突破了电视作为线性时间媒体的限制。由于网络社交媒体和智能手机的运用，网络视频广告能够实现线上和线下的联动，彻底打破时空限制，广告影响力大大增强。

（5）网络视频广告的受众更具主动性，参与意识更强。

网络用户不仅可自行控制播放时间、位置和频率等，还可以参与到广告创意、广告制作、广告传播甚至广告活动之中。一则创意独特的视频广告常常具有“病毒式”传播效应，而一些明星参与的广告活动更能引起粉丝的积极传播。

（6）网络视频广告与营销紧密结合，能及时实现营销价值。

用户可以在观看视频广告的同时点击链接进入该产品的电子商务平台，直接实现交易。

二、网络视频广告面临的挑战

（1）有待于建立完善的效果评估体系。

视频营销在当前推进中存在的一大关键问题在于实现跨媒介广告营销测算方法的“统一”，制订相关转换算法、规则。在传统电视和网络视频之间，跨媒介广告测算一直缺乏明确、统一的基础方法。广告主、代理公司目前采用的网络视频广告效果监测指标基本上是沿用互联网传统广告的监测指标：曝光、点击、一次跳转、二次跳转等。但是传统电视广告效果看的是以下几个重要指标：收视率、广告平均曝光频次、总收视点（Gross Rating Points，简称 GRP），以及每收视点成本（Cost Per Rating Point，简称 CPRP）。

让广告主相对简单、便捷地看到视频营销的投放效果，这有助于未来视频网站更好、更密切地与广告主进行合作。

据媒体刊例网（http://www.mtklw.com.cn/admin/news/detail.jsp?id=491）报道，2011 年 11 月，美国互动广告局(IAB，Interactive Advertis-ing Bureau) 宣布了由 ANA、4As 和 IAB 的 40 多位行业专家所倡导的行业生态创新项目 Making Measurement Make Sense (简称 3MS)正式进入实测阶段，IAB 号召全球广告行业构建一个透明、标准化和可持续的评价指标和测量体系，从而确保产业链各方在急速变化的传媒环境中迅速应对并达成共识，并发布了数字广告评估的五大指导原则。

原则 1：广告评估转向“可见曝光”标准，计算网络广告真正有效呈现情况。

原则 2：评估网络广告曝光必须以基于目标受众的曝光作为“货币单位”，而不是全部曝光总数。

原则 3：由于网络广告形式各不相同，需要建立一个清晰透明的分类体系。

原则 4：建立与品牌营销者密切相关的衡量指标体系，以便品牌营销者更好地评估网络广告对于品牌建设的贡献度。

原则 5：数字媒体的评估必须和电视等其他媒体之间越来越具有可比性和可整合性。

（2）网络视频广告机构发展相对弱势，未能与广告界及营销界形成紧密合作，广告投放模式未能形成有效的组合模式。

虽然网络视频广告在 2009 年有了非常大的发展，逐渐成为广告主习惯性投放的广告形式，但是仍然没有完全摆脱作为电视广告补充的角色。

严格意义上的视频营销，不应该仅仅是前台的视频曝光，还应该和后台物流、资金流、信息流等联系在一起，实现有效对接。

（3）视频营销及网络视频广告理论发展相对滞后，未能形成视频广告创意、制作、投放等整合体系的理论模式，相关创意人才的培养尚处于“原生状态”，亟待广告理论界的关注。

（4）目前网络视频网站尚未能体现媒体的品牌价值，在公信力、传播力、影响力方面落后于传统电视媒体及门户网站。

第三节　网络视频营销传播的理论支点

一、营销 3.0 理论

营销 3.0 的概念由美国营销学者菲利普·科特勒及印度尼西亚的何麻温·卡塔加雅、伊万·塞蒂亚万在他们合著的《营销革命 3.0——从产品到顾客，再到人文精神》一书中提出，认为营销行业经历了营销 1.0、2.0 和 3.0 时代，即以产品为中心的时代、以消费者为导向的时代和价值驱动营销时代。三者的综合对比见表 2-1。

营销 3.0 理念是建立在新浪潮的媒体背景之上的。新浪潮科技是指能够帮助个体和群体保持互联互动的科技，它包括三个组成部分：廉价的电脑和手机、低成本的互联网接入以及开发性软件。

表 2-1 营销 1.0、2.0 和 3.0 时代的综合对比

	营销 1.0 时代 以产品为中心的营销	营销 2.0 时代 以消费者为导向的营销	营销 3.0 时代 价值驱动营销
目标	销售产品	满足并维护消费者	让世界变得更好
推动力	工业革命	信息技术	新浪潮科技
企业看待市场方式	具有生理需要的大众买方	有思想和选择能力的聪明消费者	具有独立思想、心灵和精神的完整个体
主要营销概念	产品开发	差异化	价值
企业营销方针	产品细化	企业和产品定位	企业使命、愿景和价值观
价值主张	功能性	功能性和情感化	功能性、情感化和精神化
与消费者互动情况	一对多交易	一对一关系	多对多合作

新浪潮科技使得人们从被动的消费者变成了生产型消费者。而推动新浪潮科技发展的力量之一，就是社会化媒体的兴起。

营销 3.0 理念的核心观点有：

（1）营销 3.0 的三个组成部分是：合作营销、文化营销和精神营销。

（2）消费者是品牌的真正拥有者。

（3）营销是一个由品牌、定位和差异化构成的三角形，它以“3i 概念”——品牌标志、品牌道德和品牌形象主导企业的使命、愿景、价值观（价值承诺、价值承诺兑现）和战略规划。营销 3.0 的实质是人文精神驱动的价值营销，企业在作出营销战略决策时，不仅要考虑商业回报，而且要考虑道德和社会影响，以积极的心态作用于人类文明的进程。

（4）营销的战略是：向消费者营销企业使命；向员工和合作伙伴营销企业价值观；向股东营销企业愿景。

（5）鉴于社会化媒体具有成本低廉和毫无偏见等优势，它必将成为营销沟通的未来选择。

可以说，营销 3.0 的思想更加强调营销传播过程，对于受众而言，广告信息不再是强加的、多余的、无用的，而是主动寻求的、价值分享的，能引起情感共鸣的。这必然对营销传播手段提出了更高的要求。

事实上，作为市场经济主体的企业跟作为生活主体的个人一样，都拥有使命感、责任感、个性特点和行为方式，即企业文化精神。如何将企业精神人格化、个性化，实现其与相关利益人之间的价值层面和情感层面的沟通，是营销传播理论探讨的重要方向。Web2.0 的技术实现了企业与个人的直接对话，网络视频由于其对网络数字媒体及传统影视媒体的整合优势，在树立企业形象、建构对话空间、传播企业理念、描述消费者体验等方面具有突出的表现，将成为营销 3.0 时代的首要传播工具。

二、品牌内容营销——视频营销的最大亮点

品牌内容营销，是近几年在广告界流行的一个热门概念，具体是指：以节目内容（电影、电视剧、电视栏目、网络视频、音乐电视等）为载体，在节目内容中注入品牌 DNA，将品牌质素与节目内容深度结合，融为一体，并辅之以一整套的营销动作，作出的一次全方位立体式的营销攻势。

相对于“植入广告”，品牌内容营销理念是一种全新的广告投放模式和广告策划创意理念。“植入广告”是一次广告行动，而品牌内容营销则是企业的一次全面系统性的广告活动。

品牌内容营销理念包含以下观点：

1. 要求品牌理念与节目内容互为搭载、融为一体。

在电影《变形金刚 3》中，通用汽车的各个品牌车型如雪佛兰、GMC、悍马 H2、庞蒂克等都通过剧情表现了自己独特的个性，无论是开朗活泼的大黄蜂，还是沉稳幽默的擎天柱，在影片中，它们都不再只是机器，而是成为了有自己的思想与个性、充满了人情味的钢铁朋友。影片浓墨重彩地描述了该品牌汽车的优越性能，还表现了汽车与人类的情感联系。广告植入超越了商品阶段，而达到了品牌精神的深度。

影片的最大赢家则是“孩之宝”玩具公司（Hasbro，美国著名玩具公司，1923 年创立），在全球赢得票房胜利的主题为“汽车人拯救地球”的

系列电影都只不过是“孩之宝”玩具的广告片而已。

为了促销变形金刚玩具，“孩之宝”在1984年制作了三部有简单情节的动画广告片，并在美国100多个电视频道播出，这就是《变形金刚》动画连续剧的前三集。因为是广告，“孩之宝”需向电视台支付高额广告费才能播出，但广告播出后反响强烈，收视率连破纪录，占到了当时美国所有动画系列片收视率的40%，大喜过望的“孩之宝”干脆将它制作成了一部长篇动画连续剧。这个时候，“孩之宝”与电视台的主动权发生逆转，“孩之宝”不向电视台付广告费了，反过来要收取高额的版权费。短短几个月内，《变形金刚》动画片的收入已经成为“孩之宝”变形金刚盈利计划的主要部分，占全部盈利的1/3。

2007年第一部《变形金刚》电影在为派拉蒙公司和导演迈克·贝带来7亿美元的全球票房收入的同时，也为“孩之宝”带来了4.8亿美元变形金刚玩具的相关收入，而这一块业务占据了“孩之宝”当年总收入的13%。

2011年在影片《变形金刚3》中，不仅增加了大量新的“汽车人”品种，更增强了影片情节的“全球认同感”。从中东到中国，变形金刚无处不在，道理很简单，就是要使世界各地的孩子们(当然也包括曾经的孩子们)对变形金刚品牌亲近和认同。最终的目的还是多卖玩具(图2–10~图2–12)。

图2–10 《变形金刚3》中变形“大黄蜂”的电影海报

图2–11 雪佛兰汽车的营销活动

图2–12 “孩之宝”品牌玩具“变形金刚”

2. 品牌内容营销是一套复合的、系统的品牌传播行为。

品牌内容营销必须在节目内容播出的同时配合以相应的营销动作及线下传播活动。

企业在进行内容营销时，应充分与其他活动相结合，通过整合营销传播的方式来延伸植入的价值，寻求其在内容产品之外的效应。因此，企业在操作中需要与其他各方紧密配合，深度介入内容产业链，参与内容产品的策划、生产及发布等整个流程。除了整合产业链的多方资源外，还需搭配运用多种营销手段，如广告(贴片及户外等形式)、终端促销、数据库邮件、公关活动、媒体报道、电影首映式(或音乐、书籍等的签售会)、内容产品制作花絮宣传等，对目标消费者形成全方位的娱乐攻势，扩大品牌植入的影响力。

第四节 网络视频营销的发展趋势

一、更加注重用户对广告的主动选择权

新新媒体的实质就在于“传播者”与“受传者”界限的模糊，人人都是“传播者”，个人和组织一样均为网络“用户”。在这种条件下，用户会越来越注重体验的过程和感受。传统电视广告的强制性“推”模式虽然在一定程度上仍然能够产生传播效果，但毕竟违背了用户的体验心理和体验快感，因而会遭到越来越多的抵制。让用户主动选择广告，将成为一种新的广告传播思路。

国外的一些先驱视频网站在此方面进行了一些有益的探索。美国视频网站VideoEgg在视频末尾提供了一个名为“指示器”(ticker)的可点击的透明广告选择模块(图2–13)，当用户点击它时，正

在观看的视频会暂停，而一个新的屏幕会打开，用户可观看相应的广告片。如果用户不点击这个广告，视频就会为用户显示下一个视频的预览片段。这种技术可以提升 5%~8% 的点击率，千人成本却是 10 美元，传统贴片广告的千人成本为 20~50 美元。

图 2-13　VideoEgg 视频网站中的 ticker 广告模式

二、更加注重 UGA 模式，体现消费者创造品牌价值

利用网友们的脑细胞来做创意驱动，进行一场全民头脑风暴是一个不错的主意。

UGA 模式超越了普通的单向度浏览模式，让用户与品牌高度地互动，将品牌传递方式提升到用户参与创造的高度，增加了品牌黏性，增强了广告效果。如何将这种“一次性”的活动延展成一种模式，国外有些视频营销公司做出了尝试，如 ViTrue 公司推出“Brand Community”的广告类型，为品牌建立广告社区，鼓励用户为他们喜欢的品牌制作视频广告，并通过社交网站进行传播。

ViTrue 网站界面如图 2-14 所示。

三、更加注重互动模式，全方位增强网络用户的体验价值

借助技术，企业可以让视频短片里的主角与网友真正互动起来。用鼠标或者键盘就能控制视频内容，这种好玩有趣的方式，往往能让一个简单的创意取得巨大的传播效果。随着手机、无线网络的加入，这种互动模式还在继续开发中。

图 2-14　ViTrue 网站界面

四、更加注重多种传播手段的整合，拓展营销传播的深度

以爱奇艺网站与伊利集团合作的“巧乐兹·校园影像季”为例，解析视频营销的整合传播过程（图 2-15）。

在这个过程中，爱奇艺网站通过提供发布平台获得更高关注度，积累更多的受众；伊利集团则通过提供活动资金实现产品销量增加和品牌形象提升；消费者通过对活动的关注和参与展示创意、自我形象并获得审美体验。这个活动中，大学生群体同时充当了消费者（购买巧乐兹产品）、网络用户（浏览网页、上传作品）、艺术创作者（编写剧本、拍摄影片）及围观与评论者（欣赏视频作品、发表评论）四种综合身份，在深度参与中对巧乐兹产品特征及品牌形象都获得了深度的体验。这是传统影视广告无法企及的效果。

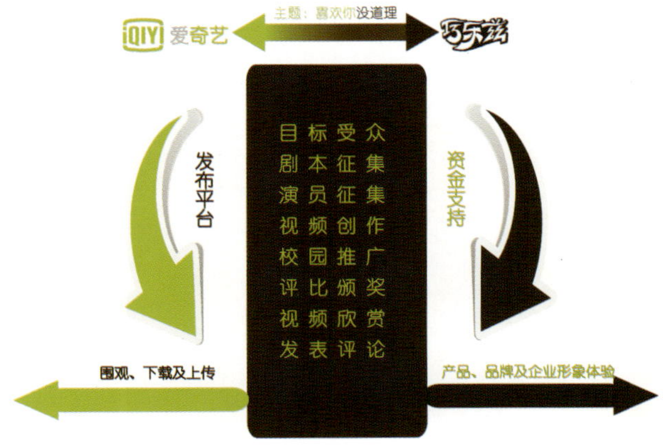

图 2-15　爱奇艺与“巧乐兹”品牌的整合营销传播活动

阅读资料

视频收视趋势和营销洞察

2009 年，Yahoo 开始研究网络视频领域，旨在让广告主更好洞察正在发生的网络视频革命。在过去的两年，网络视频正在走向成熟，从变革进入到演进阶段。这演进发生在三个方面：视频消费行为、视频内容分享和视频内容本身的演进。营销者需要理解，这个变化是以有效通过这种高度沉浸的互动方式触及消费者的。

在这个报告中，Yahoo 联合 Interpret 一起，针对 4100 名网络视频用户在过去 24h 内的观影行为进行了研究。下面是该报告的关键发现：

1. 网络视频消费迅猛增长

视频消费继续高速增长，尤其在长视频和专业视频领域。在给定的一天中，57% 的人观看网络视频，同比 2009 年高 33%。短视频收看量仍然最大，占所有视频观看量的 74%，如图 2–16 所示。

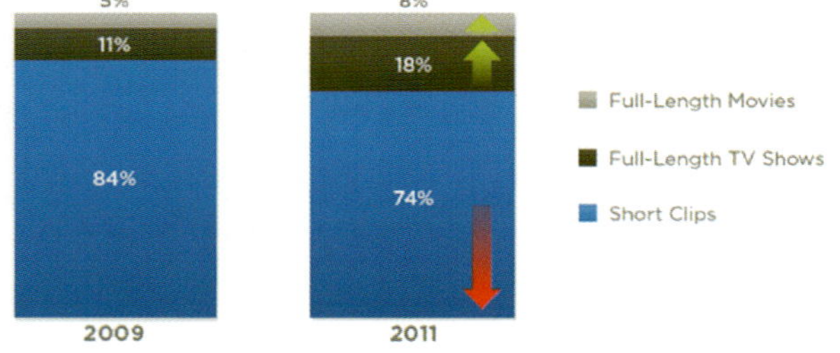

图 2–16 长视频和短视频的收看率变化

2. 视频观看往夜晚迁移

2012 年用户在晚上 6 点到 9 点观看网络视频的人数比 2009 年增加了 30 个百分点，而在商业时间（9AM—5PM）的视频观看用户比例则减少了，用户观看网络视频多在家中，如图 2–17 所示。像 Netflix 和 Hulu 这样的服务（两者都同比 2009 年翻了一番）推动了夜晚视频观看量的增长。

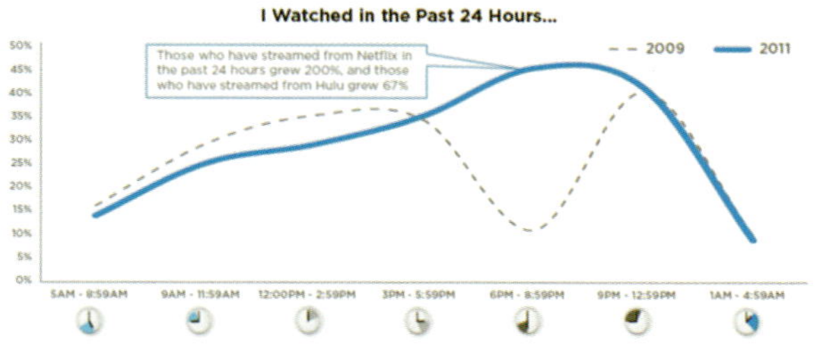

图 2–17 网络视频的观看时间段

3. 更多的视频被分享，分享者却变少了

数据显示出视频的分享量增加了，但分享视频的用户比例却相对 2009 年降低了。只有 26% 的受访者表示他们确实分享了正在观看的视频，而 2009 年有 34% 的人分享了他们所看的视频。有趣的是随着 25~54 岁的群体从 64% 增加到 72%，总体的视频分享者的年龄变得更大了。研究者发现年龄更大的群体视频的分享热情较低，因此降低了在线视频分享者的比例。

4. 广告接受度随内容价值而提升

当视频广告和专业视频内容结合在一起时，视频广告的接受度提升了，如图 2–18 所示。研究者发现，对于专业视频，用户更可能记得看过广告，记住产品信息或回忆起看到的品牌。和专业内容在一起的视频广告也更可能被用户认为和自己有关。

图 2–18 专业视频与非专业视频的广告接受度的差别

5. 尽管视频很短，用户仍然乐意观看

对于网络视频，一半的用户会跟进网络原创节目以获取新的东西，60% 的人想在未来寻找更多专业的视频短片内容。70% 看过这些视频短片的人在他们的主页、大型内容站点或视频站点上观看了这些内容。

6. 视频 + 内容环境

当视频内容与其他媒体混合一起时，用户的沉浸度更高了。他们对于包含在内容中的视频中看到的广告的接受度也变得更高。57% 的用户表示他们喜欢观看和文章内容在一起的视频内容（图 2–19），研究者也发现当用户观看包含在文章页面中的视频时，他们观看这些视频以获取更多的信息，他们回忆起看到过的广告，认为这个视频是专业的比例也更高。当视频广告显示在内容环境中时，用户对视频广告的接受度更高。［阅读资料来源：199IT（中文互联网数据资讯中心）］

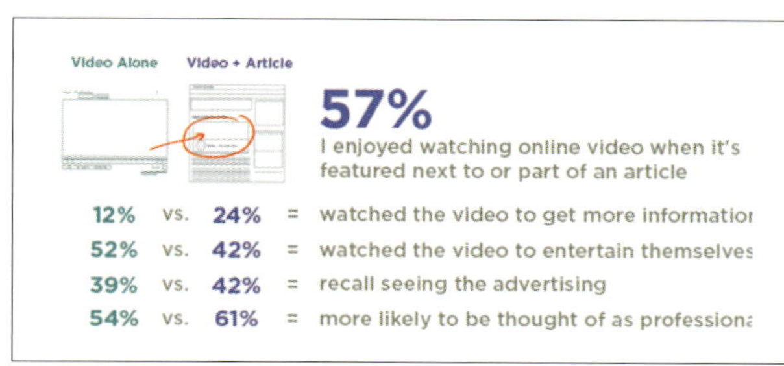

图 2–19 广告内容与视频内容的关联程度影响广告效果

思考与讨论： 从优酷《车展上的那些人》(图 2–20)看视频网站利用平台创造价值。

在 2012 年 5 月，为了让更多的人了解和关注优酷汽车这个栏目，当然也是为了吸引更多的广告商，优酷网推出了《车展上的那些人》。同样是车展，优酷却在做一件和别人不同的事情 。镜头没有给车展上光彩照人的车模，也没有给夺人眼球的豪车，而是给了最真实也是最容易被人们所忽视的车展上的那些人——汽车厂商、公关公司、搭建商。优酷选择关注车展上众多鲜活的人物这一独特视角，呈现北京车展带给人们的“感”和“触”，让人感受这不一样的车展。汽车厂商亲自谈如何抢到好的位置、抢到好的模特来更好地表现自己的产品及品牌；公关公司谈如何进行签到、机票攻签和酒店安排等工作；搭建商谈如何设计场馆、制订应急预案等。从三种车展上最容易被人们忽视的却又缺少不可的人的角度来告诉人们他们的车展经历。

视频选择的角度就为其吸引了不少目光，而且从清晰的效果不难看出视频是由优酷官方拍摄的。而影片中的人物所在的集团，也因为影片获得了认真负责的好评。如此的自拍自放网络视频的方式已经越来越多地走进我们的生活中。如乐视网的《女人帮妞儿》、新浪的《微博有鬼》等，各大网站仅仅依靠单纯的引进视频已经远远不能满足观众的需求了。

问题：

(1)优酷《车展上的那些人》属于哪种网络视频？它有哪些特点？其与传统的网络视频网站所拍的视频有什么区别？

(2)根据优酷的营销模式，试想网络视频网站未来的发展趋势是什么？

(3)参考优酷的手法，假如某大型日化用品公司需要拍摄一个企业宣传片，你会从哪几个角度入手拍摄？

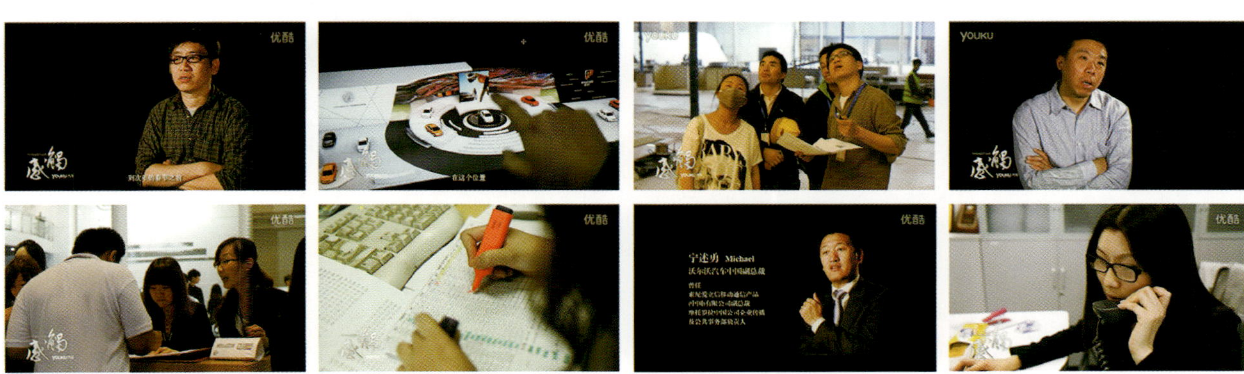

图 2–20 《车展上的那些人》视频截图

第三章 视频贴片广告

第一节 视频贴片广告的形式和特征

一、视频贴片广告是当今网络视频业的主要盈利点

DCCI(中国互联网数据中心)2010 年调查数据显示:2008 年,关注过图片广告的网民比例达 36.3%,2009 年这一比例降至 31.5%。而视频贴片广告则由 2008 年的 26.1%跃升为 2009 年的 34.4%,视频贴片广告超过图片广告成为网民关注最多的广告形式。这从某种程度上可以说明互联网的广告产品有了明显升级,传统图片广告已向富媒体广告转变,视频贴片广告成为互联网主流的广告形式。

易传媒发布的《2012 年中国 PC 互联网广告核心数据报告》显示,视频广告以 1.94%的点击率超过富媒体广告成为点击率最高的 PC 互联网广告形式(图 3–1)。而且报告所指视频广告仅包括视频前贴片广告及背景广告,不包括视频后贴片广告及中播广告。

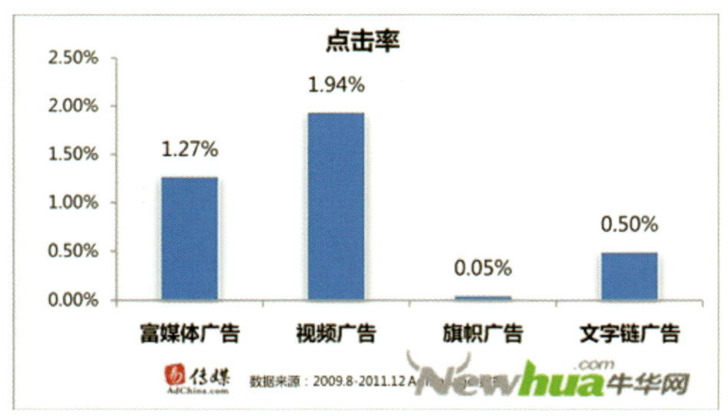

图 3–1 不同类型的网络广告点击率分布

视频贴片广告的兴起源于网络用户对于视频资源的庞大需求,而 2012 年开始执行的"限广令"又为电视节目的广告插播戴上了"紧箍咒",于是许多广告主开始将一部分电视广告投资转移于视频网站。

视频贴片广告的兴起标志着传统电视广告进一步向网络转移,也为盈利模式模糊的网络视频业带来了转机。

二、视频贴片广告的主要形式

视频贴片广告,即把广告内容打包到网络视频内容中,利用网民观看视频内容的缓冲时间播放广告,如企业品牌广告、影视类节目预告、片花等。其盈利方式根据千次展示、点击次数或广告时长来进行收费。

视频贴片广告的模式一部分是传统影视广告模式在网络视频媒体上的移植,另外相对传统影视贴片广告而言,也有一些创新。具体形式有:

1. 从广告出现的位置来划分,视频贴片广告可以分为:

(1)插播广告 用户在网上观看一个节目或一段视频之前、之后或之中,看到一段 15s 或 30s 的广告,即前播广告(图 3–2)、后播广告、中播广告。

图 3–2 常见的前播广告

(2)覆盖广告 短时间出现在视频顶端或底部的文字或图像广告,类似于常见的电视字幕广告。当用户将鼠标指向或点击广告时,会弹出更大的广告幅面,或者打开新网站,如图 3–3 所示。

(3)邀请广告 与覆盖广告类似,但是信息会简短地出现在实际视频播放窗的旁边而不是在顶部,如图 3–4 所示。

(4)伴随广告 与视频播放窗同时出现的静止

图 3-3 点击时可直接进入产品的新页面

图 3-4 邀请广告

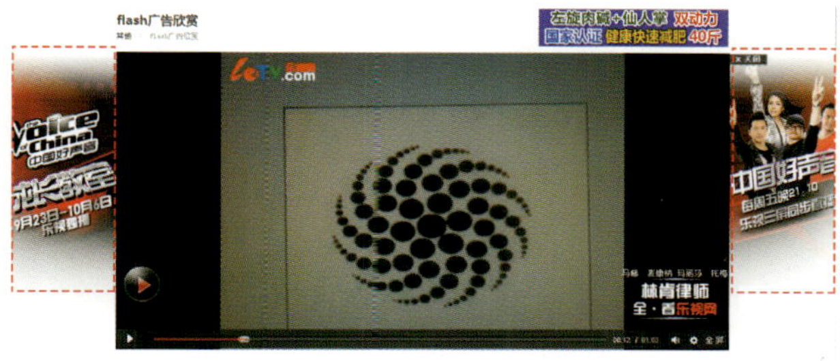

图 3-5 伴随广告

的横幅广告(图 3-5)。不同的广告形式有着不同优势和不足。

2. 从广告的表现形式，视频贴片广告可以分为：

（1）交互广告 前播、中播或后播广告中同时提供了互动元素，如解压代码或证券播报机，或者玩一段小游戏(图 3-6)。如果用户参与，这些广告的时段将会超过 15s 或 30s。

（2）传统影视广告 将用于电视和电影节目插播的广告片直接移植过来，通常是 15s 或者 30s，如图 3-7 所示。

（3）Flash 广告 区别于传统视频广告，它更为卡通化和简单化，能够单凭几段文字或一句话就形成广告的全部，这也使得 Flash 广告在表现形式上具有更多的创意。如东风悦达起亚汽车，利用开汽车的动画人物作为广告主角，“挑逗”原始部落，

图 3-6 交互广告

图 3-7 三星产品广告(15s)

以此表现车的性能和外形受欢迎(图 3-8)，该广告生动有趣，主题鲜明，这是传统视频所不能简单呈现的。

图 3-8 东风悦达起亚汽车广告

3. 从贴片的时间切入点，视频贴片广告可以分为：

（1）前置贴片 广告片利用节目缓冲等待的时间播出，目前一般单个广告片的时长是 15s，总体长度一般不超过 45s。由于这个时候用户的注意力一般比较集中，广告传播效果较好，是目前网络视频贴片广告的主要形式。图 3-9 所示为美宝莲前置贴片广告。

（2）后置贴片 广告片在节目播放完成之后，利用用户对节目的流连、回味时间出现。一般广告片的内容多为与影片内容相关或者推介新的相关节目。图 3-10 所示为后置贴片广告位示意图。

图 3-9　美宝莲前置贴片广告

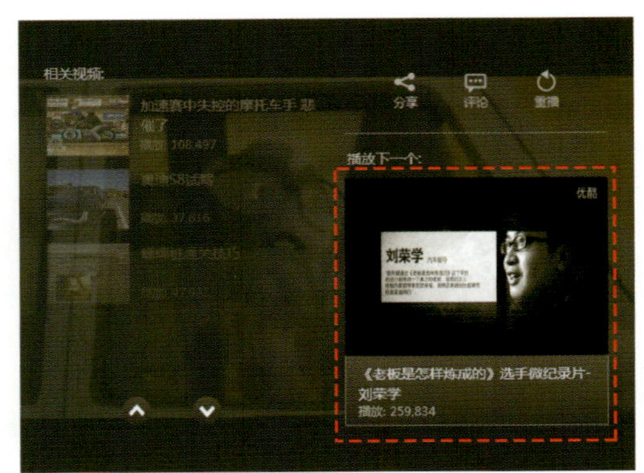

图 3-10　后置贴片广告位示意图

(3)节目中暂停广告　在节目播放暂停时弹出悬浮窗口,一般有图文和视频两种形式,时长在数秒钟。例如,奇艺联合力士推出的调研式广告(图 3-11),其展现与点击都优于普通的暂停及贴片广告,有利于提升用户对该品牌广告的回忆率、认知度,并使用户产生购买倾向。

图 3-11　调研式广告示意图

4. 除此之外,视频贴片广告还有一些创新性形式

(1)超长 TVC　通常是一些长度超过 60s 的广告片,由于其故事情节曲折生动,具有独立的审美价值,通常以视频节目的后置贴片形式播放。

(2)花絮炒作　这是一些影视剧或者电视节目最常见的宣传方式,也有以"节目预告"的形式出现。

(3)疯狂贴片　在视频节目播放之前或之后突然以全屏方式出现,给人以爆发性的冲击力,一般时长较短,如图 3-12 所示。

图 3-12　"疯狂贴片"示意图

(4)"视链"广告　网络"视链"技术是指通过滑动鼠标至视频中的人物或者物品上,便会出现该人物或者物品的详细信息介绍,当鼠标离开时,该提示自动隐藏,整个过程并不会对用户观影造成干扰(图 3-13)。目前这种技术已经在奇艺网得以实现。该广告时长一般在 5s 左右,不会引起用户的反感。

图 3-13　视链广告示意图

微软凭借其视频技术的雄厚积累,研发了一种视频广告的新模式:对视频内容中出现的物体进行标注和索引,一旦用户在观看视频的时候,对画面中某个物体感兴趣,则可以通过点击该物体来激发相应的视频广告。这种方式从实验室走向现实后,应该会为网络视频营销带来巨大变革。

2012 年土豆网为百事公司制作的"微视频"《为渴望而创》(图 3-14)中,提供全新"视链"技术。在剧集播放进程中,当主推物品出现时,画面会短暂静止,在相应物品处出现链接提示,用户点击后,则直接进入指定商城,成功将剧中虚拟物品链接至现实产品,并可能转化为用户的实际购买行为。

图 3-14 百事“视链”广告

三、视频贴片广告的优势分析

1. 符合传统影视广告的强制性观看习惯。

视频贴片广告与传统影视广告具有高度的相似性，符合用户观看习惯。用户为了看视频没有选择，不能躲避广告。同时这也是广告主最熟悉的广告形式。

2. 互动效果好、链接便利。

视频贴片广告具有网络广告的传播特性，用户可以选择点击与否，一旦用户点击，即可进入该产品企业或单位的门户网站，用户可以浏览到所有他们需要的信息。而不是像电视广告等传统媒介广告，受众只能被动地接收，而无法选择是否获得更多感兴趣的信息。此即为贴片广告的开放性。另一方面，若用户点击，做出的反应可以及时地反馈给广告主，而广告主通过网络的即时检测功能也能获取最新最准确的报告，利于产品以及营销的改进。如此直接的沟通，充分体现了贴片广告的互动性，同时“大大缩短了广告起作用的过程”。图3-15、图 3-16 所示为视频中的贴片广告。

图 3-15 视频中的贴片广告(一)

3. 相对于其他类型的网络广告而言，视频贴片广告冲击力大，关注度高。

相对于传统的网络广告形式，视频尺寸大，视觉冲击力效果好。同时，视频贴片广告跟视频内容一样，可以实现全屏播放，广告抗干扰性强，关注度较高。

图 3-16 视频中的贴片广告(二)

4. 标准化评估。

贴片广告具有标准化的特征。视频网站可以从其广告库中直接调用广告，每个广告都有一个识别码，广告主可以通过识别码来获得广告播放的次数、区域等数据。通过广告管理平台，可以做到某个广告只出现在某个地区的视频上，可以按时段来投放，也可以按照广告主投资的金额进行按次投放，还能实现按用户收看率来结算广告费，同一 IP 地址多次收看可以不计费等。

5. 更精准的投放。

视频贴片广告可以按照区域、时段、内容、关键字四个维度进行投放，从而有效覆盖目标人群。

以优酷的“定向贴片”为例，视频贴片广告可以实现四个方面的匹配：

(1) 消费者偏好度匹配投放 例如，“雅诗兰黛”品牌的用户为年轻白领女性，她们在收视习惯上倾向于“韩剧剧场”，优酷就可以将“雅诗兰黛”的广告投放于韩剧视频贴片中，实现与目标消费者的高度重叠，如图 3-17 所示。

(2) 区域市场匹配投放 利用视频播放技术可以实现在某区域的用户视频贴片“定点”投放，使用户的区域性与目标广告市场相一致。

例如，可口可乐 3D 动画版的广告，虽然讲述

图 3-17 “雅诗兰黛”定向贴片广告

的内容都相同（男孩抛下朋友去自动贩卖机购买可口可乐，从投币到可乐的加工、封盖、冰冻等一系列的过程），但是在投放的时候就分日本版和法国版来对两个国家的市场进行有区别的投放（图 3-18）。

图 3-18 可口可乐的不同版本广告

（3）时间匹配　例如，优酷网在中午 11 点—14 点之间播放肯德基外卖的贴片广告（图 3-19）。

图 3-19 肯德基的定时贴片广告

（4）明星匹配　例如，优酷网在明星周杰伦主演的影视剧中播放“优乐美”品牌（由周杰伦代言）的贴片广告（图 3-20）。

四、视频贴片广告的劣势分析

1. 强制性收看不适合网络用户的特征

视频市场研究公司 TubeMogul 在 2010 年公布报告称，对许多消费者来说，前置贴片广告仍不

图 3-20 周杰伦代言的优乐美奶茶广告

受欢迎，有近 16% 的视频浏览者选择不收看前置贴片广告。

从广告传播的角度来看，贴片广告仍然属于“传统广告”形式，是受众在收看电视节目时必须付出的“代价”，是媒体强加给受众的“软暴力”，传统电视广告的弊端正体现于此。对于已经习惯主动选择、重视体验过程的网络用户而言，强制性的视频贴片广告很容易引起其心理反感，从而促使其转向寻找其他视频资源。

2. 不太适合短视频

据 2009 年 12 月 CNNIC（中国互联网络信息中心）统计，网友对影视剧的关注度超过 70%，远远高过原创、自拍等其他视频内容。

长视频（一般指超过 90min 的影视剧）内容更丰富，也更能让用户产生“值得等待”、“忍受广告”的补偿性心理，因而视频贴片广告一般都是针对长视频而言。

广告时长与视频时长有很强的关联性。如果一则视频时长过短，广告时长却很长，一定会引起受众的不满情绪；相反，在电影视频之前播放 30s 时长广告，受众大多不会介意。

3. 社交性不强，不利于分享

由于技术原因，贴片广告不方便用户下载和再次传播；同时由于现在大量的网络视频广告都是电视广告的简单移植，网络媒体的互动优势在营销层面并没有得到很好的发挥，与用户的交互很难做到，网络用户的体验习惯很难得到保障。

第二节　视频贴片广告的创作

一、广告与内容的正相关

一个好的贴片广告，应该考虑到其依附的视频与该广告产品之间的联系，即会收看该视频的观众，是否会对该广告的内容产生兴趣。这种相关

性具体表现在：

（1）审美趣味的相关性

审美趣味也称“审美鉴赏力”，虽然每个人对美的定义和区分都各不相同，但还是有香车美女、天籁之音等被人所认同的说法，在视频贴片广告的创作中也不例外。正如国际化妆品大牌兰蔻、迪奥、香奈儿等，虽然广告每年都在换，但是细观下来，都是换汤不换药地换女主角，而换来换去的都是美女。

例如，兰蔻 MAGNIFIQUE 系列的广告女主角选择了当时在《穿普拉达的女王》中由邻家女孩蜕变成时尚新宠的安妮·海瑟薇，其高雅和性感魅力让 Lancome 兰蔻年度巨献香水 MAGNIFIQUE 也为之着迷。广告片中人气高涨的安妮·海瑟薇甜美的笑容、性感的身材，加上大片的灯光效果，可谓和兰蔻 MAGNIFIQUE相互呼应。图 3-21 为安妮·海瑟薇代言的兰蔻贴片广告。

图 3-21　安妮·海瑟薇代言的兰蔻贴片广告

（2）故事情节的相关性

跟其他广告一样，内容与产品相关性越高，越容易让消费者接受该产品与广告而不致产生厌烦。相关的剧情再配上一些悬疑，15s 甚至更短的贴片广告，也可以引起观众的关注。

图 3-22　奥林巴斯数码相机广告

例如，金泰熙拍摄的奥林巴斯数码相机的广告（图 3-22），广告的开篇是女主角各种羞涩的表情，这就能引起观众注意与好奇，而随着画面的推进，男主角拿出数码相机后女主角的面部表情立刻丰富了许多。相机的笑脸模式正好捕捉到了女主角的每一个表情，生动地表现出了相机所带给人们的乐趣。

（3）影片风格的相关性

影片的风格与产品的特色保持一致，更利于受众在接受广告本身的同时接受产品本身，而不至于只记住了广告忘记了产品。

例如，张涵予、冯绍峰、李晨、孙红雷所拍摄的七匹狼品格男装最新广告（图 3-23），“男人，不止

图 3-23　七匹狼的风格影像广告

一面；品格，始终如一”12 个字的精简的广告语，从四个型男的口中说出，演员、广告语、拍摄风格、产品四个方面都相互呼应。

（4）人物、事物的相关性

认清产品的目标受众，针对目标受众的兴趣、爱好、生活习惯等来设计贴片广告更容易引起受众的好感，进而使其产生购买欲望。

例如，别克昂科拉的系列贴片广告——年轻就去 SUV。对于别克第一款 SUV，别克公司可谓锁定了目标受众——新一代 80 后消费主力军。贴片广告分为 6 个部分，分别是《自由私奔篇》《跟着没门篇》（图 3-24）、《说走就走篇》《细节露馅篇》《做人直接篇》《机会自找篇》，讲述了 6 个不同的 80 后青年对待生活的态度。语言现实有趣，无奈中有冷幽默，该贴片广告刚一出来就受到了观众的一致好评。

图 3-24　别克汽车广告《跟着没门篇》

二、娱乐性强，适合网络用户的要求

由于网络视频广告的主流受众群在 15 岁到 35 岁之间，这些用户在长期的网络信息接触中形成了较高的体验要求。与传统影视受众相比，他们对广告的容忍度更低；但相反，如果广告的趣味性强，则更能激发他们的猎奇心理和认同心理。因此，投放于网络视频的贴片广告相对于传统影视剧的贴片广告而言，应该更加注重广告的创意，更加重视广告的娱乐价值。对于广告主和广告商来说，提升广告片的娱乐性主要可以从以下几个方面考虑：

1. 幽默、搞笑

西方广告学者对幽默广告效果进行了研究，得出的结论是：幽默能吸引受众对广告及产品的注意力，幽默无损于受众对广告的理解力，并能增加受众对广告及产品的喜爱程度。幽默广告能超越民族语言的障碍，让人心领神会。对于即将观赏视频内容的网络用户而言，一则轻松有趣的广告片更能抵消他们在等待影视内容出现时的烦躁和忍耐情绪。

例如，maiabar 泡泡糖的贴片广告（图 3-25），用青蛙有吐泡泡的习惯，和小朋友吹口香糖形成诙谐搞笑的对比，最后泡泡糖爆掉，青蛙也“爆掉”了。

2. 夸张、另类

所谓夸张就是运用离奇的情节对所诉求对象的品质或特征进行相当明显的夸大，以加深受众对这些产品的本质特征的认识和记忆。

另类就是与众不同，心理学家的研究证明，差异越大的信息越容易引起注意。在视频广告中，应该充分利用画面和声音元素制造与众不同的效果。从视觉上，利用色彩、形状和体积的特殊性；从听觉上，利用音量、音色和节奏方面的差异。

例如，联想在国外发布的贴片广告（图 3-26），通过老人在 Thinkpad 上切菜、洗菜、放进烤箱中、

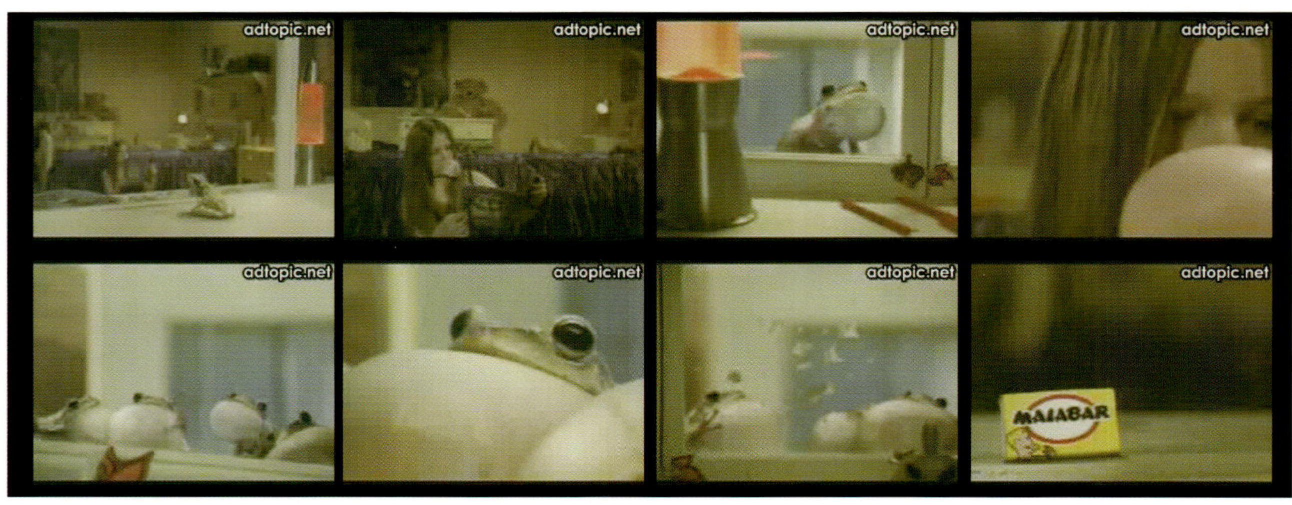

图 3-25　maiabar 泡泡糖广告片《青蛙篇》

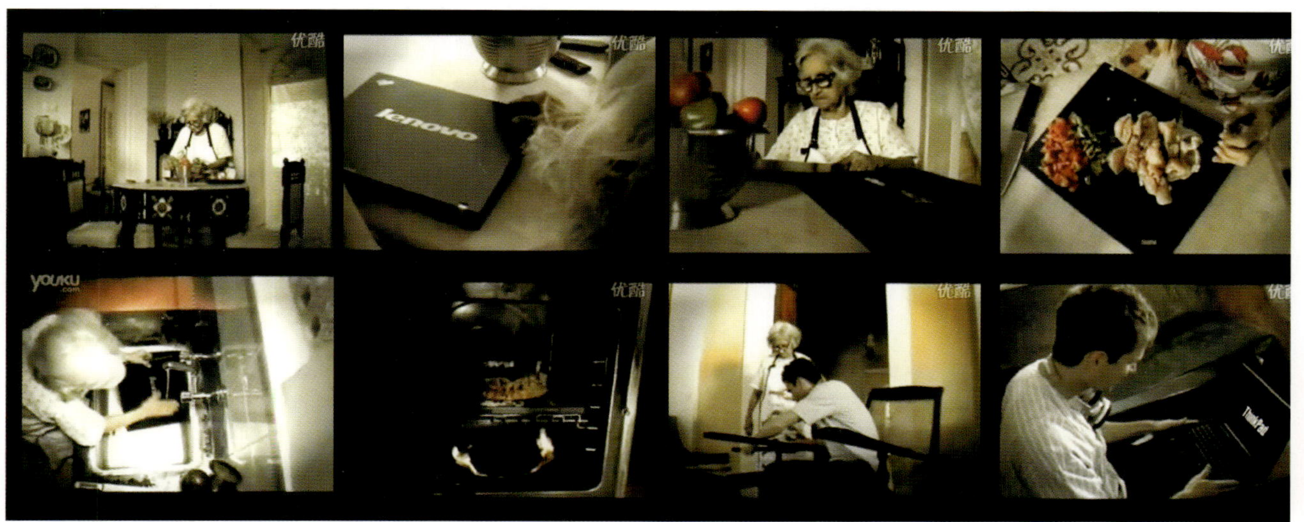

图 3-26　Thinkpad 广告《切菜篇》

盛菜等一系列的夸张的行为之后，笔记本仍旧能正常运行。一系列夸张的手法，让原本为笔记本捏了一把汗的观众，最后为之一笑。这则广告不仅表现了 Thinkpad 良好的做工，还给观众留下了深刻的印象。

3. 设置悬念

广告在情节安排上可以故弄玄虚，以引起受众的好奇心和强烈的兴趣，到最后才点明主题、解除悬念，从而使人对广告片及商品留下难忘的印象。

图 3-27　OPPO Find 网页

视频贴片广告也可以做成“广告连续剧”的形式，增加广告片的“黏性”。

例如，OPPO 手机的广告 Find me（图 3-27）。与传统的贴片广告不同的是，该广告除了在各大视频网站播出外，还设立了与观众互动的专门的网站——www.oppofind.com，该网站有视频、品牌、产品、微剧本等一系列详细的介绍。而且还设有各类社交网站，用来及时发布信息。

贴片广告采用预告片和传统的 TVC 形式，3 部预告片提前吊起消费者的胃口，而 TVC 中紧扣的情节、与产品密切相关的剧情，形成了短小的悬疑广告短剧。演员选择当时在《盗梦空间》中的莱昂纳多·迪卡普里奥，风格也采用盗梦空间似的风格，女主角出现留下一系列的线索，让男主角通过 OPPO 手机找到自己，悬念不断出现，最后男主角能否找到女主角，女主角的目的又是什么？疑问和线索让悬念被展示得淋漓尽致。图 3-28 所示为 OPPO Find 广告片。

图 3-28　OPPO Find 广告片

图 3-29 王力宏代言的北京现代瑞纳广告片

4. 名人代言与粉丝营销

对于简短至数秒的贴片广告而言，要在注意力上获得成功，利用名人、名事件是个不错的主意。大众明星往往与广告互为依存，共同增加曝光机会，以期获得更充足的“注意力资源”。

例如，王力宏拍摄的北京现代瑞纳的广告（图 3-29），广告片采用王力宏的新专辑中的《美》作为背景音乐。广告中王力宏的舞步、服装都与《美》的 MV 相呼应，而汽车在驾驶时，周围的高楼也随着节奏一起跃动，表现音乐才子和汽车的相得益彰。汽车广告与新专辑的同时发布为双方都创造了更大的价值。

在网络平台上，大众明星更容易与“粉丝”之间形成互动，而不同明星的“粉丝团”之间也可以更方便进行沟通，因此形成了各种独特的网络“粉丝文化”和“粉丝营销”。

例如，2010 年从不请明星代言的伊卡璐一改往日形象，邀请了深受年轻人喜爱的李宇春作为大中华区首位形象代言人，紧随而来的是大量的现场互动活动。如果说伊卡璐以前是灵动而神秘的少女，那么经过李宇春阐释的伊卡璐，就是一个洋溢着青春气息的都市青年。广告通过拍摄舞蹈选用粉丝、线下的歌迷见面会、“春春回家过年” 活动等捆绑式的粉丝营销来对产品进行宣传。图 3-30 所示为李宇春代言的伊卡璐广告网页。

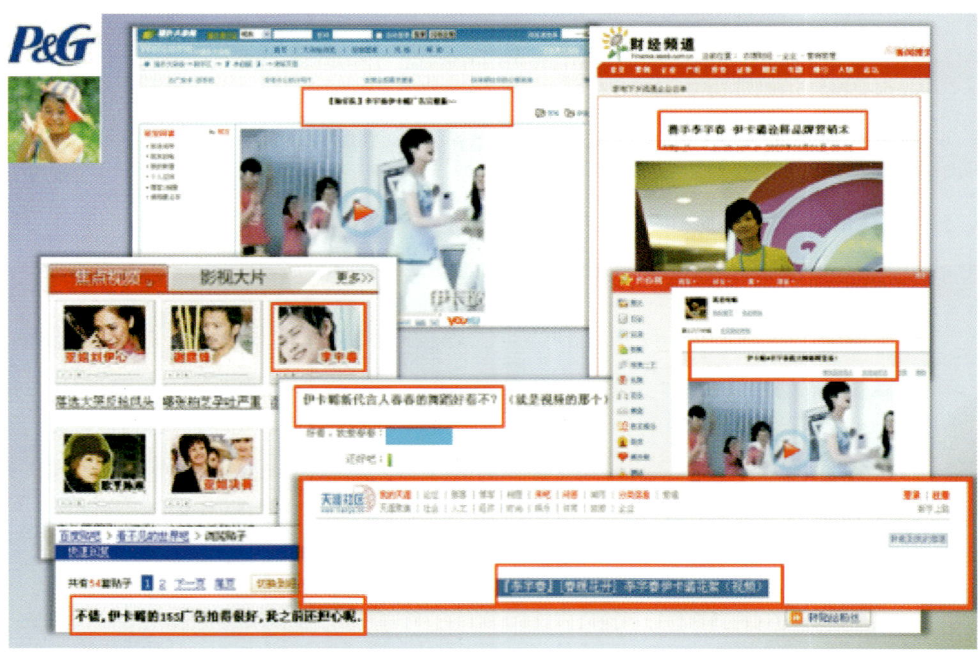

图 3-30 李宇春代言的伊卡璐广告网页

三、15s原则，信息量纯粹

一般来说，一则视频前置贴片广告的长度不宜超过15s，过长则容易引起用户反感情绪。与传统电视广告相比，视频贴片广告更加短小精炼，信息传播应更加注重针对性和吸引力，信息量少而精。如果用户对广告内容感兴趣，则可以直接点击广告画面进入相关的链接网页，进一步深入了解广告商品。

因此，对于网络视频贴片广告而言，信息量越是简单纯粹，越能引起用户的关注，越能提高传播力。

四、注重互动参与效果

得益于网络多媒体技术，视频贴片广告摆脱了传统影视广告的“传—受”线性模式，大大增强了传播过程的互动性及网络用户的参与快感。如“投票”广告。

创作视频贴片广告应该摈弃传统影视广告的“传—受”线性思维，削弱广告的“软暴力”印象，增加各种用户参与的机会，提升广告传播的实际效果。

目前视频贴片广告的互动形式主要有：

（1）允许用户跳过广告　研究机构TubeMogul在2010年发布的数据表明，YouTube与众不同地允许用户跳过前置贴片广告，尽管如此，广告收看“完成率”约为85%。这是一个很好的现象，表明给用户自主选择权，不但可以尊重网络用户的体验心理，也可以保证广告片真正被“有质量”地收看。

（2）“点击—链接”模式　将贴片广告链接到信息丰富的广告网页中，甚至直接链接到商务平台，从而在网络上直接实现“刺激—说服—购买—反馈”整个广告传播流程。

（3）玩小游戏　将贴片广告做成小游戏的形式，直接增强用户体验。

（4）在线投票　开展有吸引力的投票或选举活动，用户通过投票可以获得广告商品的抽奖、优惠券等回馈，将在线促销与广告活动直接联系起来。

（5）暂停调研　在节目暂停播放时，刊出调研问卷，让消费者通过回答问卷进入其他网页或者形成对广告商品的关注度，广告主可以通过调研迅速了解消费者心理。如爱奇艺与力士洗发水合作的调研式广告（图3-11）：“秀发不够闪亮，是什么问题困扰着您？”选项包括染烫引起的发质深度受损、发质干枯毛燥、蓬乱无形等。通过回收数据，可以看到力士潜在消费者关注的秀发问题，广告主及时收到反馈数据，并加大了相关产品的促销力度，从而可以考虑通过此次调研结果，在下次投放中将用户更加细分导流到产品功效页，实现细分用户后的精准投放。

第三节　视频贴片广告的投放

一、从广告主的角度来看，形成了以热播影视剧为中心的电视贴片＋视频贴片相结合的投放模式。

从目前来看，网络视频贴片广告仍然是传统电视广告的补充形式，与电视广告一起构成互补式投放组合。

在视频广告的投放中，广告主必须要考虑的指标有：

1. 定量指标

（1）CPC(Cost Per Click；Cost Per Thousand Click-Through) 每点击成本。以每点击广告一次计费。

（2）CPM (Cost Per Mille，或者 Cost Per Thousand；Cost Per Impressions) 每千人成本。按访问人次收费已经成为网络广告的惯例。CPM(千人成本)指的是广告投放过程中，听到或者看到某广告的每一人平均分担到多少广告成本。传统媒介多采用这种计价方式。在网上广告，CPM取决于“印象”尺度，通常理解为一个人的眼睛在一段固定的时间内注视一个广告的次数。

2. 定性指标

（1）网站的合法身份；

（2）视频版权的内容质量；

（3）网站的流量和视频的匹配性。

二、从视频媒体的角度来看，形成了自制内容与购买版权内容相结合的投放平台模式。

从目前来看，贴片广告主要依赖正版、高清长视频资源，视频媒体仍然需要通过支付高额影视剧版权费来维持商业模式，即“网站花钱请网民看广告”。

2013年优酷土豆集团视频内广告刊例见

表 3-1 2013 年优酷土豆集团视频内广告刊例

广告形式	市场类型	区域描述	净价(元/CPM)			
			5秒前片/全屏前帖	15秒贴片	30秒贴片	加收政策
贴片广告	–	全国	13	32	64	• 指定前贴投放加收10% • 5次以下(含5次)频次控制加收10% • 指定时间段投放加收10% • 指定优酷或土豆平台投放加收10% • 二级分类定向投放加收10% • Crasy效果在原广告价格基础上加收1倍
	Key	北京/上海	40	100	200	
	A	广州/深圳/成都/重庆/武汉/南京/长沙/沈阳/杭州/天津	26	65	130	
	B	其他城市或全省	17	42	84	

广告形式	市场类型	区域描述	净价(元/CPM)		
			标准暂停	互动暂停	加收政策
暂停广告	–	全国	13	41	• 5次以下(含5次)频次控制加收10% • 二级频道定向投放加收10% • 指定时间段投放加收10%
	Key	北京/上海	40	105	
	A	广州/深圳/成都/重庆/武汉/南京/长沙/沈阳/杭州/天津	26	72	
	B	其他城市或全省	17	51	

广告形式	市场类型	区域描述	净价(元/CPM)	加收政策
暂停广告	–	全国	27	• 二级频道定向投放加收10%
	Key	北京/上海	70	
	A	广州/深圳/成都/重庆/武汉/南京/长沙/沈阳/杭州/天津	48	
	B	其他城市或全省	34	

广告形式	市场类型	区域描述	净价(元/CPM)		
			标准暂停	互动暂停	加收政策
iPad客户端贴片广告		全国	200	400	• 5次以下(含5次)频次控制加收10%

表3-1。

近几年，不断高涨的版权费为视频网站这样的投放平台带来了巨大的成本压力，一些视频网站便开始进行各种尝试，不断挖掘新的投放方式和利润增长点。目前，主要有两种形式：

（1）"连横"术 如乐视网的"全网贴片广告"模式。2011 年，乐视网在自己拥有独家版权的上百部影视剧作品中植入广告，然后再分销给合作伙伴。这样广告主只需要选择投放乐视网一家就能达到覆盖国内主要视频网站的全网贴片的效果。据了解，目前风行、暴风影音、56 网等多家视频网站已经表现出很强的合作意向。可以预见，这一模式的开创将给视频网站带来新的机遇，将真正实现合作共赢的局面。

（2）"合纵"术 视频网站开始向纵深化方向发展，由单一的播放平台向集内容生产、广告经营、播放运营等于一身的文化传媒集团演进。"合法版权运营 + 付费用户培育 + 平台增值服务" 的整合性经营理念日益受到重视。视频网站纷纷加大自制内容的力度，投资拍摄自主版权的影视剧、综艺节目、评论节目等。贴片广告的投放平台将更加宽广。

网络视听新媒体的下一步演进是进入客厅和口袋，覆盖全部人群。

三、视频贴片广告的效果评估逐步正规化。

1. 效果评估引入第三方监测体系。

例如，从 2010 年开始，优酷已经与 CR 尼尔森（CR-Nielsen）合作，联手推出了针对视频贴片广告的第三方监测数据报告，首次实现了视频行业广告投放数据透明化，进一步保证了广告主的广告投放权益。

2. 视频贴片广告的重要评估指标：播放完成率。

美国知名市场研究公司 eMarketer 于 2012 年 6 月发布研究报告称，品牌厂商在追踪和评估自己所投放视频广告的效果过程中，应该更注重视频广告播放完成率指标，而不仅仅是分析传统的点击率(click-through rates，简称 CTR)指标。

美国广告投放服务机构 VINDICO 对 2011 年在美国所投放视频广告的研究结果表明，与点击率指标相比，视频广告播放完成率指标更为有效。原因是不少比率很高的点击率可能存在误导现象。大量用户点击视频广告的用意，其实是希望该视频广告赶紧消失。

VINDICO 调查结果还显示，视频广告播放完成率指标的高低，也直接影响着用户对于品牌厂商页面的认知程度。与那些仅点击视频广告却不完成观看过程的用户相比，完全观看用户在访问品牌厂商的网站后，他们更倾向于访问品牌厂商的具体产品页面以及购物结账页面。

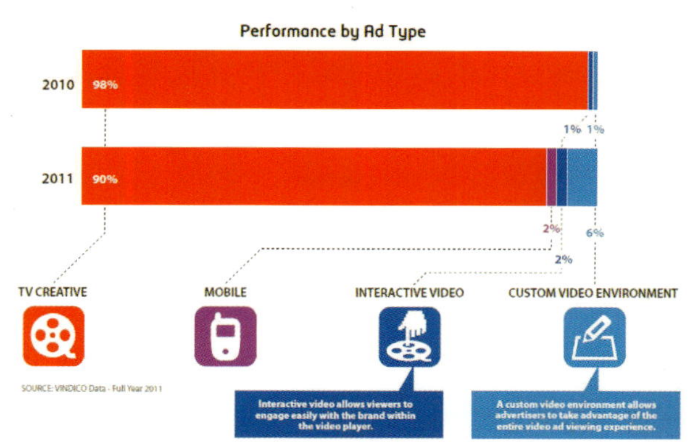

图 3–32　视频广告创意来源比例分布

阅读资料

2011 年国外网络视频广告年度回顾报告

VINDICO 是一家视频广告技术服务提供商，最近基于几十亿亿次的视频广告展示数据，发布了 2011 年国外视频广告年度回顾报告，关键要点如下：

（1）视频广告投放主动权由广告主掌握。

2011 年通过广告服务器从 2010 年的 9% 上升至 50%，预计 2012 年将达到 80%，广告主在视频广告的投放方面拥有更多的主动权，而视频网站广告投放的开放也为视频广告的创新和投放过程中的精细化控制提供了条件，有利于视频广告投放效果的提升。从图 3–31 中的数据可以看到由网站端控制的投放展示比例在逐年下降。

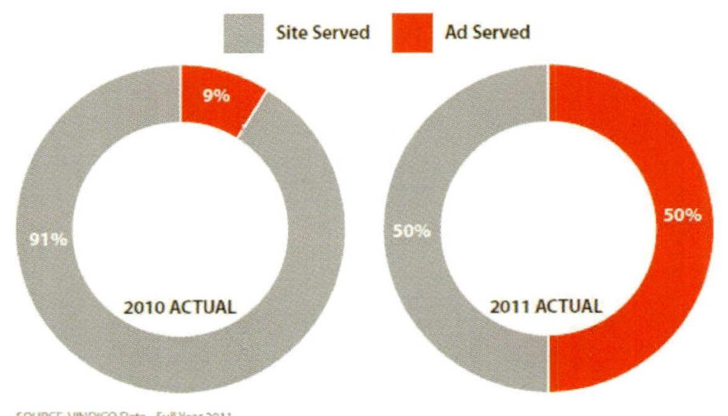

图 3–31　由广告主控制的视频广告投放量明显上升

（2）2011 年，90% 的视频广告创意来自电视。

如图 3–32 所示，从创意类型来看，2011 年 90% 的广告是电视创意类型，2% 为移动广告，互动视频广告占 2%，定制化的视频环境广告占 6%。2011 年 98% 的广告是电视广告重新目的化的广告形式。

（3）在投放的其他网站中，长视频网站（如 Hulu 等）和广告网络投放是主要的方式。

由图 3–33 可以看出，通过广告网络和长视频网站投放的视频广告份额在提升，视频广告的长度则基本保持稳定。

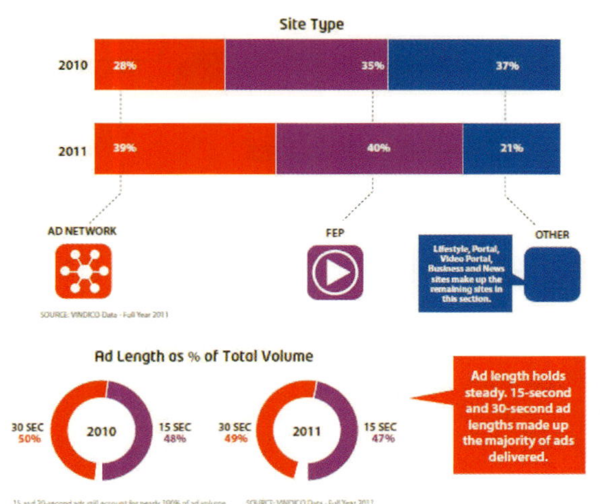

图 3–33　视频长度与视频广告长度的变化

（4）广告播放完成率方面，长视频的广告播放完成率高于短视频（图 3–34）。

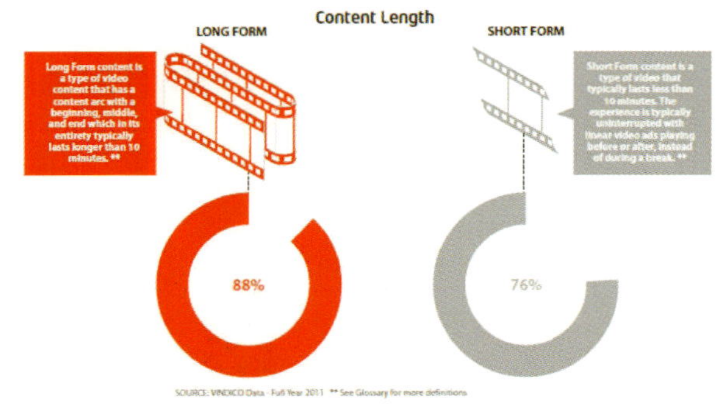

图 3–34　长、短视频中的广告播放完成率

（5）在不同类型网站的视频广告播放完成率方面，长视频网站和视频门户完成率最高（图3–35）。

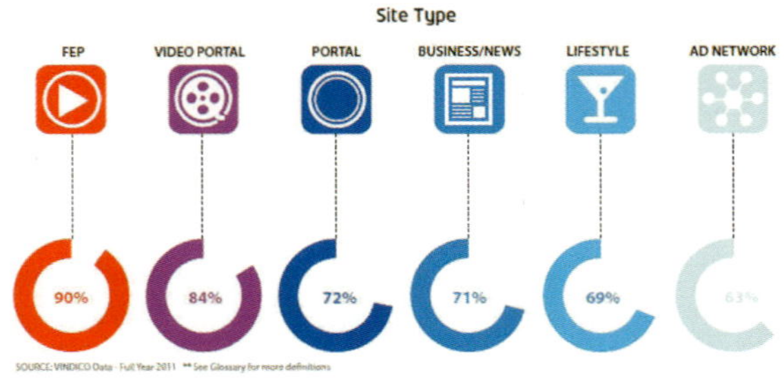

图3–35　不同类型网站的视频广告播放完成率

（6）从视频广告的位置来看，间插广告的播放完成率最高，其次是前贴片，再次是后贴片，banner内的视频广告播放完成率最低（图3–36）。

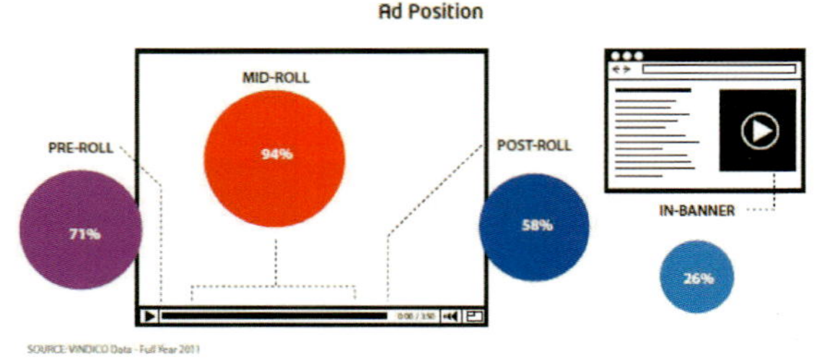

图3–36　不同类型的视频广告的播放完成率

（7）间插视频广告在任何网站类型中表现都最好（图3–37）。

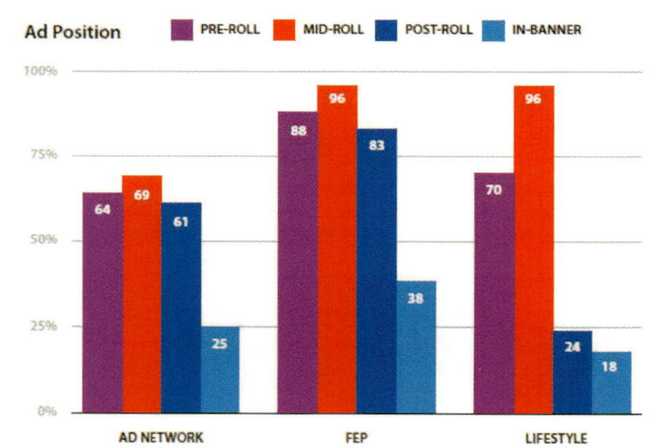

图3–37　间插广告的播放完成率在各类型网站中的表现

（8）15s的视频广告观看完成率最高，如果可以选择，1/3的用户会完整看完广告（图3–38）。

（9）短视频内容的广告点击率为1.31%，高于长视频的0.83%（图3–39）。

（10）不同视频网站的点击率存在差异，视频门户点击率最高（图3–40）。

（11）移动视频广告的点击率最高（图3–41）。

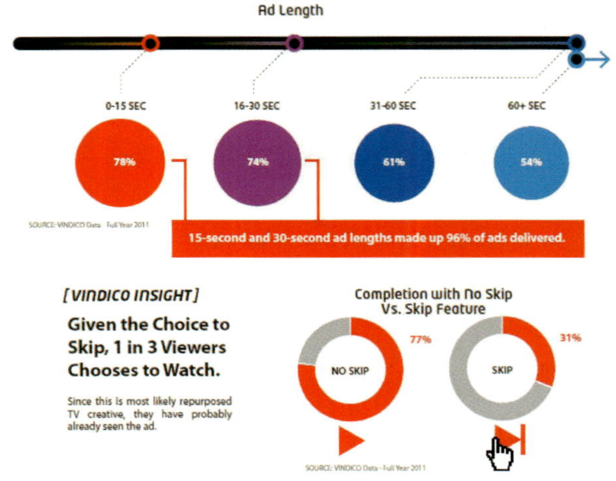

图3–38　不同长度的广告播放完成率比较

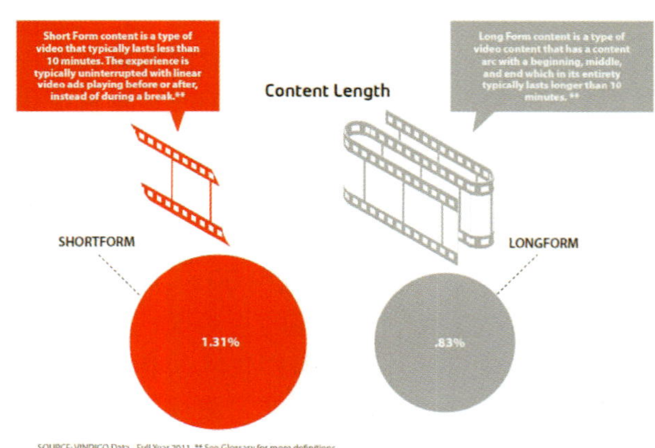

图3–39　长、短视频中的广告点击率比较

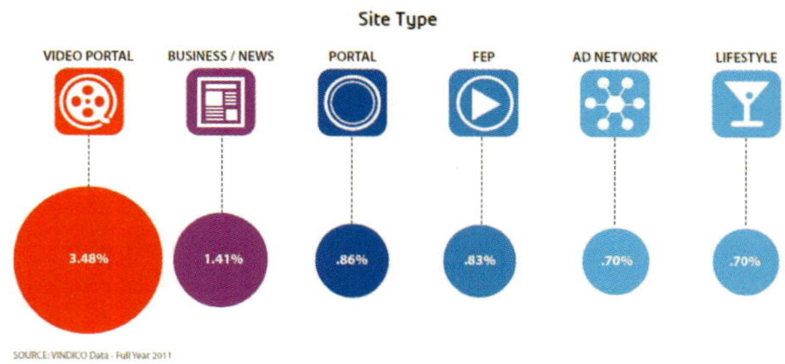

图3–40　不同视频网站的点击率差异

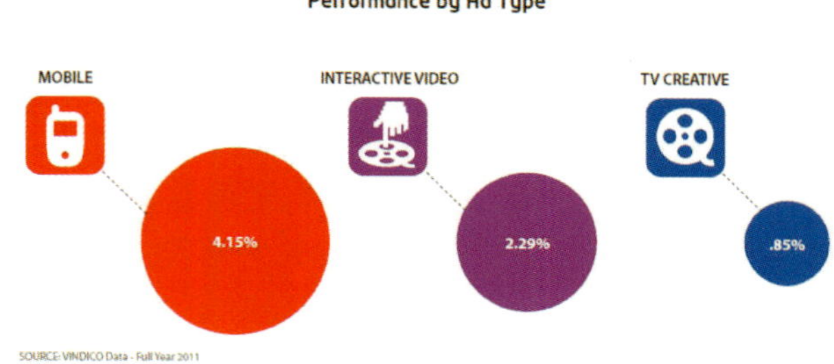

图3–41　不同终端的视频广告点击率比较

（12）后贴片的广告点击率比前贴片的高，但问题是这种点击率高的原因是很多用户为了避免看广告已经提前退出视频。

（13）广告的播放完成率远比点击率重要。

通过监测品牌网站的表现发现，完成视频广告观看后再进入品牌网站的用户与通过点击进入的用户，在登录页比例基本差不多。但进入产品页面的比例，则是完成广告观看的用户占比最高，达96%；在结账环节，完成视频广告观看的用户占比更是高达98%。

[阅读资料来源：199IT（中文互联网资讯中心）]

思考与讨论：

（1）视频贴片广告的投放与传统电视节目插播广告有什么区别？其投放应注意什么问题？

（2）投放视频贴片广告为什么会成为视频网站的主要盈利方式？其发展前景如何？

第四章 视频植入式广告

第一节 视频植入式广告的兴起

一、什么是植入式广告(Product Placement)

美国全球品牌内容营销协会分会主席辛迪·盖洛普曾说:"我们正从一个营销沟通的打扰时代,进入一个植入时代。"

植入式广告,也称置入式广告、植入式营销,是指将产品或品牌及其代表性的视觉符号甚至服务内容策略性地融入到媒介内容之中,通过与场景的有机结合,让观众随着情节对产品及品牌留下印象,从而达到推广产品的目的。所以,植入式广告也被称为隐性广告、软广告。

由于植入式广告对广告商品或品牌的表达较为含蓄和隐蔽,高明的植入式广告能够将广告商品或品牌与节目内容天衣无缝地融合在一起,使受众在观赏内容的审美过程中潜移默化地接受广告信息,因此,植入式广告在欧美也被视为营销美学。

二、植入式广告的发展历史

图 4-1 《Wings》的海报

1927 年好时巧克力公司(Hershey's)第一次以有偿的形式赞助了电影《翼》(《Wings》),该片获得了第一届奥斯卡最佳影片奖)的拍摄。图 4-1 为《Wings》的海报。

20 世纪 30 年代,为了节约营销成本以应对经济危机,美国生产商们开始摒弃传统的广告模式,转向以实物赞助电影拍摄的模式。由于大多企业都来自快速消费品行业(如宝洁、联合利华等),剧中不时出现它们提供的肥皂、洗衣粉、洗发膏等产品,因此这些节目留下了"肥皂剧(soup opera)"的戏称。此后植入式营销被越来越多的企业认可。米高梅公司(MGM)甚至在这段时间设立了单独负责企业产品植入的部门,植入方式也不再隐晦。1951年,由凯瑟琳·赫本和亨莱福·鲍嘉主演的电影《非洲皇后号》(《The African Queen》),戈登杜松子酒(Gordon's Gin)的商标就赫然出现在画面中(图 4-2)。

图 4-2 影片中多次出现的戈登杜松子酒

1982 年,美国导演史蒂芬·斯皮尔伯格在其执导的电影《外星人 E.T.》中设计了一个小主人公用"里斯"(Reese's Pieces)牌巧克力(图 4-3)吸引外星人的剧情:当外星人吃光一包"里斯"巧克力豆后,与小主人公成为了好朋友。该片上映三个月就取得了 3000 万美元的票房佳绩,而"里斯"巧克力豆的销量也随着电影的播放而大幅增长,销量提升了 65%。

2002 年,澳大利亚人安东尼·迪佛创办了一年一度的植入式广告奖。2010 年,全球植入式广告的总收益突破 150 亿美元,成为广告业市场的新星。2011 年,电影《变形金刚 3》中总计植入广告 68 个,植入广告收入超过 4000 万美元。

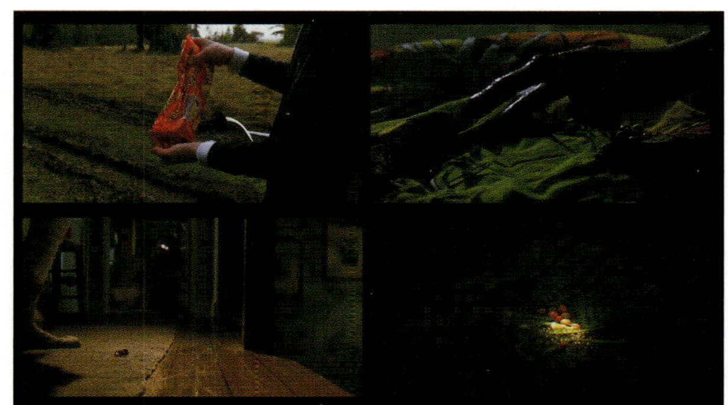
图 4-3 《外星人 E.T.q》里多次出现的推动剧情的巧克力豆

根据市场研究公司 PQ 媒体公司估算，1974年，美国植入式广告业务的价值为 1740 万美元，2009 年，其价值已经接近 70 亿美元。

植入式营销方式进入中国始于 20 世纪 90 年代初的《编辑部的故事》。该剧中出现了“百龙”矿泉水壶（图 4-4）等产品的植入广告。在企业需求的推动下，近年来我国的植入式广告呈现快速发展的趋势。但是，植入式广告在中国还是新生事物，处于发展阶段。

图 4-4 《编辑部的故事》中出现的百龙矿泉水壶

三、植入式广告兴起的原因

（1）传媒的变化给营销传播模式带来了巨大冲击。

手机通讯工具变成了智能移动终端，互联网从单纯的浏览器变成了高度智能的互动平台，传统电视则正在从模拟时代走向数字化时代……

传媒的总体变革趋势是互动化、个性化和移动化，传统大众传媒居高临下、一呼百应的优势不断减弱，受众的注意力不断被分散。现代营销必须顺应这种趋势，认真研究新媒体的传播特性和规律，创造新的营销传播模式。

（2）在新技术的帮助下，传统的强制性广告模式受到严重挑战。

新媒体为受众的媒介使用习惯和使用心理带来了巨大变化，信息的传播对象由被动的“受众”转变为主动的“用户”，人们不再愿意为享受内容而被动“忍受”长时间的广告。利用各种新技术，用户可以逃避甚至过滤强制性的广告，因此广告主就必须制定新的营销策略去应对这种挑战，植入式广告便是其中备受青睐的方式之一。

（3）娱乐营销观念的兴起。

所谓娱乐营销（Entertainment Marketing），就是借助娱乐的元素或形式在产品与客户之间建立情感联系，从而达到销售产品、得到忠诚客户的目的的营销方式。从娱乐营销的原理分析，娱乐营销的本质是一种感性营销，感性营销不是从理性上去说服客户购买，而是通过感性共鸣引发客户购买行为。

美国经济学家沃尔夫在《娱乐经济》一书中指出：“社会中的一切经济活动都能以娱乐的方式进行，极少有什么业务能逃脱娱乐因素的影响。倘若没有娱乐内涵，在明天的市场上，消费性产品将越来越没有机会立足。”

植入式广告正是影视娱乐产业与营销模式相结合的产物。

四、植入式广告的功能和意义

（1）广告商与内容生产商合作共赢，有利于影视产业的繁荣。

任何艺术的发展都需要经济做后盾，所以影视行业的发展也离不开商业支持。投资方斥巨资拍摄电影和电视剧，不可能单纯为了追求艺术而不考虑物质回报。植入产品广告，减少了成本开支，降低了投资风险。电影《变形金刚 1》投资金额为 1.5 亿美元，前期广告植入达 4000 万美元；电影《天下无贼》制作成本约为 3500 万元人民币，12 种产品植入广告就达到了 4000 万元，尚未上映，已收回成本。

（2）植入式广告促进了视频媒体的发展，是视频网站重要的盈利模式。

有了植入式广告这一独特的广告形式，视频网站和传统网站的广告服务竞争就具备了差异性，土豆网、优酷网、酷 6 网等知名网站的植入式广告收入不断增加就是很好的例证。

（3）植入式广告的生产和投放成为广告业新的利润增长点。

对于当代广告业而言，传统的广告形式越来越受到受众的反感和排斥，开发新的广告媒介和投放形式永远是广告商们的新课题，因此，植入式广告也促进了广告业的发展。根据 CTR 媒介智讯的数据，中国的植入式广告的产值已将近 10 亿元。目前，植入式广告已经形成了专业的产业链，出现了专门的植入式广告创作和投放机构，如壹捌零娱乐营销网（http://www.180em.com/index.asp）等。

国内传媒研究著名学者喻国明指出，"植入式广告的诞生，在一定程度上可以看作是对传统硬性广告的一种进化与升级，是为了让人们在不知不觉中感知品牌诉求、接受广告。植入式广告的兴起就是想给传统硬性广告披上一件隐身衣，通过与适当接受环境的高度融合，在不'打扰'受众的同时，化解其防御，渗透其心智。因这种优势，植入式广告已经成为并还将继续作为广告发展的潮流之一"。

第二节 视频植入式广告的类型和表现形式

一、视频植入式广告

视频植入式广告是将产品或服务中有代表性的视听觉符号或者品牌理念策略性地融入网络视频内容之中，构成受众真实观看到或通过联想所感知到的情节的一部分，是在受众关注的状态下将产品或服务信息传递给受众，让受众留下品牌印象，从而达到营销目的的广告形式。

随着视频网站及网络电视台的兴起，视频植入式广告开始发展起来。目前网络视频的内容主要有三大来源：购买的影视剧或电视节目、播客上传的视频以及网站自制内容。不管是何种来源，究其本质，植入式广告的形式、类型和特征都是一致的。

二、植入式广告的主要类型

（1）从广告植入的载体来看，植入式广告主要有电影中植入、电视剧中植入、综艺节目中植入。

从目前来看，电影和综艺节目由于其制作周期相对较短而更受广告主青睐。例如，2010 年热门电影《唐山大地震》中植入的品牌高达 14 个，有剑南春、中国人寿、工商银行、白象电池、宝马汽车、福特汽车、kappa、中联重科、阿迪达斯、海信电视、苹果、LV、飞利浦电话、必奇，如图 4-5 所示。

图 4-5 《唐山大地震》中的部分植入式广告

在江苏卫视的综艺节目《一站到底》中，经常可以看到诸如此类的题目："我们经常使用的飘柔洗发水是美国哪家公司的产品？""瑞星杀毒软件的标志是什么动物？""腾讯公司新推出的可以快速发送语音、图片、视频和文字的新产品是什么？""金穗卡是哪家银行发的卡？"而在各大相亲节目中，植入广告的现状十分乐观，作为相亲节目的成功者，《非诚勿扰》2012 年光冠名费已超过 1.5 亿。动画植入、场景植入、道具植入（图 4-6）都是相亲节目常用的手法。

（2）从广告与剧情的关联度区分，植入式广告可以分为：浅层次植入、中层次植入、深层次植入。

①浅层次植入　它主要是指产品的摆放和招贴画的张贴，与剧情发展没有联系，不推动剧情的发展，不是镜头视觉的焦点，对观众的吸引力不强，观众对其记忆度不高。

浅层式植入包括前景植入和后景植入，产品放置画面前景或背景中较显著位置，产品包装和品牌商标可识别，但产品或品牌标志孤立呈现，曝光时间短暂。

例如，电影《春娇与志明》中，在香港，女主角与姐妹们一起逛街的时候进入 Bread n butter 品牌门店，该门店作为情节背景植入（图 4-7）。Bread n butter 作为知名的女性服装品牌，而电影题材为都市现代时尚爱情片，植入电影中很贴切。另一方面电影的受众都年轻化，也符合品牌的受众定位。但在剧中仅一次的曝光程度比较弱，加之服装品牌展现 logo 的机会较弱，属于浅层次的植入。

②中层次植入　在剧情表演中，将产品或产品包装作为剧中人物使用的道具来吸引注意力，产品的独特卖点、材料及品牌、企业的广告牌处于画面中央并聚焦体现。在剧中人物的对白中，提及品牌、产品、服务的名称，通过台词、行动暗示、烘托

产品特点。其特征是品牌或商品位于镜头焦点位置，画面停留时间较长，但与情节、人物性格、剧情发展没有关联。例如，《北京爱情故事》中联想电脑的植入，联想根据剧中人物形象的定位，搭配了不同款式的联想电脑，为充满感情色彩的人物独白增强了画面感，使得联想电脑与电视剧完美地结合在一起。石小猛是"北漂"中的一员，努力上进，善良优秀，伴随着他人生观价值观的改变，他在商场的尔虞我诈中幡然醒悟，而同样令人印象深刻的是那一款联想的一体电脑 A320(图 4-8)。

(a)

(b)

(c)

图 4-6 相亲节目中的植入式广告
(a)动画植入；(b)场景植入；(c)道具植入

图 4-7 作为背景植入的品牌店铺

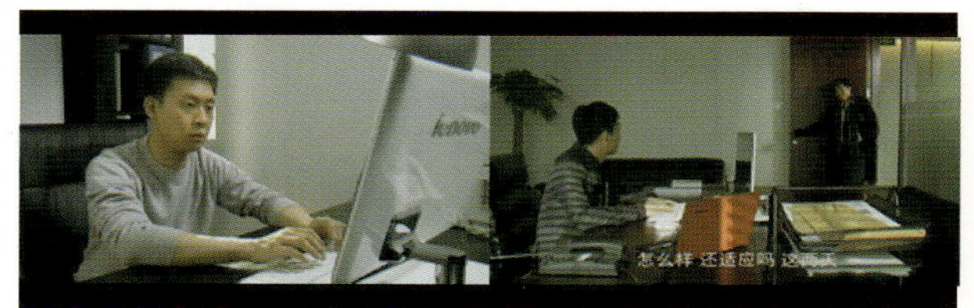

图 4-8 石小猛使用的联想电脑

③深层次植入 产品与剧情及剧中主要角色特征(性格、身份、日常事务……)巧妙结合，为产品或品牌设计的剧情桥段成为故事发展的重要环节，或者产品是情节发展中的重要道具或线索，让受众深刻感知到产品的使用特点以及品牌的精神内涵。其特征为：是上述置入方式的综合体，品牌或产品充足曝光，有产品演示及台词的烘托。同时，最重要的是品牌已经融入全部剧情。受众随着剧情的发展、人物命运的起伏，不断对品牌或商品加深印象。例如，台湾偶像剧《我可能不会爱你》出现的 mystock 皮鞋(图 4-9)。

图 4-9 偶像剧中随处可见的 mystock 皮鞋

(3) 从广告植入的手法，植入式广告可以分为：道具植入、台词植入、剧情植入、场景植入、音效植入、题材植入、文化植入。

①道具植入　这种方式是产品作为影视作品中的道具出现。例如，电影《天下无贼》中无处不在的诺基亚手机、宝马轿车、佳能 DV 等(图 4–10)。产品大多选择受众极多的媒体节目。这种植入方式略显生硬，有时会让观众明显感觉到是广告，与传统媒体广告的差别仅仅是从节目外移到了节目内。

图 4–10 《天下无贼》中出现的植入广告

②台词植入　这种植入方式通过主人公的台词把产品的地位、特性、特征直白地告诉消费者，很容易得到消费者对品牌的认同。2009 年春晚小品《五官新说》中有这样的台词："星期二喝二锅头，星期五喝五粮液，星期六喝金六福，那么，星期四呢？还可以喝四特酒嘛。"《阿甘正传》里有一句经典台词："见美国总统最美的几件事之一是可以畅饮'彭泉'汽水。"在《一声叹息》里，徐帆时刻不忘提醒亲朋好友："我家特好找，就在欧陆经典。"

③剧情植入　剧情植入包括设计剧情桥段和专场戏等方面。好莱坞电影《一线声机》中，帅哥瑞恩有天突然接到一个名为杰茜卡的陌生女人的电话，声称她被绑架了，绑匪下一个目标是她的儿子，请求他不要挂断手机，去警察局报案。影片自始至终无法离开手机，最后手机内置的摄像功能，保存了罪犯们的犯罪证据，得以将之绳之以法。一部电影，几乎是手机品牌诺基亚的"广告片"。

④场景植入　在画面所揭示的、容纳人物活动的场景中，布置可以展示产品或品牌信息的实物。比如，户外广告牌、招贴画以及在影视剧中频繁出现的固定场景等。在《非诚勿扰》电影中，杭州西溪湿地是一个很好的例子(图 4–11)。在《杜拉拉升职记》里徐静蕾去马自达的 4S 店里买车也是一个很明显的例子(图 4–12)。

图 4–11 《非诚勿扰》中杭州西溪湿地

图 4–12 《杜拉拉升职记》里的马自达 4S 店

⑤音效植入　通过旋律和歌词以及画外音、电视广告等的暗示，引导受众联想到特定的品牌。例如，各大品牌的手机都有其特定的几种铃音和短信提示音，那么在影片中，观众即使不能清楚地看到手机上的品牌标志，也可以通过熟悉的铃音或是短信提示音来联想到手机的品牌；还有，现在很多品牌都有自己的品牌主题曲，听到主题曲就能使受众联想到品牌。《短信一月追》中，安排了一段剧中人物跟着电视里周杰伦的歌曲 MV 学习舞蹈的情节，而这首《我的地盘》正是"中国移动"2004 年的主题曲。

⑥题材植入　为某一品牌专门拍摄影视剧，着重介绍品牌的发展历史、文化理念等，用来提升品牌知名度。如电视剧《天下第一楼》讲述全聚德烤

鸭店的成长历程，《大宅门》和《大清药王》是讲述同仁堂的故事。

⑦文化植入　这是植入营销的最高境界，它植入的不是产品和品牌，而是一种文化，通过文化的渗透，宣扬在其文化背景下的产品。韩国电视剧《大长今》就是一个典型的例子。该剧用大量篇幅介绍韩国料理的制作和针灸方法，还有韩国服饰、建筑、伦理道德，这些韩国文化被深植入观众心中（图 4-13）。

图 4-13 《大长今》中的韩国料理

三、植入式广告作用的发生原理

（1）单纯性接触增进好感。

这也称“纯暴露理论”，是著名心理学家扎乔尼克（Zajonc）在 1968 年提出一种经验性的观点。他认为只要广告暴露让消费者接触到，就足以使消费者对新异物体产生积极的态度。扎乔尼克用一系列的实验研究证实：简单地接触，就会导致偏好的产生，甚至在人们还没有对接触的信息进行认知加工时也是如此。

这个理论当然有些偏激，但是至少说明一点：视频植入式广告能够以简单的方式实现受众对广告产品的视觉接触。

而心理学家奥博米勒（Obermiller）在 1985 年通过对音乐旋律进行研究，进一步提出“熟悉性模式”：较为熟悉的东西人们较为喜欢，也就是说广告接触会产生熟悉感，熟悉则引起喜欢。根据这种理论，在影视节目中植入的广告商品或商标，哪怕并不能详细说明其功能及特点，也能通过高暴露度使观众熟悉，进而产生好感。

（2）经典条件反射形成移情效果。

经典条件反射是心理学中的重要理论，又称巴甫洛夫条件反射，是指一个刺激和另一个带有奖赏或惩罚的无条件刺激多次联结，可使个体在单独呈现该刺激时，也能引发类似无条件反应的条件反应。植入式广告和影视作品、网络游戏等结合在一起，引起观众的模仿。“模仿”在心理学中又叫替代性学习，是指人们因观察别人的行为和行为的结果而改变自身行为。通常当人们看到别人的行为带来好的结果时会效仿，反之则避免，而且模仿的对象越受欢迎，模仿的主动性就越高。在影视作品中，剧中人经常会使用植入的产品作为道具，甚至由于故事情节的需要，这些产品的特征、使用方式以及用后的效果会十分完美地呈现出来。

例如，《史密斯夫妇》中，安吉丽娜·朱莉扮演的女主角配备了全球当时顶级的坚固型笔记本松下 touchghbook cf-29。在电影中，这款笔记本是女主角野外行动时的得力助手，在多个场景中展现了它的卓越性能。尤其是在片中的一个场景中，皮特用火箭炮将女主角的野外居所夷为平地，而女主角已经全身而退，在一片废墟中，只有被烟熏烤得乌黑的笔记本还在顽强地工作着（图 4-14）。在电影中，观众可以不断地看到产品的使用方式、使用效果，这种积极的演示方式便很容易得到观众的模仿。

图 4-14 废墟中的松下 touchghbook cf-29

（3）模仿效应丰富受众的品牌体验。

受众心里产生的一种移情效果，就是影视作品、网络游戏给受众带来的情感会呈现在植入式广告的产品和品牌上。

例如,《绯闻女孩》剧中人物的穿着、搭配引领着时尚,引得世界范围类的女性都争相效仿(图 4–15)。

图 4–15 Serena 的 Mulberry 水绿色牛皮大号 Taylor 手提包

第三节 视频植入式广告的传播特点及植入技巧

一、与贴片广告相比,视频植入式广告具有鲜明的特点

(1)隐性宣传,润物细无声。

植入式广告与传统的广告形式有一个重大的区别:传统的广告是一种独立形态广告,需要占用媒介空间,是一种“打断式”传播形态,比如,在电视节目中插播广告总会让受众明显地感到节目的进程被打断,欣赏的过程被迫暂停;而植入式广告是一种“环境式”传播形态,广告和节目融合在一起,不可分离,不影响受众正常阅读和视听,是一种“润物细无声”的隐性方式。

如《大力水手》中主角波比常说:“我很强壮,我爱吃菠菜,我是大力水手波比。”在当时全世界儿童的眼里,这句话成为了经典的台词,这部动画片使菠菜罐头公司销量明显增加(图 4–16)。

图 4–16 《大力水手》的招贴画

(2)还原现实生活场景,符合视听艺术的基本规律。

贴片广告及传统影视插播广告都是传统大众媒体“二次销售”的产物,即大众传媒通过生产内容来获得受众的注意力,再将受众的注意力作为商品销售给广告商。在这个过程中,广告是作为对媒体生产内容的“奖品”及受众享受廉价信息的“代价”而存在的。广告与节目内容之间存在严重的割裂和分离感,过多的广告甚至会对受众心理形成“暴力”。

而植入式广告则实现了广告和节目内容的“融合”,将广告商品还原到艺术生活之中,能够更好地体现广告商品的功能和价值。

如《泡芙小姐》中,年轻的女性白领住在“宜家”家具装饰的公寓里,穿着“香奈儿”礼服参加婚礼,用“苹果”电脑上网(图 4–17)……商品功能、品牌形象与目标消费者融合得天衣无缝。

图 4–17 《泡芙小姐》中植入的“苹果”电脑

宋杰的《视听艺术语言》一书中指出,“视听艺术语言的基本规律是模拟人的视听感知经验”。植入式广告正是模拟人们生活经验的产物,是艺术的一部分。

(3)效果持久,增强记忆。

传统广告需要不断反复刊登和播放去加强受众的记忆,若频次过多,受众会渐渐失去新鲜感进而感到厌烦。同传统广告相比,电影等娱乐形式中的植入式广告寿命较长。就传统广告而言,在广告主停止购买媒体的同时,广告就不会到达消费者那里了,而经典电影的周期则长达十几年甚至几十年。

例如,经典影片《蒂凡尼早餐》中,女主角渴望拥有一款蒂凡尼的饰品,却由于经济原因买不起,但蒂凡尼依旧是女主角心中的一片圣土,每每心情低落,她都会去那寻找心灵的慰藉(图 4–18)。

这部影片作为著名好莱坞影星奥黛丽·赫本的代表作,由于其艺术生命力旺盛,自 1961 年公映以来,一直反复被全世界影迷关注和欣赏,光是优酷网站的点播次数就达到十万。珠宝品牌“蒂凡

图 4-18 《蒂凡尼的早餐》中植入的店铺场景

尼"因此而得到数十年的持续传播。

（4）植入式广告的"接触质量"较高。

植入式广告更大的优势在于其"接触质量"，也就是说品牌可以争取到现有媒介状况下的稀缺资源———高度专注状况下的受众注意。此类隐性广告由于其出现的不规律性以及与情节的高度相关性，受众难以逃避或中止接触，其本质是一种强制性广告。

二、当前植入式广告的传播局限性

（1）植入式广告的形式太过粗陋，广告印迹过于明显。

在当下受众已经开始对植入式广告产生警惕，这类形式的广告极易引起受众的抵制，其形式、效果和传统媒体的广告模式别无二致，很难产生广告投资者所期望的产品或品牌联想。

例如，《变形金刚 3》中，舒化奶的镜头尤其惹眼。男主角山姆到了新单位工作后，立即被一个华裔男子王深盯上，他三番五次想找山姆谈谈。一次，在拥挤的电梯中，山姆又遇见了华裔男子，于是问对方到底要找自己干什么。王深却使劲地吸着手中的奶（图 4-19）说："等我喝完舒化奶再跟你说。"男子还建议山姆也尝尝，山姆回了句："噢，我从不喝外国奶。"接着，导演给了此奶一个特写镜头，伊利舒化奶的商标清晰地出现在大银幕上。明显的广告植入，引起全场爆笑，这可能是迈克尔·贝"植入广告史"上最烂的部分了，因为此处的情节太突兀，也太夸张。

（2）不恰当或过多的广告植入，降低了影视节目的艺术性，削弱了受众的审美快感。

这是植入式广告为人诟病的焦点。不良的广告植入会突然打断剧情和情绪的发展，造成观众的心理打扰，甚至有"出戏"的感觉，极大干扰了受

图 4-19 "伊利舒化奶"在《变形金刚 3》中的情节植入

众对影视节目的审美体验。这是因为，在影视欣赏过程中，观众会产生强烈的"代入感"，暂时脱离现实生活情境，进入剧中情境，同作品中的人物一起去感知、体会和经历悲欢离合，这正是影视作品审美情绪的来源。如果这个时候突然加入某种广告信息，往往会突然将受众拉回现实，打断这种审美快感，从而产生严重的不满情绪。

过多的广告植入则更令人反感，引发受众对节目生产者严重的不信任和对抗心理。如 2011 年中央电视台的春节联欢晚会就因为过多的广告植入而遭到民众的"炮轰"。

（3）对植入式广告盈利价值的过分关注，会"绑架"影视节目的生产和制作过程，降低作品的艺术品位。

如果广告商过多介入到影视作品生产环节，必然会出现广告"绑架"艺术的局面，艺术创作被广告束缚，不能尽情发挥创作人的艺术想象力，从而降低影视作品的艺术价值，遭到受众的抵制，最终会导致广告商、内容生产商和受众的"三输"局面。

从创作者的角度看，植入广告为影视艺术创作带来了挑战、增加了难度，广告商品或品牌如何植入、何时植入、以何种形式植入等问题都会制约影视剧情设计、台词安排甚至增加演员表演难度。如何在艺术与商业利益之间平衡是这类影视作品创作者的新课题。

三、影视作品中植入广告必须遵循的原则

1. 适应原则

适应原则就是指植入广告商品或品牌的植入时机、品牌定位、消费群体等应与影视作品保持协调。具体来说：

（1）植入式广告必须服务于人物性格塑造的需要。比如，美国电视剧《邪恶力量》中男主角迪安那爱不释手的古董车，虽然此车是 1967 年的旧款

式，但其粗犷帅气的线条与迪安刚强的个性相得益彰，年代久远的车辆更衬托出迪安与弟弟萨姆的历尽沧桑的个性，迪安对这辆车的执着很好地烘托了他坚韧不拔的个性，同时，也为此车的品牌做了绝佳广告，这不仅是对此款车的市场推广，更为整个品牌树立了良好形象。品牌与人物塑造是一个双向互动的过程，一方面，人物借助品牌理念确立身份地位、品位爱好、性格特色；反过来，品牌精神又通过人物的个性魅力得到了强化。

（2）植入式广告必须符合剧情的自然发展。广告应恰如其分地融入剧情，提高广告产品与情节的关联度。例如，美剧《生活大爆炸》成功的最重要原因是产品与剧情天衣无缝的有效融合，如犯强迫症的男主角“谢耳朵”常常挂在嘴边的“周三晚是光晕之夜”，让观众不禁会产生强烈的好奇心。这种“光晕”究竟是怎样的一款游戏，并让“谢耳朵”及其他三位宅男对此游戏如痴如狂呢？更为巧妙的是，电视剧集中一个游戏画面的镜头都没有出现，摄影机拍摄的是宅男们玩游戏的状态（图4–20），这种处理方式吊人胃口，更让观众可以带着揭开游戏神秘面纱的心情去主动寻找这款游戏，再经过口耳相传，这个游戏想不更红都难。

图 4–20 “光晕”游戏在《生活大爆炸》中的台词植入

（3）植入品牌形象必须与剧中展示的形象相匹配。如在某部电影中，植入了宝马汽车品牌，但其对应的台词是男主角对着旁人很气愤地说：“开好车就一定是好人吗（图 4–21）?！”暗示开宝马车的不见得就是好人。这样的植入恐怕与广告宣传的初衷相反。类似这样的还有美国描述黑帮生活的电视剧，在剧中庄臣公司品牌“雷达”获得了很高的曝光率，但庄臣公司并不领情，原因就在于“雷达”的每一次出现，都伴随着血腥恐怖的画面。

宝马汽车在电影《天下无贼》中的另一个植入广告见图 4–22。

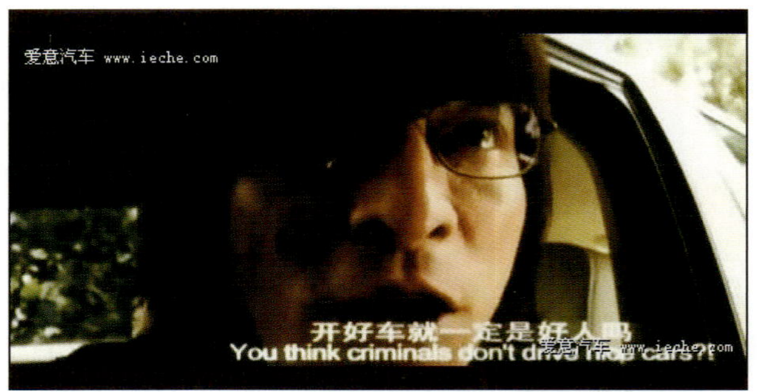

图 4–21 “宝马汽车”在《天下无贼》中的情节植入

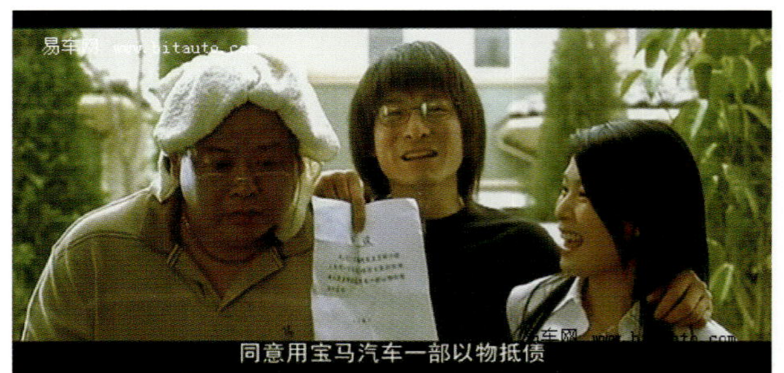

图 4–22 “宝马汽车”在《天下无贼》中的台词植入

2. 适度原则

适度原则是指植入广告的曝光度要适可而止。受众对于符合剧情的隐性植入广告并不排斥，但一部影片中广告植入的数量太多，又不能很好地将产品或品牌及其有代表性的视觉符号甚至品牌理念策略性地融入媒介内容之中，那么植入的广告就会引起受众的逆反心理。据统计，湖南卫视播出的连续剧《一起来看流星雨》，前 4 集剧中大约每 5min 就会有一次产品广告植入，每次约 30s，加上电视台插播的 20min 硬性广告，平均一集下来电视剧的广告时间几乎占到了节目总播出时间的 40%。这样的高植入频率往往会造成物极必反的效果。

3. 整合原则

植入式广告只是整个营销传播中的一个环节，应该结合各种线下公关活动将植入广告的传播效应发挥到最大。在《丑女无敌》中植入联合利华及旗下多芬（图 4–23）、立顿、清扬品牌后，联合利华团队还在后面跟进，邀请影片中女主角林无敌拍摄多芬广告、剧中主要演员拍摄立顿红茶广告，这些广告与电视剧同步播出，并且积极与媒体沟通，让广告主角参与各种节目活动，产生再传播价值。

图 4–23 《丑女无敌》中植入的多芬广告

第四节 视频植入式广告的发展前景

一、植入式广告遭遇广告法规和商业伦理的围困，有关监管正待加强。

(1)植入式广告尽管受到业内认可，但仍然存在争议和壁垒。

中共中央办公厅、国务院办公厅 2012 年 2 月 15 日发布的《国家"十二五"时期文化改革发展规划纲要》中提出：发展壮大出版发行、影视制作、印刷、广告、演艺、娱乐、会展等传统文化产业，加快发展文化创意、数字出版、移动多媒体、动漫游戏等新兴文化产业。植入式广告作为新型的广告形式，其快速发展必然成为广告行业的一个新的方向。但是，也应该注意到，植入式广告尽管受到广告行业和媒体行业的认可，但从受众角度来看，仍然存在着很高的发展壁垒，具体表现在：

①对消费者权益的损害。

对消费者而言，信息来源的判断会直接影响到其做出的选择，进而影响到其权益维护，因此，消费者应当有权知道相关信息背后所隐藏的利益关系。植入式广告失去广告标志的提示，甚至故意隐蔽广告痕迹，这种广告与信息之间的模糊性实际上是对消费者权益的有意损害。

植入式广告的隐秘特性，让受众无法获得足够的信息。广告的可识别性是对消费者在广告活动中的权益进行保护的第一步，也是极其重要的一步。如果不对广告的可识别性进行有力的维护，则会使得前述利益冲突放大，使得广告主、广告经营者、广告发布者以及消费者之间的信息不平衡性加剧，并最终损害整个市场。

②在一定程度上违背了广告法规，处于监管的灰色地带。

我国《广告法》第 13 条规定："广告应当具有可识别性，能够使消费者辨明其为广告。通过大众传播媒介发布的广告应当有广告标记，与其他非广告信息相区别，不得使消费者产生误解。"

而植入式广告恰恰强调的是隐藏广告的可识别性，为广告信息"化妆"，使其融入到其他信息之中。

广告的定义是"由可确认的广告主，对其观念、商品或服务所作之任何方式付款的非人员性的陈述与推广"，即广告与新闻、公关等宣传活动的核心区别在于广告活动必须明确广告主。植入式广告的广告主通过付费控制广告内容，但是没有明示广告主，巧妙地隐藏了商业目的，受众不容易察觉广告主的商业意图，甚至误认为信息是由媒体发布的新闻报道。这种行为也涉嫌构成对受众的欺骗。

③一些广告法规禁止的广告被隐性植入在节目中。

我国《广告法》第 18 条明确规定："禁止利用广播、电影、电视、报纸、期刊发布烟草广告；禁止在各类等候室、影剧院、会议厅堂、体育比赛场馆等公共场所设置烟草广告。"但在一些影视或视频节目中，频频以剧情或道具的形式将广告隐性植入。例如，在《疯狂的石头》中有这样一句趣话："捡烟屁股也捡不出个红塔山"，也会瞧到男主角在江边落寞时抽烟扔下的一地"红梅"烟头。在《奋斗》中，男主人公经常挂在嘴边的那句"点吧，中南海"让人听了有点习以为常。而《我是老板》当中的"送老丈人就得送芙蓉王"更是将烟草品牌广告做得更加直白。

(2)目前，世界各国对于植入式广告的相关管理法规各有不同。

例如，美国对植入式广告尽管有较为完善的法规，但实际执行的态度较为宽松，因此美国的植入式广告极为普遍。欧盟各国采取的管制程度并不相同，但普遍而言，欧盟国家的管制比美国严格。例如，丹麦认定植入式广告属于秘密广告而予以禁止。意大利则规定广告必须要明显，并且要与节目内容区分，在此要求下植入式广告实际上也被禁止。芬兰与爱尔兰完全禁止植入式广告。在德国、希腊，如果有节目编辑上的需求，可以将产品植入节目中，但必须避免过度强调。在英国，除产品是免费出现在节目中外，禁止所有支付对价的植入广告。

一般而言，对于植入式广告管理的共同点是：

①新闻、信息类节目以及儿童节目，禁止植入式广告。原因是新闻、信息类节目具有公正性、客观性的要求，商业广告的进入会损害新闻信息的客观性原则。儿童受众由于辨别事物的能力有限，出于保护，也应该限制在儿童节目内容中植入广告。

②香烟、酒、药品等特殊产品不能在节目中进行植入式广告。原因是这类商品由于其特殊性，不当使用会造成危害；而且这类商品属于广告法规规定的限制广告商品，允许植入式广告无疑打破了传统广告法规。

二、植入式广告的定价体系和评估标准正待完善。

目前国内很多制片公司没有专门的部门经营植入式广告，也没有经验按照正常流程进行植入空间和品牌分析，定价随意或者根本没有定价标准，而与这样制片方合作的广告主经验也甚微，对植入广告的理解还停留在“logo 越大越好，曝光越长越好”的阶段。

(1)针对这种情况，有业内专业人士提出了一个较为科学的定价标准：

植入广告媒体价值 = 植入镜头时间长度（秒数）× 植入级别系数 × 预估的影院受众人数 × 千人成本(CPM)。

在这个计算公式中，各项指标的详细说明是：

植入镜头时间长度　基础广告主在电影中展现品牌的目的，植入镜头时间起算点应从品牌 logo 展示第一秒开始计算，以及中间出现品牌、产品的总计时间。

植入级别系数　根据品牌与电影剧情、人物的关联程度，可将植入级别分为 A+、A、B、C 四级。

A+ 级植入　它指品牌与电影中的主演角色特征(包括职业、身份、性格)关联，或者产品是故事情节发展的关键道具或线索，在保证品牌或产品充分的曝光时间的同时，又有产品演示、台词烘托或者主演亲自示范，以达到将品牌理念深度融入剧情，让观众记忆深刻，在观看电影同时了解产品特点和品牌理念的目的。

展现方式　理念融入、台词口播、产品功能演示、主角示范、关联角色、产品或者品牌曝光。如“变形金刚”系列电影与通用汽车。该等级的植入级别系数为 1.5。

A 级植入　它指通过情节与台词融入电影，设计特定情节展现品牌，主角台词展现品牌名称等。

展现方式　台词口播、产品功能演示、产品或者品牌曝光。如《将爱情进行到底》与 IDO 珠宝。该等级的植入级别系数为 1.2。

B 级植入　它主要指产品、品牌 logo 及终端店铺的曝光，主角的穿着或者所食用的产品等。

展现方式　logo 曝光、店铺展示、主角示范。如《杜拉拉升职记》中的立顿红茶。该等级的植入级别系数为 1.0。

C 级植入　这是最基本的植入形式，展现方式基本只是普通的产品或者 logo 曝光。该等级的植入级别系数为 0.8。

预估影院受众人数　评估要素为导演、演员、题材 / 剧本 / 编剧，同题材影片近 3 年票房乘以加权平均数(前三项各占 30%，最后一项为 10%)而得出预估票房，再除以目前国内平均电影票价 30 元，最后得出受众人数。

千人成本　参考影院贴片广告的平均千人成本 /4 得出 5 元 /CPM。

(2)对于植入广告效果的评估，除了以上的投资标准外，还应该考虑：

①制片方与品牌主合作的线下活动。品牌主除了线上的植入广告得到观众的关注，如果还能利用电影中的植入镜头、剧照作为突破点，打开宣传入口，配合电影上映周期进行宣传，也会得到很好的效果。

例如，同样是在《变形金刚 3》中的植入广告，美特斯邦威品牌的植入形式只能属于 C 类，即仅仅出现数秒钟的 logo，根本不能给观众留下深刻印象。但该品牌主在线下通过变形金刚主题的产品设计、形象包装、广告推广等各种元素综合应用，将原本并不突出的植入广告效果发挥到最大。

②在网络平台上的重播效果。在网络视频如此发达的今天，网络视频观看人数已经远远超过影院观影人数。如 2011 年 9 月的优酷指数显示，影院票房不到 500 万的电影《热浪球爱战》播放量超过 200 万。因此，在预期效果的评估上，应该充分考虑各种播放平台的综合效应。

三、视频植入式广告向品牌内容营销发展，广告、内容、娱乐的界限更加模糊。

相对于植入式广告，品牌内容营销更加注重广告与内容的融合性、传播方式的多样化以及营销活动的配合度。

2010 年 6 月 29 日下午，“品牌内容营销发展趋势学术研讨会”在中国传媒大学国际交流中心举行，有关内容营销的概念和规范得到了业界和学界的关注和讨论。香港电影《无间道》中的案例被业界视为“品牌内容营销”的经典(图 4–24)。该片中两位男主角第一场重头戏发生在一个音响店中，“标准港产货，一万多块，加上一千多的本地线，比得上十几万的欧洲货。”“高音甜，中音准，低音沉，总之一句话，就是通透！”“立体感多强，感觉到没有，就好像在你面前唱一样！”陈永仁极力向刘建明推荐的正是香港科宝胆机(图 4–25)。

图 4–24 “科宝”在《无间道》上映期间的宣传海报

图 4–25 “科宝”产品的广告招贴

广告植入无疑是成功的，但科宝并未止步于此，而是利用《无间道》的影片授权，以各种手段和形式把科宝胆机与《无间道》的两位影帝捆绑在一起，在线下做了大量的行销推广。通过线上线下的整合营销，科宝胆机终于名扬天下，在音乐发烧友中间引起了巨大的话题效应，并建立起极高的品牌知名度和偏好度，从而大大提高了产品销量。

阅读资料

变形金刚的植入怪招

《变形金刚》这部投资 1.5 亿美元的大片，除票房收入突破数亿美元外，单植入式广告收入就近 4000 万美元，中国的联想手机也成为它的广告赞助商。这样，就大大解决了这部电影制作费用较高的问题。

基于中国观众浓厚的 20 年不变金刚情节，加之前期片方行云流水般的系列炒作，《变形金刚》在国内的热卖是意料中的事。在中国观众尽情享受震撼的视觉效果，重温儿时的美好回忆时，剧中还表现出另外一番热闹——品牌变形大作战（图 4–26~ 图 4–31）!

1. 制作费用庞大

在这部《变形金刚》电影 1.5 亿美元的成本中，据导演迈克尔·贝介绍，其中 1.25 亿美元用来制作特效。至于其余的制作费用，就依靠赞助商来解决，于是滋生了十多个植入式广告。

不同款式的新版雪佛兰跑车给大黄蜂不同的变身效果图。对于细心的观众来讲，这并不是什么难以察觉的细节。整部电影当中你所能轻易检视的品牌、LOGO，所有的那一切可都是花了大价钱的。这一部《变形金刚》可不单单是视觉的盛宴，更是品牌的狂欢 。

2. 品牌广告嫁接，企业大出血

在片中，雪佛兰、悍马、庞蒂亚克、保时捷等汽车名牌纷纷亮相，主角的手机、小女孩的玩具也都暗藏玄机。

欣赏完影片的朋友一定对其中两个场面印象深刻：一是汽车人从水中升起，直立在小女孩面前；二是变形金刚与美国大兵在沙漠追逐。在前一个镜头中，小女孩手中的玩具正是知名玩具品牌“孩之宝”正在热推的玩偶，而后一个镜头沙漠中的美国大兵，也是“孩之宝”的玩具造型。两个精彩镜头在片中赚够了眼球，而此前的预告片中，这两个镜头就早已成为关注的焦点。

植入式广告近年来不断升温，为了寻找更好的植入机会，福特公司早在 2001 年就在好莱坞专

图 4-26 各种车型的植入广告

图 4-27 联想电脑的植入广告

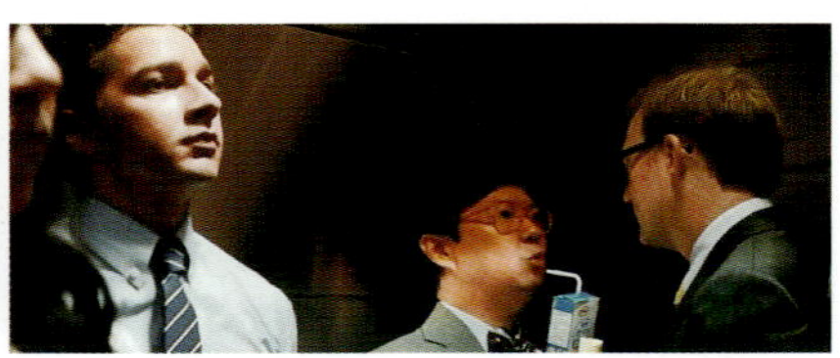

图 4-28 美特斯邦威和伊利的植入广告

图 4-29 耐克和诺基亚的植入广告

图 4-30 爱马仕和 SMEG 电器的植入广告

图 4-31 佳能和肯德基的植入广告

门设立了公司，目的就是为广告寻找可植入的影片和机会。《变形金刚》这样的影片，自然就是品牌角力的良好秀场。

或许已经没多少朋友记得，“大黄蜂”最初的造型是一辆保时捷，然而在新版的《变形金刚》中，想必观众很难不去关注变身为新版雪佛兰的“大黄蜂”。在新版《变形金刚》中，“大黄蜂”被赋予了丰沛的个性，给足了戏份，甚至有朋友评论说，“大黄蜂”简直比擎天柱还主角。

电影版“大黄蜂”的汽车形象是 2006 款雪佛兰 Camaro 概念车。这款车曾经在 2007 年上海国际车展中与中国观众见面，在《变形金刚》电影中，“大黄蜂”与雪佛兰 Camaro 完美地融合于一体，面对一个又一个挑战，临危不乱且足智多谋，一次次地在危机面前化险为夷，成为颇具特点的“灵魂人物”。一些朋友用“篡位的男一号”来形容“大黄蜂”在《变形金刚》电影中的表现也就不难理解了。

据传，通用公司这次以近3000万美金的投入实现了旗下雪佛兰、悍马、庞蒂亚克等品牌作为《变形金刚》正派角色的集体亮相！

所以，在这部电影中，广告频频出现，如片中雪佛兰和福特的两款跑车飙车，在展台高调亮相等情节，简直就是新款汽车宣传片。

更有趣的是，连台词也不忘为赞助商服务。当山姆问“擎天柱”怎么知道他在出售外祖父的眼镜时，“擎天柱”用低沉的机械声说：“Ebay!”

细心的观众还会发现，电影中用来拷机密资料的是松下SD卡，用来做试验、变成机器人的是诺基亚手机，看着“擎天柱”从水里爬出来的小女孩，手中提着的是“孩之宝”的粉色小马。此外，还有卡西欧的电话、惠普和iPad的电脑、汉堡王等品牌都出现在电影之中，如同看广告集锦。

3. 国内联想手机，获得广告先机

在国内，联想手机也将从《变形金刚》的热映中分走一份人气。笔者获悉，联想已斥资三百多万元获取了《变形金刚》形象在国内的唯一使用权，而联想手机专门针对《变形金刚》量身定做的电视广告也即将上映。

《变形金刚》在北美上映之后，美国著名影评网站“烂番茄”的网友们仅仅给《变形金刚》打了59分，相关的评论称该片是“为了推销车、玩具和战争而进行的一次令人作呕的、强势灌输的商业行为”。

这样的评价看来真是有些吹毛求疵了，《变形金刚》中的品牌植入相对于眼下的很多同类行为，确实用得自然，比起当年“广告比贼还多”的《天下无贼》，着实不可同日而语。再说了，除了专业人士，不会有多少人去仔细点数电影中的广告，对于绝大多数观众来说，他们更多的只是在影片的欣赏中不知不觉地被植入式广告所影响而已。

这样的现状也给了我们许多思考：影片的制作质量与品牌的植入力度其实是相辅相成的事情，什么时候国内也能制作出同样的精彩大片，同样被国内外的品牌一致热捧，而不是让我们自己的品牌跟在外国大片的身后分一杯羹。这样的情景，也着实值得期待。（阅读资料来源：中国植入广告网）

思考与讨论：

（1）植入式广告如何做到在视频的艺术性和广告的商业性之间取得平衡？

（2）视频植入式广告的发展前景如何？

第五章　病毒式视频广告

第一节　病毒式视频广告的界定

一、病毒式视频广告的历史

1997 年，风险投资家史蒂夫·乔维斯顿在描述免费电子邮件服务提供商时首次提出 “病毒式营销” 的概念。病毒式营销是刺激人们把营销信息传递给他人的策略，这种营销策略的优势在于传播速度快，扩散范围广，成本较低且目标精确度高。

病毒式视频广告是病毒式营销的最新形态。最早的病毒视频出现在 2001 年，一个名为艾德·罗宾逊的电影制片人制作了一段搞笑视频，并把公司的网址附在了视频的片尾上，用电子邮件传给了他 5 名朋友，不到三个月其公司网站获得了 50 万的访问量(图 5–1)。如今,欧美的病毒式视频广告发展速度快,趋于成熟。

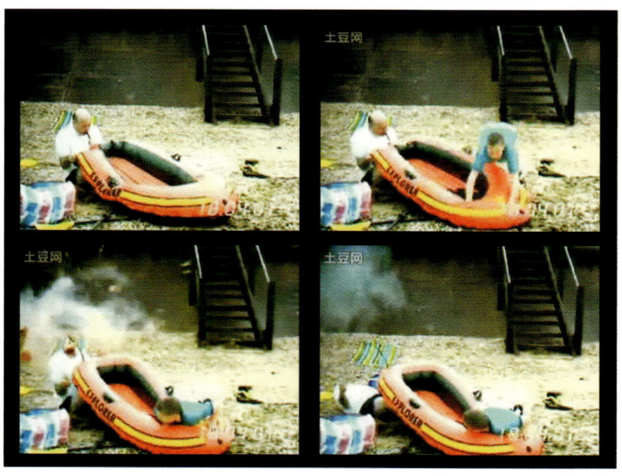

图 5–1　艾德·罗宾逊当年拍摄的搞笑广告

我国国内最早的病毒式视频广告是 2006 年百度公司内部员工自创的“唐伯虎”“孟姜女”系列视频广告(图 5–2),并掀起了中国病毒式视频广告创作的热潮。

图 5–2　百度公司的病毒视频广告

二、病毒式视频广告的界定

本书中对病毒式视频广告的界定是：以互联网中的视频为传播载体，广告信息通过有吸引力的表现方式在网络用户的社交体系中传播，从而形成类似于“病毒”自我复制式的爆炸性传播效果的一种网络视频广告形式。

一般来说,病毒式视频广告具有如下特征：

1. 病毒式视频广告是以营销传播为目的的商业行为。

区别于一般网络病毒视频的一个重要的特点就是网络病毒视频广告需要付费。广告主以付费的方式制作传播视频,通过视频来达到吸引受众的关注以及促进购买等目的。《一个馒头引发的血案》(图 5–3)是 2005 年的互联网“病毒式”传播短片,用“恶搞”的方式解构电影《无极》，是自娱自乐式的病毒视频。“七喜”系列视频（图 5–4）是有商业目的的病毒式视频广告。

图 5–3　《一个馒头引发的血案》海报

图 5-4 “七喜”系列视频截图

2. 病毒式视频广告必须实现“病毒式传播”。

所谓“病毒式传播”，其实与“病毒”无关，取义的是病毒的爆发式影响力、几何倍数的扩散速度，是一种巧借他人资源、充满智慧的高效率传播战术。

一则视频广告要像病毒般能够“感染”受众，并使得受众将“病毒”继续主动传播给其他受众，关键在于视频内容中包含特殊的、“有刺激性”的信息，能够促使受众主动分享和传播。

例如，在 YouTube 网站上有一则成功的病毒式视频广告：美国男性护理品牌 Old Spice 的系列视频，在短短三天内访问量就已突破 2000 万。这则病毒式视频广告片中的主角是健硕美男 Isaiah Mustafa，内容要素为猛男、浴室、幽默，但形式已不再是由创意人员构思主题的传统模式，而是改为回答 twitter 和 facebook 上的粉丝和名人提出来的问题。W+K 先是在各类社群网络发出邀请，让用户针对 Mustafa 的角色提问，然后从中筛选出最具话题性的问题（图 5-5），为每一个问题拍摄 20s 的视频短片，上传到 YouTube 上的“Old Spice 频道”来做回应。短短三天内，连续拍摄了超过 150 则视频短片，成功吸引超过 2000 万的访问量，可谓一鸣惊人。

图 5-5 Old Spice 问答式的病毒视频

三、网络病毒视频广告的主要形式

1. 按照受众与病毒视频广告的互动的程度，可将病毒视频广告分为受众参与式、线上线下互动式及非互动式。

（1）受众参与式

有些病毒视频广告需要通过受众自身高度的参与才能完成以及发挥效果，如美国汉堡王（Burger King）《听话的小鸡》互动广告（图 5-6），是一个视频互动线上游戏。这个游戏极其简单，视频中站着一只小鸡，视频下方有个输入框，当参与者输入一个英文单词，比如“jump”，小鸡就会根据输入的单词做出相应的动作，当输入的词无法表达时小鸡还会做出不解的神情，而长时间没有输入指令时，小鸡还会做出擦汗的动作表示抗议。这个游戏起初由内部人员将链接发给朋友圈，网址启动后一周内达到了 1500 ~ 2000 万次点击，平均每次访问逗留时间长达 6min，很多访问了这个网站的网民，也顺便会点击下面几个按钮，直接进入 Burger King 的网站，浏览到最新的鸡块汉堡快餐促销信息。汉堡王通过这个成功的病毒营销广告，让自己的新产品鸡块汉堡快餐获得了巨大的成功，据调查，至少有 1 / 10 曾经浏览过这个网站的网民，都去享用了汉堡王的鸡块快餐。

图 5-6 汉堡王《听话的小鸡》

（2）线上线下互动式

诺基亚公司发布的冠以《被惊吓！张震岳突袭北京德胜门地下通道》的网络视频（图 5-7），尽管清晰度很低、拍摄手法初级，但点击率仍然高达每小时 1 万次，仅仅优酷一家网站完整播放次数就为 400 万。现场许多歌迷叫上好友对张震岳进行拍照、摄像并发到网络上传播，为病毒视频本身的投放热身。这则视频经过诺基亚与现场观众在网络上的传播与互动后，达到了意想不到的效果。诺基亚这一系列的视频广告还邀请了莫文蔚、羽泉、方大同、萧敬腾等明星参与，结合诺基亚产品定位（即“无处不玩音乐”），并吸引受众主动参与视频的拍摄和分享，从而使视频病毒化传播。

图 5-7 诺基亚的病毒视频广告

（3）非互动式

非互动式又称“围观”式，如一则英国的公益广告片《客厅篇》（图 5-8），鼓励人们在开车时系上安全带，没有以前惯常使用的“恐怖诉求”，而是通过优美的音乐和温馨场面衬托生活的美好，使得它变得更加受欢迎。虽然受众并没有参与到互动当中，但是其新颖独特的视听语言，让很多看过该段广告的人深受感动并乐于转发给朋友。这些广告制作好后发布至网站，受众只能观看、评论与分享，而不能参与进广告中。

图 5-8 英国公益广告片《客厅篇》

2. 按照话题内容可以将病毒视频广告分为带有政治性、新闻性与娱乐性三种类型。

（1）政治性话题　最典型的案例就是《奥巴马女孩》，大胆地突破传统的大选宣传的手段，在美国总统竞选时利用互联网分享平台，让背后策划的奥巴马团队得到更多民众的支持。

（2）新闻性话题　此类广告往往结合社会热点新闻事件进行创意，做到“天时地利人和”。

例如，2011 年，T-Mobile 公司借“威廉王子大婚”这一在英国大热的新闻，利用皇家婚礼创作的广告片（图 5-9），以假乱真，在庄严婚礼举行的前几周就上线。片中自创的“T-Mobile Dance”也博得网民的好评。这部 2min 左右的病毒视频，在 2011 年赢得了 2800 万的点击量。

（3）娱乐性话题　这类广告往往结合一些流行文化元素或者流行娱乐节目，如胡戈所制作的一个关于空调清洁剂的广告（图 5-10），就是结合了网络上流行的“咆哮体”“私奔”及“谍战片”等娱乐因素。

图 5-9 以假乱真的冒牌“威廉王子婚礼”

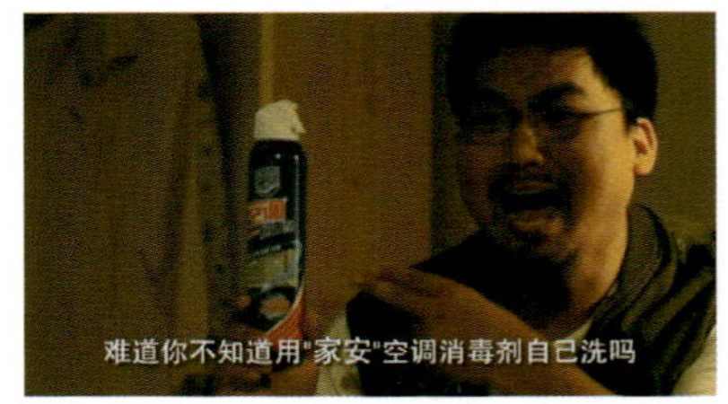

图 5-10 “家安”空调消毒剂的“咆哮体”广告

第二节 病毒式视频广告的传播原理

一、病毒式传播的理论背景

1. 病毒式营销理论

病毒营销（viral marketing），又称病毒式营销、病毒性营销、基因行销或核爆式行销，是一种常用的网络营销方法，常用于进行网站推广、品牌推广等。其策略是通过公众将信息廉价复制，告诉给其他受众，从而迅速扩大自己的影响。病毒式营销利用的是用户口碑传播的原理。在互联网上，这种“口碑传播”更为方便，可以像病毒一样迅速蔓延，病毒式营销成为一种高效的信息传播方式，而且，由于这种传播是用户之间自发进行的，因此几乎是不需要费用的网络营销手段。

2. 六度空间理论

六度空间理论是一个社会学理论，它可以解释在网络时代病毒营销即口碑传播为何能发挥如此大的传播力度，如何能达到良好传播效果。

该理论的主要观点是：你和任何一个陌生人之间所间隔的人不会超过六个，也就是说，最多通过六个人你就能够认识任何一个陌生人，即六度分割理论，也叫小世界理论。

互联网的存在使人与人之间的沟通和联系更加紧密，人际关系学的研究表明，网络时代每个人平均认识 250 个人，其六度空间远远超过地球总的人口数。病毒式营销正是建立在这样的理论基础上，通过精心设计网络的传播策略使六度空间理论不再束之高阁，而是现实化和实体化。六度空间理论与 web2.0 亲密结合，诞生出社会化软件，随之而来的是巨大的商业价值。

如今社会化媒介无不显示出六度空间理论所展示的强大人际关系，我们所熟知的腾讯 QQ、人人网、博客、微博等社会化媒介均可找出六度空间理论的痕迹。在腾讯校友里与人人网中，当你每加一个好友都会显示通过哪几个人可以找到这个好友。可以试想，如果一个受众将一则广告信息传播给朋友，朋友又将信息传播给其他朋友，每一个人都将广告信息传播给周围的人，根据六度空间理论，世界上所有的人都将接收到这则广告信息。病毒营销正是利用了人际传播的广泛性，通过受众的“口口相传”以达到拥有数以百万计的受众。六度空间理论表现了人际传播的强大能力，颠覆了传统媒体广而告之的广告思维，并解释了病毒营销为何有如此广泛的传播效果。

3. 镜众理论

最初在 2007 年由日本电通综研的消费者研究中心的一份报告中提出，“镜众” 即共鸣型消费者。

2008 年电通在《你为什么会去寻找和自己相似的人》一书中接着完善了“镜众”概念，书中具体描述了“镜众”消费者的特征：他们心中有一面镜子，镜面朝着别人，当遇到需求、爱好、心情和自己相近的就吸收进来，咀嚼混合后再把这种心情反射出去。当很多人互相反射和共振时，就会形成一个大的热潮。这些人就叫做镜众。

镜众传播与传统的大众传播模式有着本质的不同。简单来说传统的大众传播由传播者确定传播信息，对目标受众进行定位进而选择受众可能接触到的媒体，信息通过媒体到达受众，受众进行解码再反馈。大众传播模式是点对面的形式，由少数几个媒体传播给大量受众。而镜众传播的传播模式是点对点，由受众接收信息，消化、评价后再传播给其他受众，受众与受众之间针对信息进行交流与探讨并将结果再传播，形成一个信息传播的动态网络，真正实现了传播的双向交流模式，并形成立体化的传播网络。

镜众得以聚合与共鸣的基础是有一个开放的平台，即 web2.0，使受众有机会遇到与他们需求、爱好、心情相近的其他受众，Facebook、twitter、flickr、douban 等这些 web2.0 网站为他们消化吸收后的再传播提供了完美的平台。镜众喜欢接收信息，交友活跃，关注社会热点话题，并热衷于把这些信息消化并分享，形成一个强大的信息磁场，如果一则广告信息在网络上被镜众所接收、接受并反射形成了热潮时，就成为了病毒广告。

在病毒式营销中，最重要的是找到这些“镜众”，了解他们的喜好、心情、关注点、需求，并结合广告诉求找到二者的契合点，在“镜众”所可能接触到的网站上传播给他们。“病毒式广告”只是结果，病毒式广告的实质其实是“共振型广告”。总而言之，抓住“镜众”才是病毒营销成功的开始。

4. 群体感染理论

群体感染理论是用于解释病毒式营销得以广泛传播的理论，也是判断在何种机会下可以开展病毒式营销的理论指导。

群体感染理论的主要内容是：某种观念、情绪或行为在暗示机制的作用下以异常的速度在人群中蔓延开来，这种过程往往发生在正常的社会系统功能减弱、非常态的传播机制活跃化的特殊社会环境中。

通俗地讲，群体感染就是在一定的环境氛围下，比如极其悲伤的氛围下，一人大哭，全场便跟随着大哭。在营销活动中，营销人员敏锐准确地洞察到某种特殊的“易感”环境及时机，结合这样的环境氛围进行广告的制作与传播，便可引发群体感染效应，从而产生较好的广告效果。

比如，在 2008 年汶川大地震中，大多数中国人沉浸在悲痛和惋惜的气氛中，“王老吉” 加多宝公司一个亿的大手笔捐款便一下子引发了大范围的关注和议论。在捐款后不久，网络上就开始流行“封杀王老吉”的帖子，即建议网民们去超市将货架上的“王老吉”买空。在这种特殊的氛围下，这样的言论便引发了网民的真实行动，使加多宝产品大卖。这正是利用群体感染机制把握良好时机的病毒式营销活动。

二、病毒式视频广告的传播特点

1. 从传者与受者的关系来看：

（1）信息的传播者与接收者界限模糊，信息接收者会成为下一个信息的传播者。观看视频的受众会将视频分享给其他受众，也就是说，传者即收者，收者即传者。

（2）广告主对广告传播范围和效果的控制力弱。谁也无法猜想哪则视频广告会“病毒化”，即便是广告主委托专业广告公司制作病毒式视频广告，也无法肯定广告在网络上能成功被病毒化，其主动权在观看视频的受众手中。因此视频广告的曝光率、知名度以及传播的广泛度都不可能由传播者控制。

2. 从传播媒介的特征来看，病毒视频广告是依托于网络社交媒体的人际传播。

互联网促成了人际传播的回归，将视频分享网站、Blog、BBS、Email、IM、SNS 等渠道与受众的口口相传紧密地结合起来，形成了一个以视频分享网站为中心发散开来的交叉传播系统。病毒视频广告可以包含许多电视广告所不能包含的信息，其内容也有无限可能，一般的电视广告在时间、内容以及表现手法方面都有相当大的限制，而网络视频广告却较少受条条框框的限制。同时，由于互联网上内容繁杂，受众对于信息的选择也存在着较大的空间，许多视频无法直接呈现在受众的眼前，需要受众主动去筛选，而不像其他传统媒介将广告内容较为直观地传递给受众，因此网络视频广告很容易被埋没在浩瀚的网络信息海洋中。

3. 从受众的角度来看，病毒式视频广告的受众是分级别的，其中意见领袖的作用非常重要。

网站编辑是病毒视频广告的第一级受众。病毒视频广告首先发布在视频网站，上传至视频网站成功后，通过视频网站的审核才能进行更进一步的传播，因此视频网站编辑是网络病毒视频广告的初级受众，由他们首先接收到广告信息，从他们对视频内容的专业敏锐度来对视频进行分类以及定性，他们能敏锐地感觉到此视频是否是一个能迎合网站目标受众喜好的视频，是否是具有较多点击率潜力的视频。编辑可以对视频进行标签、分类、首页推荐等编辑操作。

社交群体中的意见领袖是病毒视频广告的第二级受众。根据自身的喜好对视频进行搜索与观看，这些直接的观众是病毒视频广告最初的“感染者”，他们会根据自己对视频的喜欢程度与行为习惯将视频推介到自己可以运用的网络表达中，以让更多人收看以及评论。这些方式主要包括 Blog、BBS、IM、Email 和 SNS 等。

第三级受众就是以这些方式接收视频信息并进一步传播的受众以及再从网络媒介中获取视频信息再进行传播的人。这一级别的受众很难研究与观测，因为其数量庞大，传播的行为方式各式各样。

4. 从传播模式来看，病毒式视频广告具有强烈的互动性及效果的不确定性。

在模式图 5-11 中可以看出，网络用户对于广告信息处于绝对控制地位。若没有上一级的网络用户对视频进行传播，视频信息就不能够达到下一级；达到受众的级别越高，广告视频传播的范围就越大，他们同时还可以选择接收、回应，可以选择强化或淡化，甚至可以通过“恶搞”（即恶意的反讽）等手段来解构广告信息。

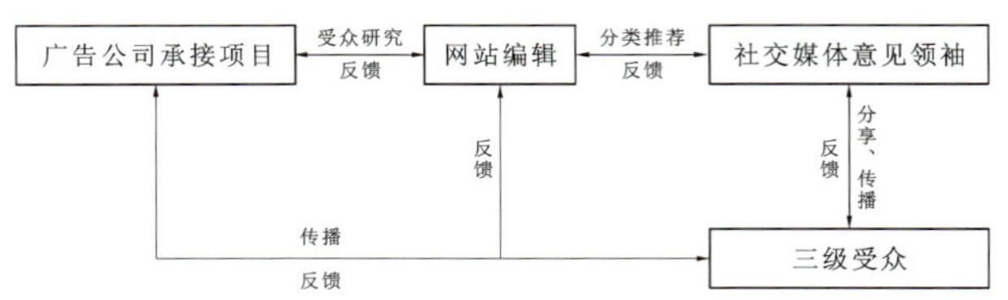

图 5-11　病毒式视频广告传播模式

第三节　病毒式视频广告的创作与投放

一、病毒式视频广告的创意制作步骤

在创意制作的过程中，对病毒式视频广告受众的准确定位是关键；找准病毒式视频广告的创意策略是核心；病毒因子与广告信息的自然契合是保证；最后尽可能整合所有媒介渠道并科学分配预算进行发布（图 5-12）。

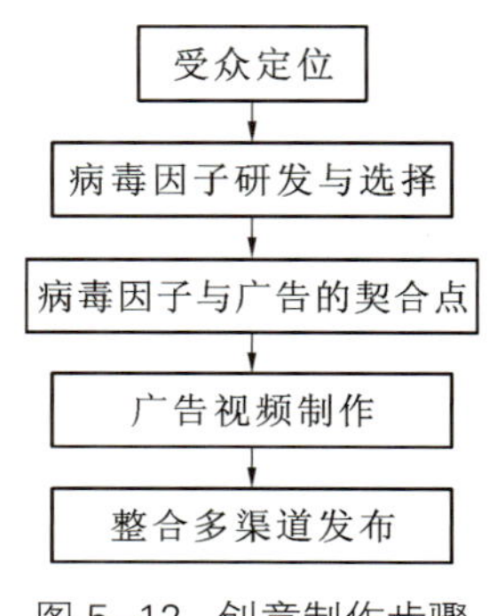

图 5-12　创意制作步骤

二、对受众进行精准定位

“镜众传播”理论指出共振型消费者的特点是喜欢接收信息、交友活跃、关注社会热点话题，并热衷于把这些信息消化并分享。单凭这个特点很难界定一个病毒视频广告的受众，因为在所有的病毒视频受众中，除了网站编辑之外的都称之为分散的网络用户，分散的网络用户组成非常复杂，他们的性别、职业、收入、年龄都可能有巨大的差异。对于这种情况，通常的做法是：

（1）根据目标受众可能接触的渠道　根据品牌的目标受众可能接收信息的主要渠道，如 Blog、BBS、IM、Email 和 SNS 等寻找他们的痕迹，比如品牌目标受众的个人主页、关于类似品牌的评论与分享等，找到相关信息并对这些信息进行分析，找出一些相关点。

（2）利用视频标签　可以在视频分享网站中，通过视频的标签将视频详细地分类。因为受众的兴趣爱好都相对地固定，广告主可以根据自己的产品或者视频的内容，结合网站中的标签和分类来划定自己目标受众的范围，从而使得受众的定位更加明晰和准确。

三、病毒式视频广告的创意策略

1. 基于人性挖掘“病毒因子”

所谓“病毒因子”，是个比喻性的说法，是指病毒式视频中最能激起共鸣、引发人参与的元素。比较而言，人性中一些特点更能成为“病毒因子”。

（1）贪婪

贪婪也就是所谓“占便宜”的心理。大多数人都希望能够不劳而获，轻松获得意外的资源或是较少付出却能得到更多回报。这种心理在涉及“顾客”和“商家”的关系中表现得更为明显。因此，很多商家总愿意通过“打折”“买赠”等手段来吸引顾客的关注。

几年前一则《吃垮必胜客》的视频流行网络，就是利用了顾客的“有便宜不占白不占”的心理。随后，一些广告商利用这个创意制作了病毒式视频《教你怎样吃垮自助餐厅》，视频中这位男子以惊人的食量让人瞠目结舌（图 5-13），原来是他获得了“吗丁啉”（一种胃药品牌）的秘籍。

图 5-13　《教你怎样吃垮自助餐厅》广告

类似于这样的案例还有国外一些公司推出的活动，在一个巨型机器面前，只要跳一段舞蹈或者按下按钮，便可以获得意外的礼品，这样的活动及其视频总能获得极大关注。

在 2012 年的情人节，可口可乐在美国一个大型商场中设立了一个情人节爱侣甜蜜自动贩卖机（图 5-14），在自动贩卖机前置备了摄像头，每一对情侣在贩卖机前做出能够表示是情侣的一个甜蜜动作，贩卖机就会滚出两听可口可乐作为奖励。

图 5-14　可口可乐“爱情贩卖机”

（2）好奇

人类对于未知的东西总是存在好奇心理，尤其是对于“神秘事件”“神秘人物”更是充满期待，对一些明显违背常识的东西总是希望一探究竟。例如，把 iPad 放进搅拌机疯狂搅拌会怎么样？一贯擅长病毒式营销的苹果公司一推出这个视频（图 5-15），马上引发了网民大量的围观、转发甚至模仿。

图 5-15　把 iPad 放进搅拌机

很多高科技产品擅长利用网民的好奇心来实现病毒式传播。例如，微软公司发布的《微软眼中的未来世界》（图 5-16），视频中描述了未来人类依靠先进的数码电子产品过着方便轻松的生活，犹如一部科幻大片。

（3）窥私

人们总是对别人的隐私津津乐道。“小道消息”“八卦”总是不胫而走，从来都不需要刻意建立传播渠道。

如《饭冰冰和她的男人们》（图 5-17），这个标题尤其能吸引热爱“八卦”的窥私者，特别是当娱乐版新闻聚焦到明星范冰冰与章子怡“两美相争”时。

图 5-16 《微软眼中的未来世界》视频截图

图 5-17 《饭冰冰和她的男人们》视频截图

该视频是用范冰冰主演的电影及央视科教节目拼贴剪辑而成，用幽默的手法将男人比喻成“公牛”“奶牛”和“蜗牛”，最后女人们争抢的却是真正实惠贴心的“蒙牛新养道”牛奶。

（4）嘲讽、戏弄（恶搞）

如果能够捉弄别人而不需要承担风险的话，人们总是不遗余力。例如，在“网络小胖”事件中，无辜的中学生“小胖”因为一个特别的眼神而遭到来自全球的戏弄。一段当事人被戏弄的视频总是容易满足大众围观的乐趣，从而获得分享和传播。胡戈的病毒式视频广告大多采用这种方式，如《步步惊奇》（恶搞流行电视剧《步步惊心》，嘲弄“穿越剧”）、《鞋袭总统》（根据新闻事件改编，恶搞政治和战争）等。

（5）戏仿

模仿是人类的一种基本行为，如果一种行为足够有趣而简单，便会被大多数人模仿。例如，一首名为《江南 Style》的流行歌曲之所以能在互联网上形成巨大轰动效应，主要原因就在于其中的“骑马舞”有趣而且简单，能够形成模仿效应。“凡客体”的流行也是因为大众的这种戏仿的心理，从而造成狂欢效果。

例如，foot locker（全球领先的体育用品零售商，主要销售运动鞋和运动服产品）的病毒式视频广告中，内部员工戏仿各种杂技动作、街舞动作（图 5-18），如“扔”“抛”“叠”“甩”“滑”等进行配货。该视频不仅逗人一乐，而且在一些店铺引发了模仿的行为。

图 5-18 foot locker 店员们用各种杂技动作配货

（6）游戏

视频能引发关注，“好玩”是必不可少的元素。娱乐也是人类的一项基本需求。无论是戏弄还是戏仿，其中必然包含“好玩”的成分。

2011 年发行的小游戏《愤怒的小鸟》（图 5-19）拥有众多玩家，T-mobile 便搭建真实场景让人们在现实中玩一把。而通过在网上发布该活动视频，让更多的人参与和感受。

图 5-19 《愤怒的小鸟》视频截图

（7）情色

情色一直是广告中常用的手段，但是这个度的把握也需要仔细地研究。恰到好处的情色，不仅可以在一开始吸引观众的眼球，还能让观众为之一笑，并为广告“买单”。

例如，标致 208 的汽车广告《一次偷情引发的意外》（图 5-20）中，男子因为偷情被女友逮个正着，被迫裸体在街上狂奔，过程中发生很多好笑的故事，在每个故事的紧要关头，都会有一个选择题：“让你的身体飞奔吗?（Let you body drive，yes

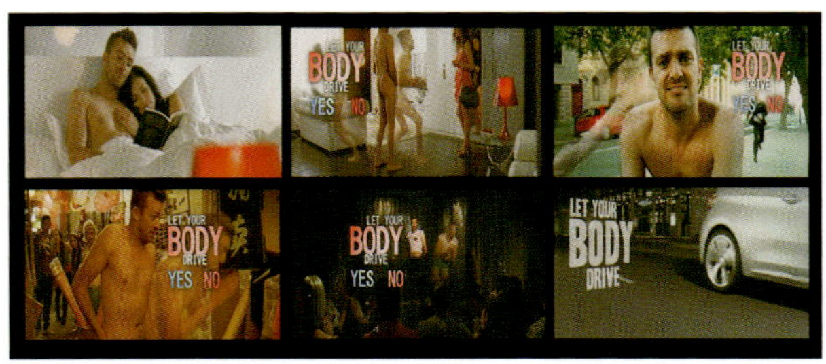

图 5-20 《一次偷情引发的意外》视频截图

or no?)"选择 YES 之后剧情便会继续发展，最后男主角终于衣冠楚楚地驾着标致 208 汽车抱得美人归了。

影片中出现很多裸体画面，但风格幽默有趣，因而并不让人反感，相反在上线 3 周内就获得了数百万的点击量。

2. 基于人类情感或心理挖掘"病毒因子"

人类是有情感的动物，某些情感更容易激发人们的心理共鸣和情绪变化，从而产生分享和传播的欲望。如果视频能够包含一些极端情感的元素，便更容易产生"病毒"，如：

（1）恐惧

恐惧因子，总会让人害怕但又忍不住去看。电影《2012》正是利用"世界末日"这个传言，利用人们的恐惧心理，赢得超高的关注度。视频广告也可以利用人们对未知或惊险事物的恐惧心理，着力渲染紧张气氛，激发人们的观看欲望。

如美国影视制作公司 AMC 为其即将推出的《行尸走肉》（图 5-21）连续剧设计的活动及视频"丧尸集体游大街"，化妆师用高超的技巧制作一批逼真的"丧尸"走上纽约街头吓唬行人。这个视频在网络上获得了极高的点击量和转发量。

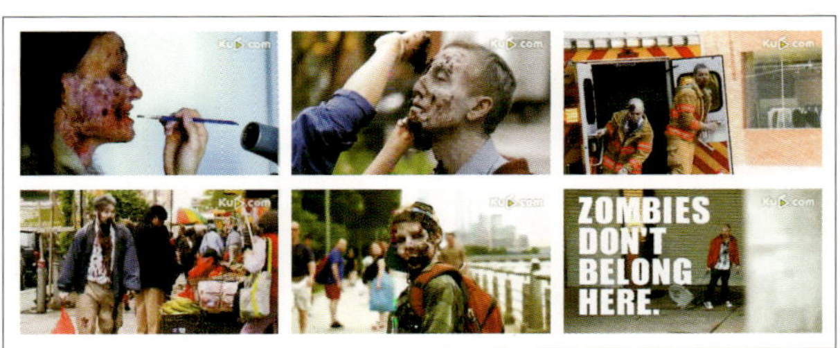

图 5-21 《行尸走肉》视频截图

（2）同情

对于某种苦难或者心酸往事的回忆，能激发人们的情感共鸣从而引发大量围观和参与。如"封杀王老吉"正是利用人们对于汶川地震受难者的同情心理而进行的病毒式营销典型例子。

2012 年重庆灵思广告公司发布了一则招聘视频《重庆！我回来了》（图 5-22），这则广告传遍了中国广告界，打动了许多重庆广告人。广告上描述了一名重庆籍"北漂"广告人思念家乡的真实情感，以及之前事业与家乡二者选一的矛盾。而今灵思是重庆首家 4A 广告公司，给重庆籍在外打拼的广告人一个回家的诱惑。这则广告利用的就是情感慰藉与情感激励的创意方式。

图 5-22 《重庆！我回来了》视频截图

（3）冲突

冲突最能引发围观，在心理学上的研究很多。冲突在病毒式视频广告的创意运用，更是数不胜数。网络围观者乐于看到不同品牌之间的"火拼"，一些广告就满足他们的这种愿望。一则视频中，一辆标致 207 正准备徐徐进入停车位，旁边却杀出一辆奥拓车，凭借其车型小巧的优势，逆向进驻，占据了一部分停车位；那辆标致车主不疾不徐稳稳停在奥拓旁边，堵住了奥拓车门，眼看两个车主都出不来了。一幕现实版"抢车位"，围观者们期待的大打出手将要上演了！然而，标致车神奇"变型"为敞篷车，女车主飘然离去；只是苦了那位奥拓车主（图 5-23）。在品牌的较量中，这款标致车的优势显而易见，取得了较好的传播效果。

图 5-23 标致 VS 奥拓

（4）反差

反差其实也是一种心理冲突，将围观者预期的与实际看到的对立起来，形成强烈的视觉和心理冲击，是广告中最常用的手段。

例如，索尼 Handycam 数码摄像机病毒式视频广告《天使》（图 5-24）中，一位父亲看着录像中的小女儿甜美、精灵、可爱无敌的样子，不禁流下了泪水；然而，这位"小时了了，大未必佳"的女孩长成了一位肥胖、粗鲁、无趣的女子，两相对比，恍如隔世。正如网民留言："不光是这位父亲哭了，我也要哭了！"

图 5-24 《天使》视频截图

(5)怜爱

爱美之心，人皆有之。人们对于可爱的、美好的事物总是不吝言辞地赞美和欣赏。在视频中，可爱的婴儿、“卖萌”的动物、清纯靓丽的美女最能受到人们的喜爱，激发保护欲望，人们从而乐于围观并分享。

例如，在依云矿泉水公司推出的《宝宝跳街舞》视频中(图 5-25)，可爱的婴儿翻着跟头在大跳街舞，“卖萌”兼“耍帅”，惹人怜爱不已，该视频也入选当年网络点击量排行的前十名。随后在 2013 年推出的病毒式视频广告中，依云矿泉水公司继续沿用《宝宝跳街舞》的创意，表达“年轻、活力”的品牌形象。

3. 充分激发网民的参与意识，开放受众创意平台，提供受众互动路径。

把受众定位为病毒式视频广告创意的合作者而不是创意的观看者和接受者，让受众参与创意，并与品牌进行互动。以日本服装品牌优衣库(u-nique)从 2007 年一直延续到 2009 年的一个活动为例，优衣库通过一个将音乐、舞蹈、时钟三个功能集于一身的小小的博客插件代码，就取得了 214 个国家共 1 亿 7 千万的试听数，提高了品牌认知度。而电通创作的“东京时尚地图”更是一个优衣库与受众互动合作取得成功的案例，他们利用在东京街头拍摄到的 1000 名穿着 unique 衣服的行人视频，编辑出一段将衣服与东京街道联系在一起的连续影像视频，并将 1000 人的街拍照片、谷歌地图的东京地图整合在一起，以互动网站和赠书的形式呈现，轰动了全球广告市场(图 5-26)。

Tipp-Ex(欧洲一家著名的修正液、修带公司)发布了《一个猎人射杀了一只熊》(《A Hunter Shoots A Bear》)的互动视频广告(图 5-27)，这则广告在一个视频窗口中有一个猎人和一只熊，观众可以使用修正带将射杀的指令进行修改，并填写自己的口令，猎人和熊会根据口令发生非常有趣的故事。这样的契合方式非常自然，并且使观众记住了这个品牌。

图 5-25 依云矿泉水《宝宝跳街舞》

图 5-26　优衣库的广告

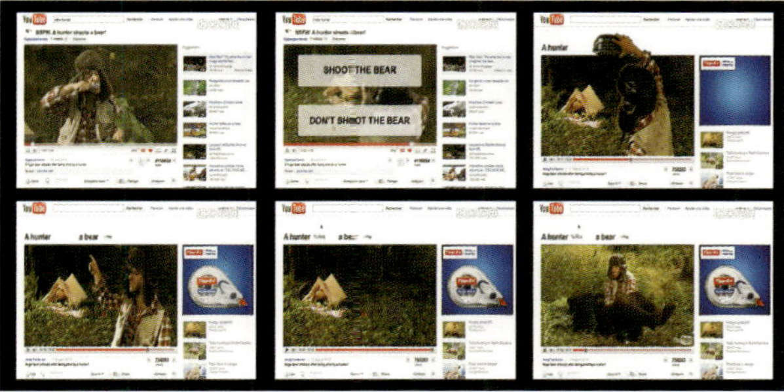
图 5-27　《一个猎人射杀了一只熊》视频窗口

4. 借用社会上热点、重点话题与新闻。

能吸引全球人目光聚焦的体育盛事，非奥运会莫属。各路品牌商为了搭上这趟顺风车，自然是想尽办法。日化巨头宝洁公司把目光瞄向运动员背后的伟大母亲，刻画出她们在孩子成长过程中辛苦付出的形象，即“为母亲喝彩”（图 5-28）。当冠军们和媒体报道正纠结于“得了冠军应该感谢谁”的问题时，宝洁公司的这个活动可以说因独辟蹊径而叫好叫座。

又如博朗剃须刀的病毒式视频——《北京惊现极品堵车帝》（图 5-29）就利用了当下最流行的“甄嬛体”“穿越剧”“北京堵车”“高富帅”等话题进行广告创意，达到了良好的效果，并通过自制节目推广、娱乐大事件对病毒视频传播效应进行报道，通过明星畅谈堵车难题等新兴方式进行推广，更加速了该广告的传播。

5. 善于伪装，隐藏广告痕迹。

要达到病毒式传播效果，最好是隐藏或淡化广告痕迹，如一则红遍网络的视频《飞名片达人》（图 5-30）中，一名男青年施展飞名片绝技，用名片削番茄、灭蜡烛、打气球……令人惊叹佩服。可是稍加留意就能看到那人手中的名片上写着“H205”的字样，而那个拍摄他炫酷动作的正是三星摄像机。这个病毒视频巧妙隐藏了广告痕迹，但又通过重要道具设置悬念让人猜疑：H205 是什么？

图 5-28　宝洁公司的“为母亲喝彩”

图 5-29 《北京惊现极品堵车帝》视频截图

图 5-30 《飞名片达人》视频截图

四、病毒式视频广告的传播渠道建构

1. 充分利用免费渠道资源

美国著名电子商务顾问 Ralph F. Wilson 博士曾归纳出有效病毒营销策略的 6 个基本要素：提供有价值的产品或服务、提供无需努力地向他人传递信息的方式、信息传递范围很容易从小向很大规模扩散、利用公众的积极性和行为、利用现有的通信网路、利用别人的资源。在现有的互联网条件下，可供利用的免费渠道资源主要有：

qq空间

新浪微博

人人网

facebook

图 5-31 知名的社交、视频分享网站

（1）视频分享网站和各类社交媒体（图 5-31）

病毒视频广告的主要传播渠道是视频分享网站，但是视频分享网站仅仅是病毒视频广告的培养器，随着网络视频的技术门槛降低，普通用户就可以将其转载到其他的网站、BBS、博客、SNS 中直接进行播放，使得视频被传播的可能性大大地增加。

（2）搜索引擎

设置合适的关键词将病毒视频与搜索引擎结合起来，通过多种方式鼓励目标受众持续参与品牌活动也是一个整合策略。伊卡璐超长 TVC《舞动奇迹》（图 5-32），用视频引发了一次全互联网关注的事件！线上的广告通过歌迷征集制作，线下举办“春春回家过年”等一系列活动。活动开展一个月即获得 3322787 次播放，59574 次引用。

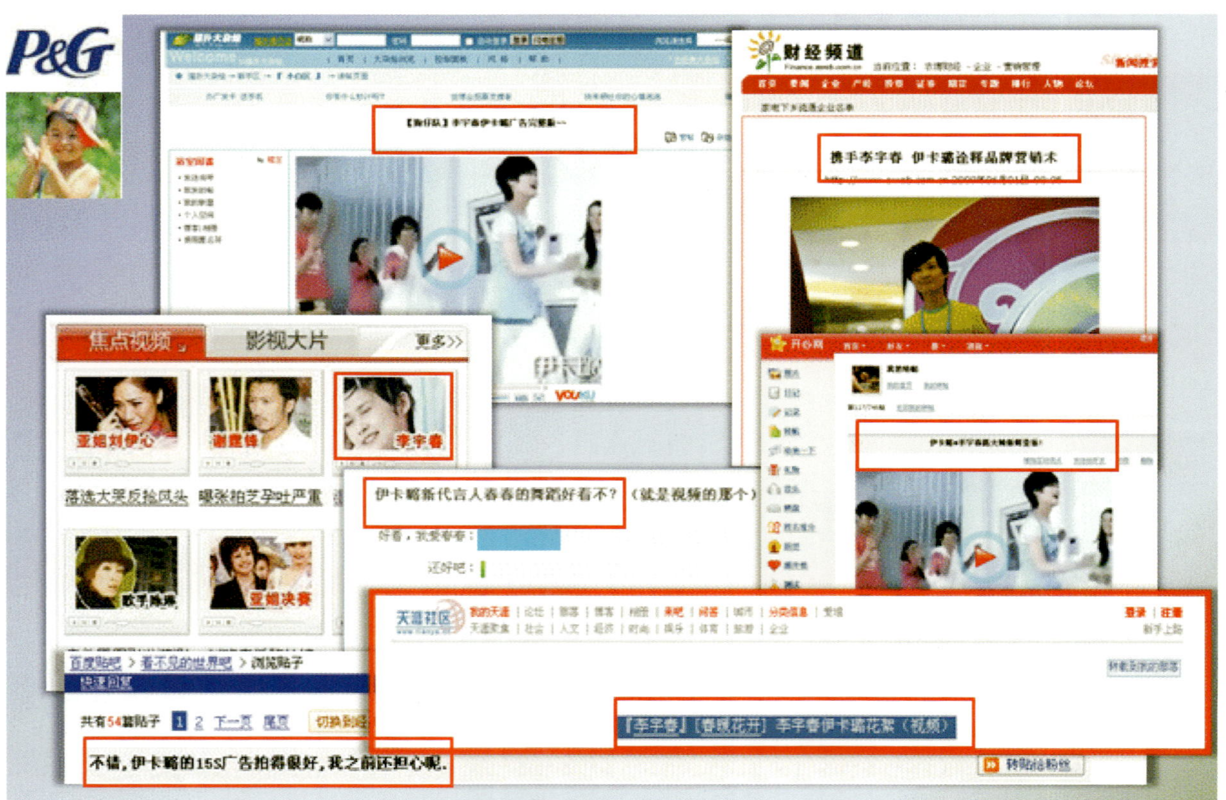

图 5-32 伊卡璐的 TVC《舞动奇迹》

2. "网络推手"

"贾君鹏事件""凤姐""干露露事件"都是大家耳熟能详的网络热点事件，这些看似是网民自发关注的事件事实上是"网络推手"策划而成的，"网络推手"是病毒视频广告成功的助推器。

"网络推手"的概念最早出现于大众传媒视野是 2005 年 10 月 13 日《成都晚报》报道的《"乖妹儿"引来"天仙 MM"》，用以称呼那些炒作网络红人的"网络策划师"，而后这个新词迅速在大众传播领域流行开来。本书的"网络推手"指的是借助网络媒介进行策划、实施并推动特定对象，使之产生有影响力和知名度的人或机构。"网络推手"成为了事实上的网络舆论领袖。

由"网络推手"衍生出"网络水军"，顾名思义，网络水军就是在网络上频繁地发帖、回帖的人。版主把主帖发出去后，为获得最广大的"网民"的注意，进而营造出一个话题事件，发动网络写手对话题进行评论，可以是正面评论，也可以是负面评论，并雇佣大量的网民发帖、回帖，从而能引起网友的围观、评论，引起更多的媒体和个人、机构的关注，这些水军正如我们戏称的"五毛党"。网络水军能够为一则视频广告营造声势，增加其成为病毒视频广告的可能性。如果把视频广告委托给这些网络公关公司进行造势，可能会缩短其成为病毒视频广告的时间并引起更大的声势。

3. 名人微博或博客

动辄拥有数百万、数千万"粉丝"的名人微博(博客)往往发挥着"电视台""通讯社"的功能，名人的关注和推介更容易引发病毒式的传播。

如龚玲娜的《忐忑》演唱视频一开始只在某些网络社区传播，但通过明星王菲的微博关注之后，便迅速引发了全国性的火爆流行。

4. 整合各类传播渠道

虽然说病毒视频广告不能受广告主或媒体的控制，是自发产生、扩张，但能够整合多个网站进行视频的传播与营造一种大声势是使一则视频广告成为病毒视频广告的捷径。在对目标受众分析后确定传播渠道，即受众主要会接触到哪些网站，整合网站资源并传播视频营造声势引起目标受众的关注是渠道整合的策略。

2011 年春节前夕，一汽奔腾投放的一则视频感动了无数中国人：一个离家 3 年的年轻人准备开车回家过年，半途接到老板电话，让他立刻赶回公司。在远方的老家，母亲守着一桌菜，父亲苦坐门外(图 5–33)。年轻人独白："我没算过这条路到底有多长，我只知道，我让他们等了很久！"这则广告结尾时的广告语"别让父母的爱，成为永远的等待;让爱回家，一汽奔腾"更是触动了无数春节返乡人的思乡情结。

一汽奔腾《让爱回家》种子病毒视频广告语很快成为春节期间网民口中的热词，在网络上引发大面积的传播，引起社会舆论的广泛讨论。"让爱回家"理念通过一系列情感包装、理念推广以及影响提升，最终被放大成为一个社会事件。网络媒体对事件的快速扩散功不可没，通过与腾讯平台合作，具体通过强势平台覆盖海量用户、互动传播驱动情感传递、名人分享推广等，"让爱回家" 理念在短短两个半月的时间内完成了发酵、爆发、二次爆发的全过程。

图 5–33　一汽奔腾的《让爱回家》

第四节　我国网络病毒视频广告

一、我国网络病毒视频广告发展现状

我国早期的病毒视频广告是2006年百度“唐伯虎”系列视频广告，发展至今有7年的历史。病毒视频广告对于我国广告市场来说是新生态的广告形式，发展尚不成熟。中国网络病毒视频广告相对于欧美国家的病毒视频广告有着鲜明的特点，同样也存在着一些问题，理论与实践都不是很成熟，对病毒视频广告的研究比较少。

在病毒视频广告的实践操作上，中国市场上的广告主对病毒视频广告的认识浅，了解少，许多广告主至今不认可病毒视频广告，并且在视频广告中真正得到病毒式传播的少之又少。虽然目前基本所有的中国网络公关公司都在承接病毒视频广告的项目，但是病毒视频的创意、制作、发布都存在着误区，很少案例能够打动目标受众。因此，病毒视频广告在中国成长缓慢，还需要更多的理论支撑与成功的案例借鉴。

二、我国病毒视频广告的特点

1. 娱乐作为最主要的病毒因子。

纵观中国成功的病毒视频广告案例，无论是百度《唐伯虎篇》《孟姜女篇》还是胡戈系列或者是“凡客体”，都有调侃、恶搞的意味。如今在百度视频上搜索一些视频广告，比较流行、点击率高的都是以有趣、搞笑为创意点。

2. 恶俗、低俗元素充斥着许多视频广告。

在中国视频网站上搜索一些视频广告可以发现，许多广告主为了博取点击率不惜采用恶俗、低俗元素进行创意，如带黄色意味、暴力等元素。

3. 结合网络热点、网络红人的病毒视频广告成功率较高。

由于中国网民对于网络热点、网络红人有着浓厚的热情，因此许多病毒视频广告都会采用这些受众喜好的元素。

三、我国病毒视频广告存在的问题

1. 广告主在对于病毒视频广告的认识上存在着误区，最重要的误区就是病毒视频广告的成本很低，而传播效果很大。

病毒视频广告发展至今，整合多种渠道的成功率大，传播效果更好。但是广告主认为病毒视频广告基本是“零成本”、大回报。无论是多么成功的病毒视频广告，其传播效果都是有限的，不可能让所有受众都知道，也没有必要传播给所有的受众，因此广告主对病毒视频广告的认识有待提高。

2. 病毒视频广告创意和制作尚处于起步阶段，总体水平不高。

（1）广告与受众的互动性很弱，受众的感觉容易被忽视。

许多广告制作者没有对消费者仔细地调研，而是想当然地加入一些自认为具有吸引力的内容，并希望受众自发传播与分享。此外，一些比较成功的病毒视频广告与受众也缺少互动，很少能够结合线下活动来使受众自发拍摄、在网络上分享。

（2）病毒视频内容与品牌信息、广告信息的结合很牵强，没有将广告信息自然地融入视频创意内容。如陈凯歌为雅虎做的一个网络视频广告《阿虎篇》（图5–34），广告上描述了一只叫阿虎的狗与其主人一段感人的故事，这个故事与雅虎并没有太大的关系，虽然在视频末尾出现雅虎的信息，但是受众关注的是剧情的发展与内容，不会留意在最后的几秒钟出现的雅虎LOGO或其他的广告信息，并且还有一些受众会误认为是搜狗搜索引擎的广告，雅虎这段视频广告还为搜狗做了嫁衣。

图5–34 《阿虎篇》视频截图

（3）很少结合品牌成长规划与品牌战略来制作病毒视频广告，许多广告主只为了博取受众眼球，并没有想到如何使病毒视频广告拉动销售或是传播品牌文化与增加品牌美誉度等目标。整个中国视频广告市场还没有形成一套适合中国市场发展的病毒视频广告策略。

(4)效果评价标准比较单一。广泛意义上，广告效果可以分为认知效果、销售效果和社会效果，网络病毒视频广告的认知效果与社会效果大致可以用点击率与网络评论衡量，但是销售效果常常会受到其他形式广告的影响，因此很难衡量。目前大多数视频广告采用的是 CPM(千人成本)模式，而非 CTR(如根据搜索或点击率计费)模式。许多关注效果的广告主尽量避免采用视频广告，投向视频平台的广告非常有限。

阅读资料

胡戈的病毒式视频广告

说起胡戈，很多人会把他当成中国病毒视频制作人的代表。这个由《一个馒头引发的血案》而红的恶搞剧怪才脑子里充满了无数优秀的创意，他创意的理念是“将搞笑进行到底”，是中国病毒视频创意者的典范。

1. 胡戈简介

胡戈，湖北省武汉人，电子音乐和视频作者，因为创作剧本《一个馒头引发的血案》而风靡网络，成为众人追捧的网络红人。胡戈和“馒头”的名字迅速成为国内娱乐圈的最热门话题，近几年他因为“七喜”系列的恶搞病毒视频而名声大噪。

2. 胡戈作品全集

《一个馒头引发的血案》：由电影《无极》改编，因此胡戈差点被陈凯歌告上法庭。

《鸟笼山剿匪记》：片长 50min，是胡戈自己投资的一部微电影，此片依然是胡戈式荒诞搞怪风格。

《007 大战黑衣人》

《007 大战猪肉王子》

《血战到底斗地主》：依然搞怪，是为《血战到底》电影而拍。

《满城尽是加班族》：反应就业状况和从业现实的一部不错的短片。

《春运帝国》：以春运这个热点为主题，以《英雄》中陈道明扮演的秦始皇为新闻主播形象报道春运盛况，恶搞效果不断升级。

《鞋袭 – 总统的反击》

《宅居动物》

《七喜广告——“七件最爽的事”》

《七喜广告——“情侣”》

《七喜广告——“圣诞节许愿”》

《七喜广告——“最绝的蝴蝶效应”》

《家安空调消毒剂广告——咆哮私奔谍战剧》

《绿舌头广告——舔出来的快感》

《家安空调消毒剂广告——我是来洗空调的》

《七喜广告——“白雪公主”》

《威猛先生洁厕炮广告——2016 炮有传奇》

《雷的嘎嘎地——天语手机淘宝网》

《哥就想上个吊——QQ 手机管家》

《史上最伟大的爱情故事》

《欧阳锋 1 秒变雷锋》

《黑帮老大大战刑警队长》

《步步惊奇》：洗衣机清洁剂广告

《雷锋 2012》

《恶搞新闻联播》

3. 胡戈经典案例赏析

胡戈的作品有纯粹的恶搞视频，也有病毒视频广告，本文在胡戈的作品中挑选了 3 个病毒视频广告：《步步惊奇》(图 5-35)、《雷的嘎嘎地》(图 5-36)、《哥就想上个吊》(图 5-37)给大家欣赏。

图 5-35 《步步惊奇》视频截图

图 5-36 《雷的嘎嘎地》视频截图

图 5-37 《哥就想上个吊》视频截图

《步步惊奇》：这个视频广告是一个洗衣机清洁剂的广告，从名字上就知道是模仿近年非常火热的穿越电视连续剧《步步惊心》。视频中的人物、台词都与《步步惊心》如出一辙，类似翻拍版。视频内容以几个妃子争宠为中心，拿出自己清洗衣服的绝活来讨皇帝的喜爱，有的拿搓衣板、有的拿洗衣粉、有的用洗衣机，观看至此让人非常疑惑视频的广告内容，许多评论说不看到最后不知道是为什么产品做广告。这部作品在表现上还是以模仿与利用《步步惊心》为主，靠此吸引观众眼球，而创意点在于台词与剧情的幽默，以及意想不到的结果，非常搞笑。

《雷的嘎嘎地》是天语手机的广告，视频名称是恶搞欧美雷人明星"Ladygaga"。视频内容是某男人在观看一个离奇古怪且类似台湾连续剧的电视剧，电视剧以男人的手机为主线，几位男主角在向女主角解释因为拥有天语智能手机的各个强大功能而做了让女主角误会的事情，表现了天语智能手机各种强大功能。许多评论者表示："《雷的嘎嘎地》视频确实很雷，但是手机貌似是不错的。"

《哥就想上个吊》是为 QQ 手机管家做的广告视频。这则视频一开场，背景音乐非常幽默，是由一个带着口音的人演唱，诉说一个失恋的年轻男人等女友电话等到欲上吊自杀，在准备上吊自杀过程中非常希望女友给他打电话，而他的朋友们为了救他不断给他打电话，他不想错过女友电话因此每次电话都想接，但因为是他的朋友打来而感到十分反感与苦恼，由此引出 QQ 手机管家具有能够屏蔽垃圾电话与管理来电的各种功能。

4. 胡戈病毒视频广告的特点

胡戈本身就喜欢对一些电影与电视剧进行恶搞，他也因此出名，得到了无数的粉丝与支持。胡戈所有的作品似乎都如出一辙，有着明显的“胡戈式”印记。特点一：标题党。胡戈的作品名称基本都是非常具有吸引力的，结合了当下社会热点(《春运帝国》)、网络热点(《步步惊奇》《谍战私奔咆哮》《一秒变雷锋》)、舆论热点(《新闻联播》《雷的嘎嘎地》)，以及人性特点(《炮有传奇》《最爽的事》《最美的爱情故事》)等。特点二：视频内容以恶搞为主，气氛欢快。胡戈曾在采访中说过，自己的作品原则是幽默、轻松、搞笑，让观众每隔40s笑一次，虽然有些是以恶搞为主，有些以自己创意的故事为主，但胡戈所有的作品无一不幽默搞笑。特点三：广告意图明显。胡之的视频广告作品所有人一看便知是哪个品牌的广告，广告信息表达得非常明显。

5. 胡戈式病毒视频广告的优劣性分析

胡戈是以恶搞、改编热门电影、电视剧而出名的，他的作品大多也是以恶搞改编的形式创作的，他是中国较早将广告与恶搞、搞笑病毒视频相结合的导演，是中国此类病毒视频广告的始主。我们将这类专门改编、恶搞出名电影作品、电视连续剧的视频广告称为“胡戈式病毒视频广告”。

胡戈式病毒视频广告的优点在于：

(1)吸引眼球。这类视频广告的标题绝对能吸引人眼球，博得点击率。如《舔出来的快感》，就足以吸引许多网民的注意。而胡戈本人已经成为公众人物，拥有了众多粉丝，他每一次发布的新视频能够快速并大量地传播。

(2)视频内容幽默，转发率高。在网络里看到的轻松娱乐搞笑视频转发率相当高，从胡戈的作品传播的范围之广、知名度之高可以得知。

(3)制作成本低。一般以恶搞为主的视频广告不用拍摄，制作费非常低，翻拍的视频就算没有精致的画面与后期制作，也可以通过其娱乐性得到成功。

虽然胡戈式病毒视频广告有着许多优点，但是也有不足之处：

(1)容易被人遗忘。观众观看这类病毒视频广告后一笑而过，将此记住并同时将广告信息记住的非常少，因为观众本身就是因为它的幽默与搞笑而观看的。

(2)广告信息与视频创意的契合点比较生硬。从胡戈所有的病毒视频广告来看，所有的广告内容几乎都是赤裸裸地出现，每一个观众都会知道这是则广告，并没有让观众感觉似广告而非广告。

(3)受众常常无法记得广告内容，而只记得视频中的搞笑内容，难以引起受众的购买行为。这类广告靠娱乐搞笑为传播的主要手段，但是视频内容过于搞笑就会使观众只记得视频的搞笑内容而忽略广告内容，不能将广告信息植入受众的脑子里。

因此，如果在制作这类广告视频的过程中能够充分地考虑到这些劣势，从而避免以上情况的发生，就能超越胡戈，成为更优秀的病毒视频广告的制作者。

思考与讨论：

(1)病毒式广告的“病毒因子”有哪些？随着时代的发展，病毒因子会有变化吗？

(2)病毒式视频广告的传播功能是如何体现出来的？

(3)如何科学评估病毒式视频广告的传播效果？

第六章 品牌定制剧

第一节 品牌定制剧概况

一、品牌定制剧的概念和特点

品牌定制剧泛指将品牌信息“独家”植入影视剧中，甚至以品牌理念或广告信息作为影视剧的创作主题，从而向特定受众传播特殊信息或价值观的广告形式，是植入式广告的高级形态。它是一种在互联网新媒体时代广受欢迎的全新广告形式。

定制剧中的剧情、人物、场景都是为广告主精心设计的，目的在于将品牌元素、品牌文化、品牌理念、产品等相关要素与剧情、人物相结合，并使消费者对品牌相关要素与产品产生联想与记忆。

品牌定制剧具有如下特点：

（1）与影视剧中的植入式广告相比，品牌定制剧的广告环境更为纯净。品牌定制剧更强调广告主信息的“独占性”，即影视剧中几乎没有其他品牌广告信息的干扰，属于特定品牌信息的“定制”与专享。

（2）与一般影视广告片相比，品牌定制剧中，商品或品牌的表达更为间接和隐晦，更强调影视剧本身的艺术价值。品牌定制剧一般具有较长的叙事空间，要能够完整地讲述一个故事，时间长度至少在60s以上，与30s左右的传统广告片是截然不同的。同时，与传统影视广告片将商品作为主角不同，品牌定制剧一般都刻意隐藏商品和品牌的直接表达，以跌宕起伏的故事情节或者感人至深的人物形象来阐释与广告品牌相一致的理念或价值观。

（3）与病毒式广告片相比，品牌定制剧的主要传播目的是阐述品牌理念或者展示商品、企业形象。因此，品牌定制剧在内容上讲究故事性、情感的感染力，在制作上讲究艺术性、观赏性，与强调新奇、幽默、夸张等感官刺激的病毒式广告有明显差别。当然，制作精良的品牌定制剧也往往能产生被用户主动传播、多次传播的“病毒式”传播效果。

（4）从广告传播的目的来看，品牌定制剧的传播目的主要是提高品牌知名度，展示产品优越功能，提升品牌美誉度，使消费者对品牌相关要素产生联想与记忆，对品牌内涵、品牌文化、品牌精神等有所了解，准确契合目标消费者心理，在消费者与品牌之间建立沟通的桥梁，而不是在于短暂地使产品销售量上升。

二、品牌定制剧的发展历史

1. 从电影短片到网络视频短片

电影短片是电影史上最古老也是产量最多的一种影片形式，其时间在几分钟到几十分钟不等。电影史上最著名的短片有：法意两国合拍的《七大罪》（《The Seven DeadlySins》）、1989年美国拍摄的短片组片《纽约故事》、著名导演大卫·林奇集合40位世界著名导演拍摄的由40段52s的影片串成的集锦片《卢米埃尔与四十大导》等。不过早期的电影短片与广告似乎没有什么联系。

互联网及移动视频终端的广泛应用为电影短片带来了巨大的发展空间。由于现代社会人们闲暇时间的碎片化，电影短片逐渐得到更多人的青睐，并由此产生了规模巨大的网络视频短片产业。

与此同时，“微电影”概念兴起，用于概括这些以互联网终端为传播平台的视频短片及片长短于40min的电影短片。

2. 品牌定制剧受到广告界极大关注

国外风靡全球的《偷天换日》、《穿普拉达的女人》都是定制剧的经典之作。在国内，较早的定制广告视频有2009年中国移动投资拍摄的一部名为《人生向前的15个瞬间》的视频短片，以及海尔投资定制的讲述海尔集团CEO张瑞敏成功史的《首席执行官》，泸州老窖当时也曾定制过一个宣扬白酒文化的定制剧《酒巷深深》，但是中国这些早期的定制广告视频传播效果都不甚理想。

由某汽车品牌独家赞助的网络剧《老男孩》（图6-1），于2010年10月28日上线后，第一天得到了30万的点击量，点击量第二天上升到70

图 6-1 《老男孩》视频截图

万，此后每天保持着 80 万的增长速度，目前已超过了 710 万的点击量、330 万的转发量，观看数粗略估计在 1000 万人次左右。这部短片以几个 80 后“老男孩”的追求音乐梦想的动人故事，充分激起了广大“80 后”网民（同时也是该汽车品牌的潜在消费者）的情感共鸣，也深刻阐释了该品牌汽车的追求梦想不放弃的品牌理念，如潮的好评与巨大的点击量使网络剧《老男孩》如一张绚丽的通行证，使品牌定制剧正式进入了广告主、主流媒体和研究者的视野。因此，2010 年也被业界称为“微电影元年”。

图 6-2 《一触即发》视频截图

3. 品牌定制剧成为一种新兴的广告媒介

《老男孩》发布的两个月后，《一触即发》（图 6-2）在凯迪拉克官网、官方微博、CCTV 以及新浪、优酷、土豆、酷 6、奇艺五大视频网站同时上映。片长 90s 的《一触即发》由凯迪拉克品牌拥有商投资拍摄，通过影视明星吴彦祖突破重重险阻完成任务的一系列画面，展示了凯迪拉克 SLS 赛威的优越性能。据统计，《一触即发》网络点击量破亿，微博转发约 8.7 万次，改变了 65% 的观众对凯迪拉克赛威品牌的印象。而后凯迪拉克又投资制作了第二部微电影《66 号公路》（图 6-3）。如今，越来越多的品牌开

图 6-3 《66 号公路》视频截图

始尝试这类新生的广告形式。

2011 年，国际知名快速消费品品牌开始尝试在中国制作定制电视剧，湖南卫视为宝洁旗下的飘柔品牌定制了一个名为《丝丝心动》（图 6-4）的长篇电视连续剧。《丝丝心动》对应了飘柔的广告宣传语，剧中女主人公的名字是张晓柔，她与男主人公的偶遇地点是“飘咖啡”馆。女主角全是长发披肩的美女，且秀发都会随时随地地飞舞起来。无论是街头擦肩而过，还是失足坠崖，女主人公的秀发都会在风中飞扬。

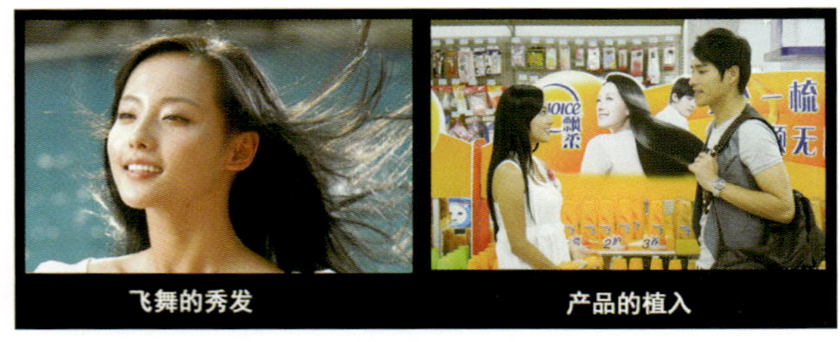

图 6-4 《丝丝心动》剧照

无独有偶，宝洁的老对手联合利华也选择了定制剧来推广旗下的清扬品牌，一部《无懈可击》（图 6-5）开始轮番登陆多个卫视。据称，剧中“吕笑笑甩掉卓原”这一情节，就来自清扬品牌登陆中国市场初期提出的口号——“甩掉欺骗者”。剧中的“职场战书 24 条”，则由“甩了 TA”“信任 TA”“无懈可击”“突破自我”四大主题构成，与清扬的品牌内涵相对应。这两部品牌定制连续剧开创了中国定制电视连续剧历史。

图 6-5 《无懈可击》宣传海报及剧照

三、品牌定制剧的类型

1. 按照时间的长短，可以将品牌定制剧分为定制长剧、定制短剧、定制微电影等。

宝洁公司为庆祝其旗下的飘柔品牌进入中国20 周年而定制的电视连续剧《丝丝心动》一共有 24 集，每一集约 40min。雪佛兰克鲁斯的“11 度青春”系列则属于定制短剧，其中《老男孩》的整个视频时间为 42min41s。定制微电影时间长度为 30s 至 10min，如橘子水晶酒店的“十二星座”系列包含 12 个视频，分别对应十二星座，每个视频的时间在 3min 至 4min 不等。

2. 按照视频内容的属性，可以将品牌定制剧分为定制故事片、定制 MTV、定制综艺节目等。

定制 MTV 故事情节相对简单，主要展示明星与音乐，时间长度是 3~6min。成功的定制 MTV 广告片案例有，韩国明星李孝利于 2005 年与三星手机合作，制作了三星手机广告三部曲：《anyclub》《anymotion》《anystar》（图 6-6）。三星系列定制

图 6-6 韩国明星李孝利主演的三星 MTV《anystar》

MTV 广告充满着韩国特色，三部曲中每个视频大约 6min，内容皆是俊男、美女、动感的音乐、时尚的造型与新潮的生活方式，主题也是适合青年群体的“追逐梦想”。该广告一时间在互联网上引发高点击率和好评度，在中国网络上也成为年轻人的热点话题，三星手机在中国市场的销售量也因此增长。

随着网络视频网站购买正版节目内容价格的飙升，购买节目成为网络视频网站沉重的负担。网络视频网站开始走自制内容的道路，自制综艺节目是网络视频网站自制内容的一种，国内部分视频网站都推出自制综艺娱乐节目，如优酷的《让梦想飞——中国最牛达人》(图 6–7)、《一起旅行吧》、《IU 酷播》等，爱奇艺的情感类综艺节目《爱 go 了没》，时尚类节目《美人心计》《浪漫满车》等，酷 6 网也推出了全自制娱乐频道“芭乐台”，其中“综艺七点档”一口气打造了 4 档综艺节目。酷 6 还专门成立了 40 人的娱乐事业部，实行制片制，设有制片人、策划、导演、编辑、编导等，麻雀虽小，五脏俱全。

图 6–7　视频网站的自制节目

网络综艺节目很高的点击率和强大的吸引力，成为视频网站拉拢广告主的秘密武器。广告主开始跟视频网站合作，独家定制综艺节目，如玉兰油男士品牌与优酷网合作定制了《李响大讲堂》(图 6–8)，此节目集幽默、时尚于一体，在节目过程中穿插玉兰油产品信息以及品牌理念。

图 6–8　玉兰油品牌定制综艺节目《李响大讲堂》

第二节　广告新媒介——微电影

一、关于微电影的概念和特征

微电影是近几年才出现的一个新名词，尽管概念是新的，但其所指的对象并不新，一种说法是微电影就是泛指一切在网络上播放的短视频。这里的“短”是指播放时间长度一般至少短于普通电影(90min 以上)和电视剧的播放时长。

另一种说法是：微电影是指依照影视艺术规律制作的、在电视及互联网等各种平台上播放的微型电影。

还有一种说法是：微电影，又称微型电影，是一般在各种具有视频功能的移动设备新媒体平台上播放，通过网络平台进行传播，具有完整故事情节，片长一般在 30~300s 之间的电影短片。

作为一个近两年才出现的新鲜名词，不同的主体对于微电影的认识各有不同，但总体来说，微电影具有如下几个特征：

1. 微电影的主要特点是“微”，即影片时长较短，超过一般广告片的 30s，且短于一般电影时长的 90min。

目前最常见的微电影时长一般在 3~15min 之间。据微电影制作人的经验，一部片子的拍摄周期在一周以内，从前期策划到后期制作的整个周期也仅需一个月左右，用 30 万 ~ 50 万元的成本便足以完成制作。

2. 不同于一般的纪录性视频或节目，微电影的创作一般应遵循影视艺术的基本规律，具有情节的完整性、视觉的审美性及情绪的感染力，本质上是艺术作品。

与过去故事类短视频的草根身份不同，微电影在诞生之初就已具备电影专业化的特点，如《一触即发》采用世界级导演 Frank Vroegop，《看球记》的导演是姜文(图 6–9)等。精良的制作团队与一线明星协作，再加上电影式的宣传推广，专业的微电影作品往往是一经上映便会在微博和视频网站上掀起点击高潮。

3. 微电影的播放平台是互联网视频网站，传播平台是各类社交网站，接收平台主要是各种移动终端，如智能手机、平板电脑、MP4 等。

微电影的传播特点是网络围观、伴随消费或移动下载，“好看”与“奇观”成为其基本收视动机。

图 6-9　由专业人士制作的微电影

微电影是一个识别性强而且较为时髦的新生事物，能激发网络用户的点击欲望。而发布或转发微电影可以维系社会关系，引起他人关注。

微电影的价值产生于虚拟网络的分享与围观行为中，公众转发、评论一部自己喜欢的微电影，其实就是给自己贴上一个标签，就是在传递一种气质、一种品位、一种价值观，因此可以聚合并形成一个志趣相同的朋友圈子或人脉网络。

4. 微电影的制作传播主体多元化，有专业的影视艺术工作者，也有业余的影视艺术爱好者。

微电影打破了传统电影创作中"精英"与"草根"的界线，让更多的人有机会通过影像作品表达自己。上海大学影视学院教授石川指出，"过去电影创作是知识精英的特权，现在随着数字技术的发展，精英和草根的界线越来越模糊不清。微电影让草根也可以参与电影创作，想拍就拍，拿起 DV 就可以，不需要太严格的美学和技术训练"。

例如，搜狐联合中影公司，推出了以明星为导演的"7 电影"，黄渤、黄磊、王学兵、李光洁等明星演员每人执导一部微电影（图 6-10），过一把导演的瘾。

图 6-10　搜狐的明星执导微电影计划官方网站造势

同时，微电影的门槛低、投资少的特点，吸引了大量准专业人士——高校影视艺术相关专业的学生及青年导演的关注。一些青年导演将拍摄微电影作为进入电影界的试金石，其中不乏一些优秀作品，在互联网上赢得高关注度。

例如，优酷出品签约青年导演五百，其导演的微电影《刷车》（图 6-11），故事精彩、悬念设计巧妙，短短 17min 的影片巧妙融合了惊悚、悬疑、犯罪、情感等元素。影片中还植入了"现代"品牌汽车广告。这部微电影不仅仅使五百本身知名度得到了提升，其雇主优酷通过这次和北京现代汽车公司联手打造的"不可能的可能"系列微电影，成功与华谊兄弟音乐达成了战略合作。

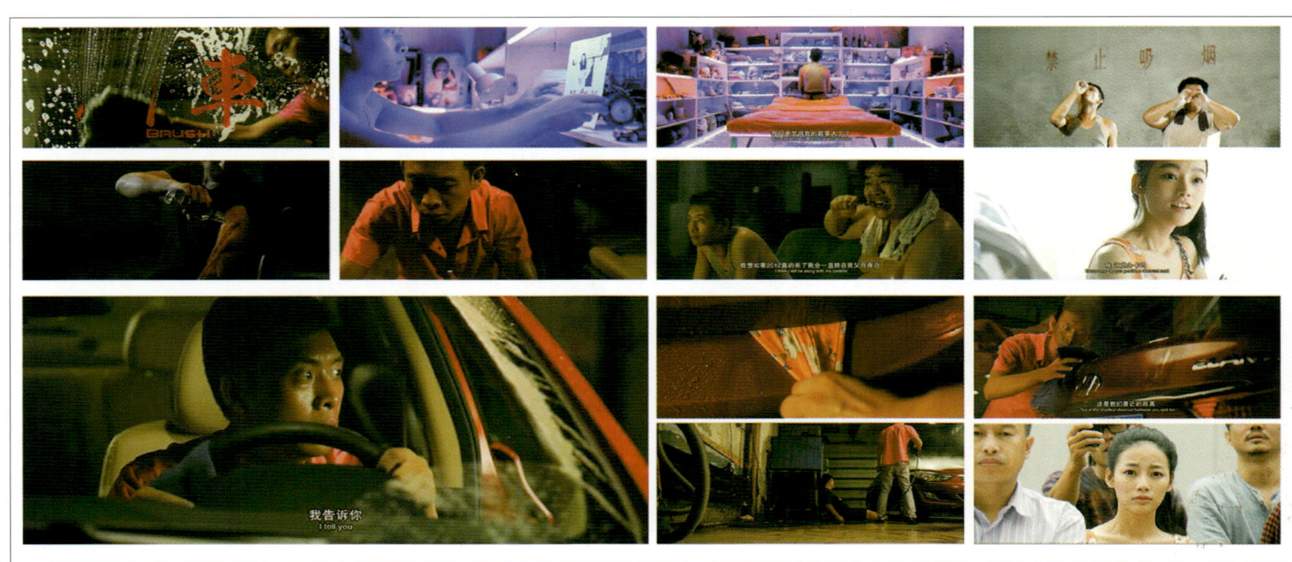

图 6-11　微电影《刷车》截图

二、微电影的发展现状与趋势

1. 微电影被视为一种新的艺术门类，其发展态势方兴未艾。

一些业内人士对微电影的发展前景相当乐观，此类的观点有："得到了互联网技术的助力，符合消费者长尾理论的微电影，是我们现在身处的这个网络时代里的又一个新事物。它与传统的影视行业差异很大，带来了一股源自民间的清流，提供了更加多元的创作动机和审美趣味，完全有可能独立于传统的影视业而成为一种新的文艺门类兼文化产业"。

知名导演尚敬指出，"微电影是互联网与电影结合的产物，制作门槛低，自由自在表达的魅力吸引更多的人，它是个值得保护的新兴媒介"。

目前学术界也对微电影的发展态势持乐观态度，有学者指出，"多元社会提供了微电影创作所需的软性条件，多元化观点、多样化形式、个性化表达正是微电影创作的艺术源泉"。

更有学者对微电影给予了崇高期待："微电影可称为信息技术革命下的 Web3.0，它的低门槛、广谱性和互动性，正符合当下人们对于精神自由的进一步追求和交流体验的感性诉求……能在丰盈人们碎片时间的同时使电影艺术真正回归大众"。

从业界的实际情况来看，2010 年年底，一部追忆逝去青春的微电影《老男孩》在网络暴红，累计点播数量达到 2500 万次，超过了年度电影票房冠军《唐山大地震》(1700 万观影人次)，宣告了"微电影时代"的到来。2011 年国内出现了约 100 部微电影作品，2012 年约 200 部，业内人士估计，2014 年微电影数量将达到数千部。同时微电影的质量也在不断提高中，越来越多的影视艺术专业人士加入微电影的制作中，越来越多的影视明星投入到微电影的拍摄中。如演员周迅主演的"四夜奇谭"系列微电影中的《指甲刀人魔》获得了网络用户的较高点击量和评价，演员也因此被誉为"再一次踩到了潮流的点上"。

从国际上看，插上国际互联网翅膀的微电影因突破播放平台的限制，更是发展势头凶猛。其中不乏精彩之作。

如法国《调音师》(图 6-12)，13min 的片长，讲述了一个一波三折的故事，男主角从钢琴比赛失利到做"盲人调音师"再到目睹杀人案件，主题深刻，悬念不断，引人入胜，堪称微电影的代表作品。

图 6-12 法国微电影《调音师》截图

2. 都市新新人类是微电影的核心消费群体。

现代"微"文化下的碎片式生活方式导致微电影的"短、快、精"等特点更符合现代受众的生活方式。所谓碎片式的现代生活方式是在当今信息大爆炸的社会中，人们接收与处理信息越来越崇尚自身个性、平等的话语方式以及短小精悍的信息形式。在如此碎片化的社会文化当中，微博、微信、微电影、微公益、微小说等构成了现代微文化。日益碎片化的互联网受众对微电影的认可度越来越高。

正如一些专家所言，微电影如同一面都市的镜子，它的故事、主题连同使用的符号无一例外地指向都市——关于城市的灯红酒绿、关于职场的风云变幻、关于白领的爱恨情仇……微电影中，如微博、iPhone、iPad、酒吧、地铁、咖啡、QQ 等象征时尚与欲望的都市符号跑马灯似地穿梭于剧情之中，而且作为一种积极的、在场的叙事元素推动情节发展。

3. 微电影的运营和管理体系日渐规范。

2012 年 7 月 9 日，国家广电总局和国家互联网信息联合办联合下发的《关于进一步加强网络自制剧、微电影等网络视听节目管理的通知》，要求视频网站对网络剧、微电影等节目一律实行先审后播的制度，严格把控质量关，并要求网络视听节目要有自律意识。政府此举措使定制广告视频逐渐摆脱制作粗糙的阶段，朝着更优秀、品质更精良的方向迈进。相信在不久的将来，政府对于定制广告视频会有更详细与有力的支持与监管措施。

除了政府的监管之外，微电影的运营模式也日渐完善。无论是微电影的制作主体——专业或非专业的影视机构，还是播放平台——各大视频网站，都在尝试建立微电影的运用体制。例如，华影盛视公司推出的"品牌定制微任务系统"。

华影盛视拥有自己的导演和后期制作团队，

并在全国召集了 100 个编剧与公司合作。公司在制作团队拿到客户的项目之后，客户和明星都会在微博向粉丝发布任务，请粉丝为他们撰写品牌故事。在同客户商定故事之后，华影盛视的编剧团队将之改编成微剧本，并拍摄制作完成，之后免费上传到各大视频网站。在经过几个月的沉淀之后，微电影的版权点击率的增长中已经开始幻化出商业价值。华影盛视的最新音乐微电影《我多么怀念》便是以公开报价的方式出售，酷 6 网买下了首播权，华影盛视等微电影出品方也从广告商之外的下游获得了资本回报。

某微电影制作公司的生产流程如图 6–13 所示。

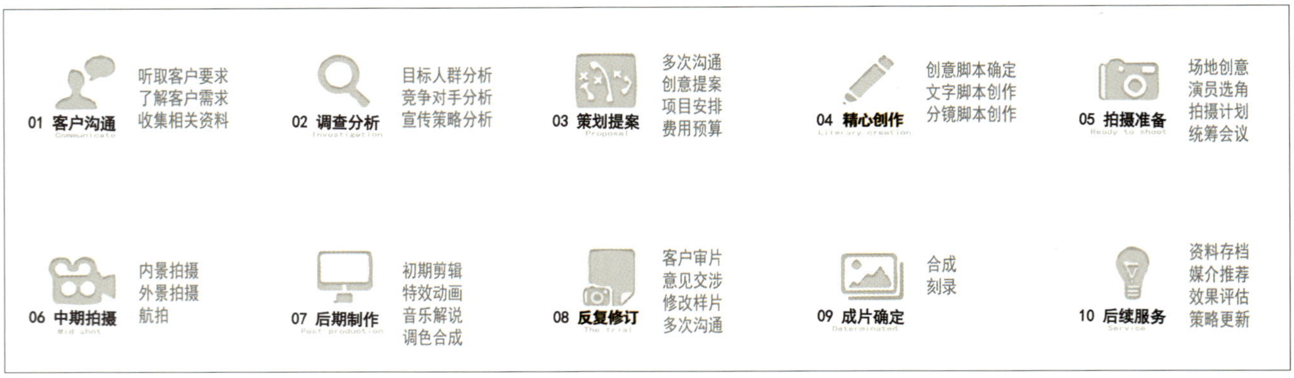

图 6–13　某微电影制作公司的生产流程

三、作为新兴广告媒介的品牌微电影

越来越多的广告界人士认识到，微电影是目前最新颖最有发展潜力的形式，其出现挑战了整个传统的影视广告产业。甚至有人认为，微电影是天生的广告媒体。《你能型》《坚韧·勇敢·爱》《回家》《改变世界》等微电影严格意义上就是潘婷、大众银行、三菱汽车、英特尔公司精心制作的商业大片；《一触即发》不管场面何等宏大，剧情何等惊险，本质上依然是凯迪拉克的精彩表演；此外，优酷的“11 度青春”系列的投资商是雪佛兰汽车，新浪的“四夜奇谭”系列的投资商是三星集团……不可否认的是，目前在网络上点击量高、较有影响的微电影大都是宣传品牌理念的定制片。

2011 年，台湾奥美广告公司为大众银行制作的微电影广告《梦骑士》，不仅引发网络好评如潮，被称为“震撼心灵的作品”，也赢得了广告界业内人士的高度认可，更推动了广告界对微电影这种新的广告媒介的关注。

为什么广告界人士越来越重视微电影？概括起来，微电影作为广告媒介主要有如下优势：

1. 品牌微电影在阐释品牌内涵上具有独特的作用，与传统影视广告片形成互补。

在传统的 30s 影视广告中，由于时间限制，无法完整展开故事情节，更难以阐释深刻理念，因此传统影视广告片在信息的表达上多以有冲击力的画面和语言为主，强调作用于受众的“瞬间印象”。而在微电影中，可以讲述相对复杂完整的故事，塑造丰满的人物形象，从而起到阐释深刻的品牌内涵的作用。

在原尼尔森互联网研究高级副总裁马旗戟看来，“所有具有品牌效应和文化内涵的企业无疑是适合微电影的”。而大部分微电影则是以品牌为核心来讲故事。因此，微电影可以满足广告主对深层次广告信息的表达传播的需要，并能最大限度降低受众对广告信息的反感。

在《梦骑士》（图 6–14）作品中，首先提出“人为什么活着”这个振聋发聩又深奥的哲学问题，然后用流畅、生动的影视语言讲述了 5 个平均年龄为 81 岁的台湾人，不畏身体病痛凭着年轻时的梦想，开始了一次 13 天的摩托车环岛旅程。影片中展现出了对生命的热爱与坚持，表现出了平凡人的激情与梦想，平凡人的不平凡人生。而这，正是契合了大众银行的品牌理念——“不平凡的平凡大众”。

3min 的影片完全采用电影的方式构思、拍摄、设计与制作，甚至发行。影片不仅完整叙述了这个故事，更通过大量的特写镜头和蒙太奇剪辑手法成功塑造了几位老人的鲜明个性形象，信息量丰富，情绪曲折，情感多样，这些是 30s 广告片不可能做到的。

2. 品牌微电影的投放与社交媒体、公关活动息息相关，最能代表整合营销传播思想。

微电影是社会化媒介与视频的结合体，社会

图 6–14 台湾大众银行定制品牌微电影《梦骑士》视频截图

化媒介的快速发展决定了微电影的成功。社交网站是微电影传播的主要阵地。在中国的社交网站中，仅仅新浪微博的注册用户就达到 4.24 亿，社交媒体覆盖面如此之广决定了微电影的传播的广度。微电影与新媒体紧密结合，它改变了传统媒体单向传播、以点向面传播的模式，具有双向传播、交互传播的特点。特别是与微博等社交网站的结合，使其从创作到推广，都能与受众保持高度互动，实现了信息传播的主动性。

一些微电影借鉴美剧边拍边播的制作理念，通过监测播出效果和受众反馈意见实时调整故事、场景和人物的设计，将公众的参与热情空前激活。

例如，益达品牌定制微电影《酸甜苦辣》（图 6–15），其网络投放不仅结合营销进程，同时也辅以各种新闻发布会、明星见面会等线下公关活动，牢牢锁定益达产品的消费群体，真正实现了全方位的消费者沟通。

3. “限广令”的发布进一步促成了微电影与广告的结合。

取消插播广告自然会带来收视率的提升，更优质稀缺的广告时段遇到不断增长的市场需求，广告费用也自然被抬高，多家卫视 2012 年的广告

图 6–15 益达的微博营销和明星见面会等活动

招标总额都达到多年来的最高点。

在 2011 年央视刊例价格表中，黄金时段 30s 的广告价格已接近 30 万元，这足以拍一部 10min 的品牌微电影，因此微电影在这个节点上才开始被更多的企业看到，被他们放在可选之列。

电视剧中取消插播广告以后，电视剧前后的广告时间可能会增长，而密集的短广告势必会影响观众体验，如何调整广告策略也成为电视台面临的难题。中央电视台广告经营管理中心策略总监佘贤君认为，"微电影按照拍电影的方式来拍广告，这或许是一种行之有效的解决方案"。

第三节　品牌微电影的创作与传播

一、品牌微电影的创作要求与特点

1. 影片风格及演员形象应与品牌理念保持契合度。

下面以护舒宝品牌微电影《分手那 7 天》和奥迪品牌微电影《双城记》为例，具体阐释品牌理念如何体现(表 6–1)：

表 6–1　两部微电影演员、风格及主题比较

名称	广告主	出演明星	风格	主题
《分手那7天》	宝洁	王传君、邓家佳	治愈系、小清新	在爱情中，女孩面对男孩的忽视，选择了率性离开，活出自我
《双城记》	奥迪	余文乐、Angelababy	时尚、梦幻	两位主角在无意间相互关注并相识相爱，最后以奥迪Q3作为定情信物

(1)风格与品牌

《分手那 7 天》：故事讲述的是《爱情公寓》中的关谷与 YoYo 在恋爱 7 年后因为矛盾而分手。YoYo 在特殊时期被关谷冷落从而对恋情产生了怀疑，影片记录的是他们分手 7 天中两人的生活状况和感情的变化，以及 YoYo 从失望到放弃的心路历程。YoYo 最后率性地放弃感情，选择独自生活。

《双城记》：由陈国辉导演，余文乐扮演一个画室主人，Angelababy 扮演一名休假的编辑。Angelababy 在休假中驾驶奥迪 Q3 旅行，途中看到一只非常梦幻美丽的热气球腾空飞起，她驾驶 Q3 追逐热气球拍下了美丽的照片。两个人在无意间遇见，从而相互关注与相识，最后余文乐打开他未完成的私人作品，是一只美丽的热气球与一辆奥迪 Q3 组成的梦幻画面，Angelababy 得知当天那只热气球是余文乐所乘坐的，两个人坠入爱河，奥迪 Q3 最终成为他们的定情信物。

这两部微电影在上线之初获得很高的点击率与关注度，《分手那 7 天》上线 1 个月内在爱奇艺与酷 6 网平均播放高达十万次；《双城记》在新浪微博上被多次转载，并引发话题。《双城记》画面精致浪漫，俊男美女养眼，热气球升空的那个镜头美轮美奂。《分手那 7 天》利用了《爱情公寓》的知名度与其大量的追剧粉丝，沿用这一对在《爱情公寓》中备受关注的情侣组合，画面平和，影片风格清新。

(2)明星形象与品牌

品牌选择哪类明星作为其品牌微电影的主角需要考虑以下两个要素：第一，品牌形象与明星形象是否贴合。宝洁护舒宝品牌是女性用品，其品牌形象是一个体贴、像闺蜜、像男朋友一般在女性特殊时期能够给予关爱与照顾的形象。《分手那 7 天》的女主角邓家佳是邻家女孩儿的个性与形象，清新、可爱、温柔于一身，她的形象与护舒宝的品牌形象贴合。奥迪 Q3 的市场价约为 40 万人民币，定位高端，形象时尚，大气奢华。《双城记》的女主角 Angelababy 是香港的一线女明星，她的个人形象显得高贵、时尚、国际范儿与大气，比较贴合 Q3 的品牌形象。第二，品牌目标受众与明星粉丝重合度是否高。明星微电影一半观众是明星的粉丝，品牌选择某个明星出演品牌微电影之时的重要指标即品牌目标受众要与粉丝重合度高。《爱情公寓》追剧者据调查有一半以上是年轻女性，与护舒宝的目标受众重合度相当高，《分手那 7 天》的广告无疑是成功的。

《双城记》中的视频截图如图 6–16 所示。

《分手那七天》中的视频截图如图 6–17 所示。

2. 不同于大众电影及一般电视广告的"宽口径"，品牌微电影强调为"目标受众"定制。

当代人们的价值观日趋多元化，"大众"日益被分化成"分众"，即不同群体拥有不同的价值取向和审美趣味。因此，品牌微电影不同于传统大众电影的是：大众电影倾向于取悦很多的受众，而微电影只为想看的、需要看的人"定制"生产。

因此，品牌微电影的风格与受众定位必须与广告主品牌风格及受众定位相一致。例如，胡湘云等为广告主"薇阁"品牌定制的微电影《无味皂》

图 6-16 《双城记》视频截图

图 6-17 《分手那七天》视频截图

（图 6-18），描述了一个发生在旅馆中的意外事故，剧情涉及婚外情及违法事件，画面充斥性与血腥。这在一般电视广告中是不可能出现的，尤其是作为一家旅馆的广告，与血腥恐怖事件联系更是不可想象的。但"薇阁"是一个汽车旅馆的品牌，其消费对象正是追求刺激、富有冒险精神的年轻人，

图 6-18 薇阁品牌微电影《无味皂》视频截图

从某种程度上说，充满刺激的画面正是这个群体愿意看到的以及乐于分享的。因此，品牌微电影并不需要像一般电影和广告那样追求受众的广泛化，其在艺术上的表现应更加贴近目标受众，更强调"定制"化生产、定向性传播。

3. 品牌微电影的叙事应体现"微"的精髓，符合受众在碎片化时间的阅读习惯。

大多数品牌微电影时长控制为 3~5min，这是充分考虑到微电影的收视便利性。尽管相对于普通 30s 电视广告片而言，微电影拥有更多的叙事空间；但相对于 90min 以上的电影而言，在 3min 时间内复杂的故事不可能讲得透彻。

因此，在叙事上，微电影对应的是"浅表达"，即在交代情节上必须简明扼要，大量使用字幕和旁白。同时，微电影的叙事还可以借鉴传统广告片中的围绕"点"而不是"线"展开的叙事方式，即故事围绕一个事件或者场景展开，尽量削减次要剧情、无关人

物，尽量在有限的篇幅内将故事叙述完整。

从具体运用上看，微电影中大量使用特写、全景这样的“两极镜头”，通过特写镜头塑造人物、激发情感，通过全景镜头交代场景、展开剧情、承载更丰富的信息。

4. 品牌微电影的制作应遵循影视艺术语言的基本规律，微电影不是“长广告”。

这是品牌微电影与长广告或病毒式视频广告的根本区别所在。微电影是按照电影的方式制作的艺术作品，其剧本创作、摄像与剪辑等各个步骤遵守影视蒙太奇语言的规律和要求，影片的效果追求审美价值和社会效益。单纯以推销产品为目的的广告片及以各种“病毒元素”拼贴的病毒式视频短片是无法实现这样的功能的。

正如领衔制作成功微电影《梦骑士》的台湾奥美广告公司创意总监胡湘云女士在微电影金瞳奖颁奖典礼上的演讲所言，“当你决定要做微电影，就拜托你不要用广告思考，一定要用电影思考你的微电影，而不是用你的广告去思考你的微电影。不用害怕电影会丢掉你的一些广告策略，当你决定要用微电影，决定要说一个故事的时候，请你专注把这个故事好好经营好，最后再去思考将你的商品跟你的品牌在一个既黏又不太黏的位置黏在一起”。

因此，当被问及“你的商品跟你的产品需求怎样跟电影结合在一起”时，她的观点是：“你必须将品牌、商品讯息放在最远、最远、最远、最远——还不够，最远、最远、最远、最远的位置。”

相对于长视频（电视连续剧、电影）而言，微电影的信息空间要小得多，商业信息的强行植入往往会严重干扰观众的收看，将观众从影片情绪中拉出来，降低他们的审美愉悦感，并最终导致他们的反感和厌弃。因此，优秀的品牌微电影首先得是一部优秀的电影，具有审美价值和娱乐价值，是艺术性与社会效益的统一，微电影与品牌信息是一种巧妙的契合与融入。因而，从本质上讲，微电影更是一种企业的“公关活动”，其目的不是为了让受众“买它”，而是为了让受众“爱它”。

可见，广告商应该正确理解微电影的媒介特性，转变固有观念，从单纯的产品销售的效益期待转变为企业精神和品牌价值的共享，这样才能给微电影导演更多创作空间，真正实现微电影作为新兴媒介应有的价值。

二、品牌微电影的主题创意

好的品牌微电影，首先应该有效输出品牌内涵，同时还可以让观众从中获取价值、汲取营养。这就要求创作者对于品牌理念和时代精神有深刻的领悟，并能找到两者之间的“桥梁”。不过值得注意的是，国家相关部门对微电影采用“先审后播”的管理方式，因此微电影的主题设置应符合社会主流价值观，并以此为前提，再结合广告主品牌的个性特点，提炼出富有时代气息和个性特色的表现主题。

1. 爱情与性感

它是最常见、最恒久的艺术主题。在目前的品牌微电影中，以赞美爱情为主题的占据相当大的比例，尤其是在以青年女性为核心消费群体的化妆品、珠宝、服装等领域。

例如，施华洛斯奇水晶饰品品牌的微电影《爱璀璨》（图 6-19），通过男女主角通过戒指进行眼神乃至心理交流，来表现纯洁的爱情，璀璨的水晶和唯美的拍摄手法，吸引了更多的青年女性消费者。

图 6-19 施华洛斯奇品牌微电影《爱璀璨》

2. 亲情与健康

它是最“安全”、最具普适性的艺术主题，在家庭消费品领域的运用居多，如金融、家电、食品、饮料、保健品、家居建材等。

小熊电器《爱不停炖》（图 6-20）利用每逢佳节倍思亲的手法，选中秋这个家人团聚的时刻，表达亲情与健康。片中有远在外地打工的女儿、担心女儿的老父亲。女儿因为工作没法回家，父亲担心女儿身体独自乘火车给女儿送汤，体现老父亲对女儿无私的爱。

3. 追求成功或者追逐梦想

它是最“励志”、最可靠的主题，人人都有梦想，都想获得成功。这种奋斗精神与任何企业的目标都是相符的，也与当前我国社会昂扬向上、朝气蓬勃的主流价值观相匹配，因而适用的范围非常广泛。

绿源电动车拍摄的励志微电影《在路上》，讲述

图 6-20　小熊电器品牌微电影《爱不停炖》

叛逆少年艰辛创业，通过奋发向上获得成功的故事(图 6-21)。影片在国内各大视频网站震撼上映，上线短短几天点播量便突破了 300 万，一度跻身爱奇艺微电影频道的 TOP3，成为当下年轻人追捧的新一代励志大片。

图 6-21　绿源电动车品牌微电影《在路上》

4. 自由与内心的反省

它是“励志”主题的矫正。一味地奋斗与追求，往往让人在过程中忽视自我心灵的保护，甚至迷失自我，忘记奋斗的初衷，因此，在到达一定的人生高度之后，人们往往会自我反省：“什么才是我最想要的？我丢掉了什么最可贵的东西？”这种反省类主题往往适合一些中高端品牌的理念，探讨一部分“成功人士”对超越物质之外的精神世界的追求。在很多高端品牌汽车广告中，采用类似的主题。

5. 知足常乐与享受当下

它是“励志”主题的另一种矫正。以“赞美”和欣赏的心态来对待一切事物，包括自己。没有深刻的反省，没有急切的渴求，只有温馨的“怀旧”与愉悦的鉴赏。眼下最流行的“小清新”风格便是这种主题的表现，适用于旅游、酒类等休闲娱乐类的品牌。

6. 特立独行的个性魅力

它常见于一些明星代言的品牌或者树立企业 CEO 形象的微电影中。将产品、品牌或者企业精神人格化，赋予其特殊的个性品格和人格魅力，以此形成“粉丝”效应。

雀巢咖啡《活出敢性》(图 6-22)，通过著名作家和赛车手、有“青年领袖”之称的韩寒在写作采风时的所见所闻，来展现“敢性”力量。

图 6-22　雀巢咖啡品牌微电影《活出敢性》

7. 戏谑与解构

该主题即所谓“后现代”价值观，表现为对一些流行元素和主流价值观的嘲讽、戏谑，不追求“意义”，以戏仿、搞笑的形式达到娱乐的目的。通常适用于一些产品的网络推广，或者针对青少年消费群体的品牌。

三、品牌微电影的运营与推广策略

1. 前期：发行前期整合新旧媒体为影片造势

品牌微电影可以采用商业电影的发行方式来运营。在影片发行前期，通过各种新闻发布会、演员海选、开机仪式、预告片、宣传片等公关或广告手段，在各种大众传播媒介及网络社交媒体上发布相关信息，为影片的公映造势。

凯迪拉克对其微电影《66 号公路》的宣传方案很有借鉴意义。凯迪拉克公司在电视和网络媒体中播放《66 号公路》的预告片，在平面媒体上刊登这部微电影的海报和公关软文等，在广播媒体上投放了 12 条由女主角扮演者莫文蔚亲自录制的广播，在终端展厅的显眼处做《66 号公路》的主题布置。凯迪拉克的官方微博不仅发布了 66 篇公路笔记，其微博的背景图片也特意设置为《66 号公路》的宣传海报以加深受众对于传播主题的印象。除此以外，凯迪拉克还拍摄了一部 66 号公路的纪录片，让中国的消费者对这条美国人心目中的开拓之路、自由之路有一个具体可感的理解。

2. 中期：全媒体多方位同时发行

全媒体时代广电、电信与互联网络的三网融合及全屏手机的普及，户外大屏、楼宇液晶屏的推广为品牌微电影的传播提供了丰富的传播终端组合方案。微电影不仅可以在电脑、手机上播放，也可以在电视上播放，甚至可以采用在户外大屏联播网、卖场联播网、楼宇和公交联播网等线下媒体的系统投放策略。这种立体化、无缝化的生活圈传播有助于提高品牌微电影在目标受众群体中的覆盖率和到达率，并能弥补线上视频重复传播次数少、累积效应差的不足。

3. 后期：依托于品牌微电影建构整合营销传播策略

微电影本身作为一种文化产品，其生命周期是有限的。当一部影片逐渐淡出网络用户视野的时候，其本身具有的广告媒介价值却没有丧失；从影片发行的角度来看，也许是尾声，但从营销的角度来看，往往是开始。依托于影片本身造成的传播效果，商家适时开发、推广各种相关新产品或者持续举办各种线下活动，不仅可以延续影片的艺术生命力，还可以实施整合营销传播。

四、优秀品牌微电影解析

1. 微电影热门话题——星座

星座是网络上恒久流行的话题，橘子水晶酒店在 2011 年出品的“橘子水晶酒店之十二星座”系列微电影大获好评。之后，别克又携手四位名导拍摄了“追逐无限 别克轿跑系十二星座”微电影。如今网络上许多品牌开始利用这个热点话题，纷纷以十二星座作为主题制作微电影。例如，联想和卡拉卡投资拍摄了“十二星座发财梦”系列微电影；杜蕾斯也投拍了“杜蕾斯 12 星座”微电影。下面选取橘子水晶与别克的两部以十二星座为主题的品牌微电影作为案例进行分析（表 6–2）。

（1）剧情简介

《橘子水晶酒店之十二星座》：共有 12 集，每一集长度约 3min。讲述不同星座的男孩在爱情中的个性体现，以酒店为背景尤其表现在单独与之相处中的个性体现，如处女座男人的细节强迫症、巨蟹座男人的被动特征、金牛座男人是前戏大师、水瓶座男人是实践家、天蝎座男人是闷骚男等。每一集都将这些不同星座男人的特征用非常幽默、夸张以及调侃的形态表现出来。

《追逐无限 别克轿跑系十二星座》：目前共拍

表 6–2 同一题材的两部微电影比较

名称	广告主	集数	上映时间	类型	主题
《橘子水晶酒店之十二星座》	橘子水晶酒店	12 集	2011 年	爱情、喜剧、搞笑	以酒店为背景，讲述 12 星座的男孩在爱情中的个性，主题是“爱与激情，就在橘子水晶”
《追逐无限 别克轿跑系十二星座》	别克	6 集	2012 年	亲情、爱情、感人	由陆川、王小帅、滕华涛和郝蕾四位导演担纲，以“追逐无限”为主题，从当下年轻时尚人群热衷的十二星座话题切入，解读了当代主流精英的内心追逐

6 集，每集约 10min。分别是陆川导演的表现天秤座唯美爱情《心方向》、王小帅导演的表现射手座男子自由本性的《远方》与白羊座女孩勇敢追爱的《停留》以及狮子座男女在迷失中追逐生活原点的《坐标》、滕华涛导演摩羯座男子执着追求爱情的《爱情宅急便》、郝蕾导演的体现天蝎座与金牛座男子在面对背叛的受伤心灵的《180 度之天蝎座与金牛座》。因为作品是由不同导演所拍摄制作的，因此各有其特色，不变的是都体现着人们在爱情中的追逐与执着，同时在剧中各个星座独有的特点也体现得较为明显，每个人在剧中都可以找到属于自己的影子。

（2）创意与风格

虽然都是以十二星座为主题，这两部微电影的创意与风格却截然不同。

《橘子水晶酒店之十二星座》：创意核心是性与激情（图 6-23），橘子水晶酒店所推广的产品就是酒店客房，因此其创意的核心是关于“性”与“激情”的话题，这个话题较为贴合产品，不仅能够吸引人注意，还能够博取点击率。“橘子水晶酒店之十二星座”系列微电影的看点除了这两个话题之外，影片还充满着时尚、幽默与夸张的元素，片中的台词极少，以浪漫温馨的音乐为主，主角为俊男靓女，取景为橘子水晶酒店情趣客房，通篇充满着浪漫、情趣、幽默等特征。

图 6-23　橘子水晶酒店《天蝎座》视频截图

《追逐无限　别克轿跑系十二星座》：创意的核心是体现年轻人对爱与生活的追逐，追求自由以及内心的反省，表现的主题是励志。看点是能够从影片中获得对生活与爱的新理解。例如，郝蕾导演的《180 度之天蝎座与金牛座》中，天蝎座男孩开车途中看到另一辆车内自己女友跟别人亲密，愤怒之中他开车朝女友所乘的那辆车连撞 3 次，车已经损坏无法修复，内心深受重创的他想起两个人在一起的点点滴滴，心如同那辆重创的车，伤痕累累。影片将天蝎座男子被爱情伤害后仍然对爱情执着与追逐的态度演绎得感伤而唯美。别克追逐无限系列呈现出的画面贴近现实，讲述的故事让人感动与深思。

（3）品牌体现

关注星座的人都具有两个特点——年轻与时尚，恰好与橘子水晶酒店以及别克轿跑系列的目标受众群体相吻合。十二星座的主题与品牌如何衔接与表现，两部作品有共同之处。

首先是品牌形象的嵌入。“橘子水晶酒店之十二星座”系列每集的第一个镜头，都会出现一盘精致的橘子，代表着品牌形象；别克“追逐无限”影片开头会出现《追逐无限　别克轿跑系十二星座》微电影的片名。

其次是产品的嵌入。“橘子水晶酒店”以酒店客房为背景拍摄，大多镜头显示酒店客房环境以及所提供的良好服务，如每个客房中所提供的 iPad和高级音响播放设备；别克“追逐无限”影片中故事都以车为线索进行，全方位体现别克轿跑系列车型的外观、配置、安全性等。在摩羯座《爱情宅急便》（图 6-24）片中，男主角为了照顾生病的女主角开着别克通宵从上海赶到北京，多个镜头呈现别克外观以及内置的特点。

图 6-24　别克汽车《爱情宅急便》视频截图

最后是品牌主张的植入。橘子水晶酒店的品牌主张是优雅、自由与叛逆，这在影片中演绎得十分透彻，每一集都讲述一个另类而充满情趣的故事，不循规蹈矩或墨守成规，将自由与叛逆的主张充分发挥，无疑将品牌主张与故事结合得较为贴切；别克“追逐无限”系列中，别克品牌追逐、不停歇的主张与其故事进行了结合，每一个故事都讲述不同星座的人对爱与生活的不停追逐。

表 6-3 微电影《奇幻心旅》解析

名称	广告主	导演	类型	获奖	主题
《奇幻心旅》(《The Beauty Inside》)	东芝电脑、英特尔	德雷克·多雷穆斯 (Drake Doremus)	爱情、喜剧、奇幻	2012 金瞳奖“最佳传播效果奖金奖”与“全场大奖”	一个每日以不同面目与身份生活的男人寻找到真正爱人的故事

2. WEB2.0 时代的微电影应用——《奇幻心旅》(表 6-3)

(1)剧情简介

男主角 Alex 每天清晨起来都会变换不同的身份、性别、年龄，包括身体和脸，但内心还是自己的。所以他一直很难找到一个长期爱侣，甚至维持至少 2 天以上的爱情也是不可能的事，直到他偶然遇见了命中的另一半并且下定决心跟女主角 Leah 在一起。而女主角面对这不可思议的神奇能力，也从惊恐、不可思议直到战胜心中的恐惧和不安，接受了这个不可思议的人，因为她知道她爱的是 Alex 的内心。

(2)剧情与品牌体现

故事的开头因为微电影时间的限制，用开门见山的手法，直接叙述男主角奇幻的生活状态，给人一种一头雾水的感觉，却又有不同于以往电影的奇幻，以此来吸引观众继续往下看。男主角用东芝电脑记录每天不同的外表，不仅进一步强调男主角的特别之处，而且为后来故事的发展提供了线索和转机，整个商品成为了定制剧中不可缺少的部分。女主角的出现，让男主角的生活发生了天翻地覆的变化。而因为男主角的独特之处，让两人有更多的机会接触，但是也注定了不能深交。直到两人第一次的亲密接触，并做了永远不可能实现的约定。故事在这里发生转折，又一次让人对下面的剧情产生了兴趣，两人究竟能否在一起、怎样在一起等问题都促使着观众继续追这部剧。男主角在心里思考了很久，最终决定向女主角说出真相，但最终被女主角拒绝，故事似乎在这里陷入死局。揪心的情侣的最后结局又一次牵动了观众们的心，这时影片回到产品上，与前面男主角每天用电脑记录自己的生活形成呼应，也又一次让故事出现了转机。剧情和产品息息相关，叙述的手法快速而直接，并在关键时刻吊住胃口，使观众不会产生疲惫感。

(3)创意与互动

《奇幻心旅》(图 6-25)是一部全球社交互动大作，通过各个社交网络平台播出，和上亿网友进行实时互动！与此同时，网友可以根据公开脚本，上传相关个人才艺视频秀出自己；也可上传具备显著地标背景的个人照片，就可以有机会出现在剧集片段之中，让全世界数十亿人看到自己的闪耀一刻。全世界的网友参与性强，都可以成为男主角“Alex”。网友们的参与配上新鲜有趣而又感人的剧情，以及每周更新的美剧式播放模式，饥饿的营销模式吊住了观众们的胃口，使更多的人被上周的剧情吸引过来自主收看微电影。Alex 就隐晦地代表着现存中国市场上的东芝和英特尔的处境，有过辉煌，有过彷徨，英特尔是 CPU 的霸主，但正受到高通和 ARM 的强力挑战，而东芝曾经是笔记本的头牌，如今却位置不彰。片中 Alex 的每天变身，每天用不同的身份对 Leah 进行接触，也暗喻东芝和英特尔在为了打动消费者所做的不懈努力。在影片中，破局的是 Leah 对 Alex 的爱，而现实中，东芝和英特尔的努力正是 U800 系列超级本！这部影片的主题与东芝和英特尔的最终目标正是“一切只为打动你！”

(4)目标受众与推广策略

影片发布的时间选在 2012 年的七夕情人节，希望每个观看完的朋友都可以冲破阻隔、勇敢地面对自己爱的人，坚定地说出“Just You”的承诺。为打造男主角每日变化的造型，在 7 月 24 日通过 facebook 举办全球在线演员招募活动，全球 15 个国家和地区的观众将有机会饰演 Alex。中国用户也可通过 Tudou 网上的活动平台，参与全球在线演员招募活动，同时也有机会赢得礼物。产品本身被定位成“恋爱神器”，从影片的剧情、拍摄到产品本身都是统一的。在中国，《奇幻心旅》与土豆、爱奇艺等主流视频网站建立《奇幻心旅》专区，进行影片的发布，产品、演员的介绍。

图 6-25 东芝电脑和英特尔《奇幻心旅》视频截图

阅读资料

微电影评比活动与播放平台

1. 有影响力的微电影评比活动(微电影节)

(1)金瞳奖

标志:

简介:金瞳奖代表了过去一年中,国内微电影行业的最高水准。

主办方:广告门与新浪

官方网站:http://www.adquan.com/weimovies2012/

设置奖项:公益微电影、最佳脚本、最佳视觉效果、最佳微电影代言、最佳导演、最佳商业微电影、最佳微电影推广、最佳广告主、最佳创作微电影、最佳技术创新等。

获奖代表作品:《泡芙小姐》《梦骑士》《66号公路》《益达》等

相关海报:

(2)中国国际微电影节

标志:

简介:中国(北京)国际微电影节是当前影响力最大、参与人数最多、辐射范围最广的针对微电影创作、投资、传播的高端品牌活动之一。该微电影节立足于中国首都北京,为全球华人电影爱好者搭建一个前期创意创作、中期投资拍摄、后期展示传播的产业链式交互平台。

主办方:中国高校文化创意产业联盟

官方网站:http://www.v-angel.com/

设置奖项:金羽翼奖 、银羽翼奖、铜羽翼奖、50强等。

获奖代表作品:《人有三急》《飞行须知》《烈日炎炎》

相关海报:

(3) 大学生微电影节

标志：

简介：大学生微电影指以大学生为主题或者为主体，切合大学生的生活的微电影，有商业和非商业之分。大学生微电影网致力于为广大用户（大学生）提供最快速、最专业、最有效的微电影资讯，为专业从事微电影行业的人士提供展示、交流、合作的平台，为广大微电影爱好者提供学习、分享、参与的机会，旨在推动中国微电影行业朝着专业化的方向发展。

主办方：中国传媒大学、北京电影学院、中国教育电视协会高校电视专业委员会、朝阳区文化创意产业领导小组办公室

官方网站：http://www.cumff.com/

设置奖项：最佳微电影、最佳导演、最具创意微电影。

获奖代表作品：《那一年，我记得》《戛洒往事》《爱疯时代》

相关海报：

2. 有影响力的微电影制作公司

(1)台湾奥美广告(Advertising Agency: Ogilvy & Mather Taiwan)

标志：

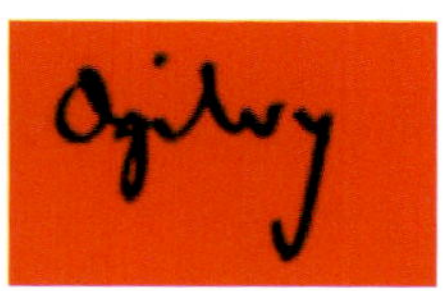

代表微电影：《梦骑士》《马校长的合唱团》《无味皂》

简介：台湾奥美的背景

①创立于 1971 年的国泰建业广告公司，于 1981 年与奥美技术合作。

②1985 年资深员工与世界奥美以 30：70 合资，改名为奥美广告公司。

③台湾最大且最为专业的整合传播集团。

④本地与国际客户兼具。

台湾奥美有着台湾人本身的一种气质，从早期的《左岸咖啡》，文艺的小清新让人如痴如醉，到现在的著名的《梦骑士》，虽然风格时刻在变，但是台湾奥美通过抓住产品本身的特点而进行创作的特点才是成功的关键。

(2)星传媒体(Starcom MediaVest Group)

标志：

代表作品：《益达酸甜苦辣》

简介：星传媒体(Starcom MediaVest Group)隶属于法国阳狮集团。作为全球最大的品牌传播公司之一，星传媒体包含专业的消费者沟通公司，并拥有全球整合的网络。利用其大公司的优势，星传媒体不仅在拍摄制作上有着优势，而且能够动用更多的资源，让整个微电影的营销得到更全面的发展。

(3)上海钦奥

标志：

代表作品：《66 号公路》

简介：上海钦奥广告有限公司筹划打造百部大片级微电影，独创演员招募平台，挖掘更具有价值的演员同时节省成本，独创蜂窝式创意生产模式，更提供海量剧本创意，且有国内顶级网络营销总监全程网络推广技术支持。尤其在网络营销方面，在创意生产阶段即融合了最新的网络营销概念，极大地提升了广告的营销能力，甚至在这个网络时代产生超越本身千万倍的营销价值。

3. 常见的微电影平台

(1) 美我网

网址：http://www.m-maker.com/

宣言：7168 部微电影，4984 部微剧本，13899 张微剧照，微音乐……玩起？

内容设置及简介：栏目有“美我热点”“微电影”“微剧本”“微剧照”“微音乐”，能够在线发布微电影、撰写微剧本、上传微剧照、分享微音乐并成立了导演俱乐部，让更多优秀的草根导演能够施展一番技能。同时还会在首页发布一些微电影的比赛，让更多的人了解并参与到微电影的创作之中。美我网已经成为中国最大微电影原创内容聚合平台。

网页：

（2）V 电影网

网址：http://www.vmovier.com/

宣言：实时不断分享全球最新最好的微电影，感悟人生只需要一刻钟。

内容设置及简介：栏目有："频道""精选""专题""幕后""故事""行业""计划""活动""投稿与合作"。V 电影网是国内目前最大、最文艺的微电影分享交流平台，里面有顶尖的影评人、微电影制作人等。该网站实时不断分享整合全球最新最好的微电影，并提供各种相关微电影拍摄教程，同时，定期举行开放日活动，邀请著名影评人、电影人、电影爱好者一同探索微电影的奥秘。V 电影网专注于微电影领域，现在已经成为国内最热的微电影平台，实时分享各种国内外优秀微电影，聚集了国内最优秀的制作人与爱好者，网友戏称其为中国版 vimeo。该网站已经和酷 6、网易、灵思微电影建立合作关系。

网页：

（3）爱微电影

网址：http://www.197c.com/

宣言：为大家提供爱情微电影、励志微电影、感人微电影以及微电影排行榜等。

内容设置及简介："好看的微电影""论坛""剧本""排行榜"四个板块，对国内的大小微电影进行分类及排名，同时提供论坛板块进行讨论。网站与多个电影比赛进行合作，让更多的人了解并参与到微电影之中。

网页：

微电影的飞速发展，不仅出现了各种微电影平台，让更多的人能够更方便地收看到最新最优秀的微电影，而且让微电影行业本身更快地发展。各大视频网站同时也看准了微电影市场，推出了微电影专区。例如，迅雷推出的微电影频道、新浪视频的微电影专区。

而优酷更是和传统媒体以及娱乐传媒机构共同推出了一系列的微电影比赛，如和湖南卫视、天娱传媒共同举办的"勇敢爱"系列微电影行动。

思考与讨论：

（1）为什么说微电影是一种"新新媒介"？

（2）品牌定制剧与剧中植入广告有什么区别？分别有什么特点？

（3）品牌微电影的发展前景如何？

第七章　视听艺术语言概述

第一节　视听艺术的基本规律与特点

一、视听媒介与视听思维

根据信息传播的介质，可以将人类社会的艺术传播媒介划分为三种形式：

1. 身体媒介

以人的生理器官为媒介材料，表现为面对面的交流。如口头语言和各种身体动作。在人类社会早期，人们以自己的身体器官去感觉和认识世界，进而产生了各种以人的身体器官作为介质的艺术传播媒介，舞蹈、口技、表演等。

2. 再现性媒介

运用间接性的符号（如文字、线条、色彩等）表达意义，依靠既定的编码和成规，将信息传达给受众。如文字、美术、音乐等。再现性媒介的使用需要信息的编码者和解读者都具有一定的符号知识或技能，需要经过后天的学习才能使用这种媒介。

3. 记录性媒介

通过机器和技术能将现实复制下来。如摄影、广播、电视、电影、视听新媒体等。 以电影、电视、网络视频为代表的视听媒介是典型的记录性媒介。

不同的媒介形态造就了不同的艺术门类和艺术语言。例如，书籍和报刊是一种典型的再现性媒介，由此产生的文学使用的是抽象性文字语言符号体系；相对于文学而言，视听艺术作品使用的是视听语言符号体系，由于其记录的精确性，视听语言符号与社会现实高度接近，是具象性符号体系。

人类使用语言符号的历史已经有五千年之久，在日常的说话和文字阅读中，对抽象的语言符号的使用使我们产生了惯性的线性思维。而视听语言的运用则需要视听思维。探究文字语言的线性思维与视听语言的视听思维两者之间的差异，是许多影视艺术家和学者的重要研究领域。概括来说，两者之间的差别主要在于：

①文字的线性思维　使用时按照线性顺序一个符号、一个句子、一个篇章来运用和理解，符号是抽象的，需要解读者把一个个抽象性的文字符号在头脑中转化为生动的具体形象。文字即使有再多详细的描述，读者阅读以后在头脑中形成的形象绝不会与作者心目中的形象一模一样。

②视听思维　由视觉、听觉元素在时空中的运动构成，人们在瞬间就能感受到图像、色彩、声音和运动的具体信息，而不需要像阅读文字那样需要经过想象转化后才能领会其意义。

例如，在中国经典名著《红楼梦》中，描述了一位个性鲜明的人物形象林黛玉，对于其外貌，作者的描述是：

“两弯似蹙非蹙罥烟眉，一双似喜非喜含情目。态生两靥之愁，娇袭一身之病。泪光点点，娇喘微微。闲静时如姣花照水，行动处似弱柳扶风。心较比干多一窍，病如西子胜三分。”

堪称非常精彩的文字描写，但是林黛玉到底长得什么样，每个读者心中还原出来的形象只怕是千差万别。而在影视作品中，林黛玉的形象只能用演员形象来展示。正因为前者文学作品的深入人心，所以无论哪个版本的影视作品中的林黛玉形象都不能满足所有观众的想象。

二、视听思维的两大特征

根据德国电影理论家鲁德道夫·爱因汉姆的观点，视听思维具有两个特征：

1. 形象化的表现

视听思维要求运用视听影像来完成叙事，让观众在瞬间就能获得鲜明生动的印象，并能够在感官和情绪上受到刺激，从而形成一个重要的审美特征——视听奇观性。

如影片《阿凡达》中，描绘了一个让人惊异的“潘多拉星球”景象（图 7–1）。

图 7-1 《阿凡达》中的“潘多拉星球”景象

视听艺术作品不需要观众自己去想象，而是充分展示创作者的想象，呈现出具体的形象和场景，让观众在第一时间形成深刻印象，并产生强烈情感，留下深刻记忆。

2. 情绪和观点的暗示性

视听艺术作品能够通过影像之间的组接或者形象的展示，来间接性地实现表达创作者意图的目的。

如影片《阿凡达》中，通过对潘多拉星球如诗如画的美丽景观、地球人与潘多拉星人之间不对等的武器装备、饱受战争之苦但坚持不屈服的潘多拉人(图 7-2)等形象的描述，激起了观众对弱者的强烈同情，对掠夺者的强烈不满，从而暗示了创作者追求“和平”“环保”的观念。

图 7-2 《阿凡达》中潘多拉人坚定的眼神

三、视听艺术创作的基本规律

根据视听思维的两大特征，可以概括出视听艺术创作中应该遵循的基本规律。

1. 视听艺术的创作是以动作、声音、物件和环境为基本工具，模拟人的视听感知经验和主观思维的活动。

视听艺术创作必须建立在观众的视听感知经验基础之上，否则会带来观众认知的迷惑。尽管在《阿凡达》中，创作者们建构出了漂浮的山、蓝皮肤的人及各种飞翔的怪兽，但是它们能与观众对外星球的认知经验对应起来。在有些影片中，妖魔神怪的形象再离奇，也不会有观众质疑，因为那些符合人们对于“超自然力量”的认知。

图 7-3 所示为《阿凡达》中飞翔的怪兽。

图 7-3 《阿凡达》中飞翔的怪兽

视听艺术的创作是“模拟”人的视听感知经验，但并不是刻板的复制。而且，观众的视听感知经验也是建立在各种群体不同的生活经历基础之上的，是“认知”的经验而不仅仅是“生活”的经验。比如说，在一些广告片中我们可以看到：从耳朵中飞出大量糖果、婴儿一只手举起一头大象、女孩用尖顶大厦的楼顶榨水果汁、天空中的雨水只下到一个人的头上……这些景观不符合生活经历，却符合人们对于“离奇”的认知，因而显得格外有审美和娱乐价值。

而往往一些现实主义题材的作品会因为情节、人物、道具、场景等不符合观众的感知经验而饱受批评。例如，在一些古装剧中，明明是汉朝的人却能吟诵唐朝的诗。

下面以两则广告作品来分析视听艺术上的规律。

(1)大众汽车新速腾上市广告片(国内版)：影片讲述了一个男人购买了新速腾汽车的故事，购车的喜悦、驾车的满足、旁观者的惊叹与羡慕等场景描述得很生动，紧接着男人回到家门口却遭到妻子的“平底锅袭击”(图 7-4、图 7-5)，原因是妻子不敢相信这么“豪华”的车竟然是新速腾，而误会丈夫买错了车。这个影片视觉语言丰富，画面漂亮，故事生动，汽车的展示也很完整，但是，仍然引发有些观众的不满，理由是妻子拿平底锅砸丈夫的剧情“不自然、很生硬”。但如果是收看过动画片《喜羊羊与灰太狼》的观众，就能够明白这个剧情的设计对后者的借鉴和调侃，因而也就会心一笑。但对于大多数没有这种收视经验的观众来说，这个剧情的设计显然不符合人们的生活经验，因而造成观众认知上的不协调而被认为是“剧情牵强附会”。

图 7-4　旁观者的惊叹和驾车的满足

图 7-5　影片中妻子拿平底锅砸丈夫实则借鉴《喜羊羊与灰太狼》

因此，高明的视听艺术创作者必须熟悉观众的视听感知经验，并能够根据人们的生活经验创作出自然贴切、雅俗共赏的作品来。

（2）大众汽车新捷达上市广告片（国外版，图 7-6）：同样是表达“新款车好得难以置信”的主题，这个剧情的设计就要高明得多。一位开着新捷达的男人被两个警察拦住了，警察随口问“这是什么车？”男人如实相告，而警察根本不相信，于是上演一幕富有喜感的双人反复问答的画面。警察始终不相信这是“捷达”车，因为新款的“捷达”与他记忆中的老款“捷达”差别太大了！这个主题是通过剧情的设计与演员的表演“暗示”出来的。影片中

图 7-6　大众汽车新捷达上市广告片

人物、场景、故事因符合人们的生活经验而显得自然、熟悉而生动。

2. 隐喻和象征是视听语言的本质要求。

影视作为一种大众传播的语言，必然不能机械地复制现实。摄影机在记录现实的同时，还要利用现实的人和物件作为语言符号去表达更多的意义，从而获得表现性的价值。

①隐喻　类似于文学中的打比方，影片中前后画面镜头之间存在比喻、暗示的作用，或者用一段具象化场景来揭示一个深刻的主题。前段的画面看起来跟后段似乎没有关系，但两者结合在一起，就能让观众感悟到影片的涵义。比如，将一个掉在地上摔烂了的西红柿镜头与一个车祸中被汽车撞飞的人的镜头组接在一起，观众就会明白被撞飞的人必死无疑的结局。

利用隐喻可以为影视片创作带来很多便利。在一些药品类广告中，由于不方便直接表达一些患者或使用者的生活场景，通常用隐喻手法来揭示主题。例如，杜蕾斯的广告《忘情时刻，勿忘安全》（图 7-7）。

图 7-7　杜蕾斯的广告

②象征　在影片画面中，通过道具、场景布置或者形象来指代或暗示某种意义。比如，match.com 婚恋网站的广告片中（图 7-8），用插座来象征人的不同个性特征，比喻巧妙，暗示得体。

隐喻和象征并不能完全地区别开，从某种程度上讲，视听艺术就是隐喻和象征的艺术。在广告片中，善用隐喻和象征是创意精神的主要体现。

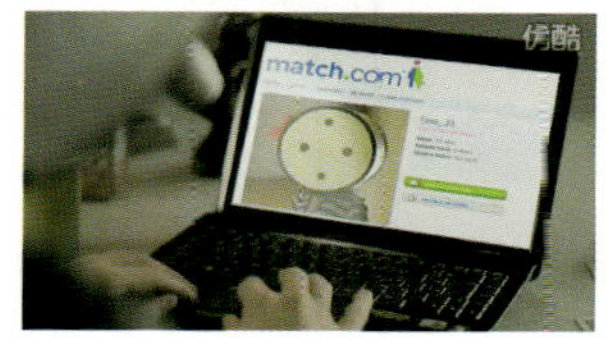

图 7-8 match.com 婚恋网站的广告

例如，一家求职网站鼓励人们离开不合适的老板另投“明主”，就使用了一个巧妙的生活场景作为隐喻。

影片中，那个明明缺乏识路能力却爱瞎指挥的盲人隐喻自以为是、颐指气使的老板；而那只忍气吞声的导盲犬就是明辨是非却无可奈何的打工仔的化身。最终导盲犬选择了离开，盲主人却因过于自负的判断而被留在了路中央(图 7-9)。故事幽默生动，隐喻贴切自然，既符合人们的认知经验，又能透过隐喻表达创作者的观点。

图 7-9 一家求职网站的广告

第二节 视听艺术语言的画面元素

相比传统叫卖式电视广告和传统图文式网络广告，网络视频广告在创意方法、表达语言、表现形式等各方面都有显著不同。视频广告的创作必须遵循新媒体视听艺术的基本规律，使用视听艺术语言的表现元素和表现原理。只有这样，创作者才能生产出优秀的视频广告作品。

网络视频广告形式多样，但无论哪种形式，遵循的都是视听艺术的传播规律，使用的都是视听艺术语言。视听艺术语言的基本元素包括：影像画面、声音及画面和声音的组合。画面是视听艺术的重要组成成分，是所有“观看元素”的集合。影像画面的基本单位是“镜头”，通常是指两个剪辑点之间的一段画面。形成影像画面的几种基本元素有：

机位 任何镜头开始时，摄影机的位置。

画框 最终观看到的影像的边缘。

构图 画面的结构、布局。

景别 画面范围的大小不同、距离远近。

角度 摄影机与被摄物体的水平与垂直夹角。

焦距 从镜头之镜片中心点到光线能清晰聚焦的那一点之间的距离。

摄影机的运动 摄影机在拍摄时的位置或角度改变。

照明 拍摄场景中的光效。

色彩 画面的色彩表现。

场面调度 对于拍摄现场各个元素的综合调度。

我们选择其中几项重要因素展开详细说明。

一、画框

画框，相当于镜头的视野范围，在实际拍摄中，是对于真实世界的“取”与“舍”的过程。影视创作者能够巧妙地对镜头画框内空间进行取舍，形成“画内空间”和“画外空间”，有时故意通过对“画内空间”的限制来激发观众对于“画外空间”的想象。

例如，hitach 电视机广告片，利用拍摄的画框的错觉，来表现日立电视机以假乱真的品质（图 7-10）。

图 7-10 hitach 电视机广告片

一般来说，画外空间的主要构成方法有：

(1)拍摄对象出入画。

例如，诺基亚 Lumia 谢霆锋热血微电影（图 7-11）的结尾中利用出入画让观众对画外空间产生充分的联想。

图 7–11　利用人物出入画产生画外空间

（2）人物指向画外的视线或动作。

例如，还是 Lumia 微电影中利用人物指向画外的视线来转场和交代故事（图 7–12）。

图 7–12　利用人物视线交代画外空间

（3）画外的人物或物体投射在画内的影子。

例如：整部广告都是利用影子的投影来交代剧情的电灯广告。（图 7–13）

图 7–13　日本广告片中利用投影来构建想象空间

（4）利用镜子。

例如，《灵异第六感》中，镜子对人物的映射给人一种恐惧感（图 7–14）。

（5）人物的局部。

例如，在王珞丹拍摄的凡客广告中多次运用人物的特写镜头来拉近观众的距离（图 7–15）。

图 7–14　利用镜中影像构建画外空间

图 7–15　特写镜头构建画外空间

（6）画面停留足够长的时间。

（7）摄影机的运动。

例如，广告《踢出传奇》（《Write The Future》）中，利用摄影机跟随足球运动（图 7–16），来营造出动感的画外空间。

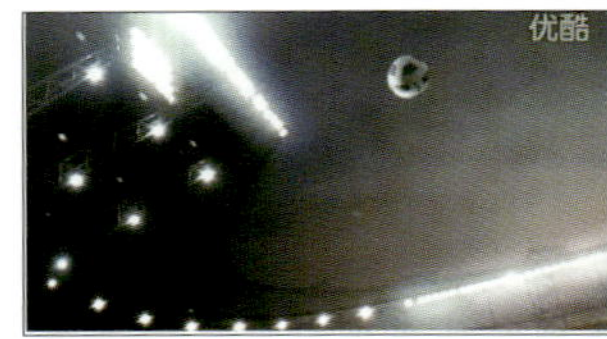

图 7–16　利用运动镜头展示丰富的画外空间

（8）打破画面内的空间间隔。

例如，现今一种比较热门的剪辑手法“分屏”，不仅能够极大丰富画面内容，还能够创造出“对比”“积累”的情绪效果。

例如：微电影《爱情故事》中（图 7–17），用分屏的方式将男孩女孩相似的生活画面组接在一个画面中，从而强调两人的“缘分”。

图 7–17　利用分屏特效造成空间多效

(9)画外音。

如图 7-18 所示，通过树影、对话等元素构造了一个画外空间。

图 7-18 利用画外音构建画外空间

二、角度

拍摄角度是指摄像机在一定位置上的拍摄方向。摄像机在同一方向上可以拍摄出若干个角度的画面。摄影机角度是影视语言中重要而常用的表现性元素。

一般来说，仰视能使被观察的对象显得高大、威严，带有景仰、敬畏、可怕的意味，而俯视能使被观察的对象显得低矮、渺小，带有怜悯、蔑视、可笑的意味。仰角有利于展现纵向的空间，俯角有利于描述广阔的空间。

角度的类型及其表现力见表 7-1。

表 7-1 拍摄角度的类型及表现力

水平夹角	正面	镜头正对被摄主体的正面	介绍人物全貌，表现面部表情，也称“表情角度”
	侧面	镜头与被摄主体正面呈 90°夹角	适合表现运动、动作、交谈
	背面	与正面相反	适合表现人物与背景之间的关系，制造悬念，引发想象
垂直夹角	平视	镜头与被摄物体在同一水平高度	新闻摄影角度，平等、平静、客观、公正
	仰视	镜头高度低于被摄对象	被摄对象显得高大，表达敬仰、崇敬
	俯视	镜头高于被摄对象	被摄对象显得低矮、渺小、猥琐，表达蔑视、贬义

因此，在视频广告片中，以微仰角来拍摄商品，更能表现商品包装的美感，同时更能提升观众的注意力(图 7-19)。

三、视点

所谓影片视点是指摄像机记录剧情发展时所站的立场和角度。

图 7-19 利用微仰角拍摄的广告片

视点分为客观视点和主观视点。客观视点是指摄像机站在一般观众的立场上，以旁观者的姿态记录剧情发展；主观视点是指摄像机站在剧中人物的角度来描述情景，从而将剧中人物的体验直接带给观众。

在视频节目的植入式广告中，如果能够设计剧情以剧中人物的视点来表现商品，通常更容易让观众印象深刻。

如禁毒宣传微电影《鸳鸯大盗》(图 7-20)，完全采用主观视点(即男主角的第一人称)来叙述一对年轻情侣因滥用毒品导致的人生悲剧故事。主观视点的应用使画面写实感很强，产生强烈的视觉冲击力，观点的表达很有说服力。

图 7-20 微电影《鸳鸯大盗》中，第一人称的镜头

四、构图

构图是指画面中各元素在画框中的布局和比例。构图是形成画面美感、表达导演意图的重要元素。

1. 影响画面构图的因素

(1)线条；

(2)几何形状；

(3)水平与垂直的关系；

(4)位置、重心、平衡；

(5)各元素的长短、大小、面积的对比；

(6)光影、颜色的变化。

2. 构图的几种常见形式

（1）纵深式构图：画面中的人物走向或者物体运动走向、线条等呈现纵深式方向，如图 7–21 所示。

图 7–21 纵深式构图

（2）平衡式构图：画面中各元素呈现一种对称性的均衡感，如图 7–22 所示。

图 7–22 平衡式构图

（3）九宫格式构图：最常见的构图方式，运用的是黄金分割原理，主体尽量避免处于正中心位置，如图 7–23 所示。

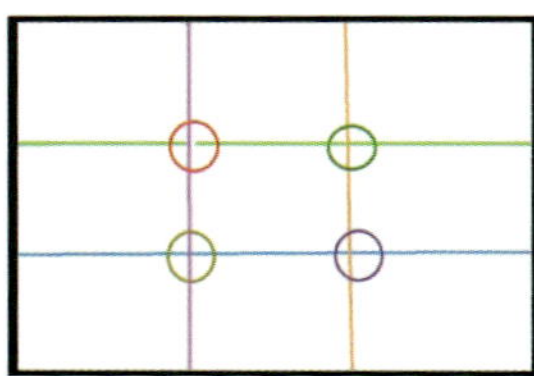

图 7–23 九宫格式构图

（4）斜线式构图：画面较有纵深感，又避免了平衡式构图的单调，显得刺激有活力，如图 7–24 所示。

图 7–24 斜线式构图

（5）L 线式构图：画面中纵向和横向主体明显，呈现 L 状，大多暗示紧张、不协调的情绪，如图 7–25 所示。

图 7–25 L 线式构图

3. 线的特性

镜头画面中各种物体或人体的边缘，或者运动的轨迹，形成各种线条，这些线条对构图起着关键作用，下面具体来分析下画面中的线条。

（1）水平直线：画面中最基本的水平线就是地平线，代表着诞生，把人们的视线引向一个未知的领域。在构图中，可以利用直线的延伸感，创造画框外的想象（图 7–26）。

图 7–26 水平直线

（2）垂直线：使人感觉到耸立、兴奋、反抗、权威、喜欢。被摄体从低角度表现垂直状态，视觉感受比较美好（图 7–27）。

图 7–27 垂直线

（3）折回线：有戏剧性的价值，能够在画面中创造运动的方向，有一种强调变化的效果，代表着青春、动感（图 7–28）。

图 7–28 折回线

（4）曲线：与直线的紧张度不同，曲线的功能主要在于潜藏着忍耐性，它有着圆融的外观，蕴藏丰富的内涵。优美的曲线使画面获得美感（图7–29）。

图 7–29 曲线构图

（5）斜线：以斜线的趋向构图会使画面显得更灵动，排除了水平线那种冷静、倦怠感，有别于电视画框的横平竖直，使观众感受到视觉的刺激（图 7–30）。

图 7–30 斜线构图

在丰田汽车广告片中（图 7–31），大量的倾斜构图带来了富有刺激性的画面。

图 7–31 丰田汽车广告中的斜线构图

4. 线的运动

有别于摄影的静止画面，视听艺术的画面是动态的、变化的，因而线的运动轨迹也是构图的重要因素。一般来说，镜头画面中线的运动大概有以下几种形式：

（1）→ 由左向右的运动轨迹（图 7–32），有轻快感。符合人类的阅读习惯，适用于休闲状态下的人物运动，或需要表现脚步的轻巧效果。

（2）← 由右向左的运动轨迹，表现逆行的反抗力量（图 7–33），表现运动者的坚强、自信、意志力。

图 7–32 从左向右运动

图 7–33 从右向左运动

（3）↓ 由上向下，想起所提示的东西（图 7–34）。垂直线给人的感受是兴奋的、积极的、愉快的。

图 7–34 垂直向下运动

（4）↑ 由下向上，蕴含强烈的力量（图 7–35）。视觉感受是一种力量极强的反抗。

（5）⊗ 后退，物体从镜头跟前朝远离镜头方向后退（图7–36），表示安定与沉静、告一段落、结束感。

（6）⊙ 接近，产生兴奋感，冲击观众的视觉（图7–37）。

图 7-35　垂直向上运动

图 7-36　后退式运动

图 7-37　接近式运动

合理运用主体的运动轨迹能够制作优美生动的镜头画面，如图 7-38 所示的广告片中，用汽车模拟古代战争场面，汽车的运动轨迹多变，创造了极富视觉冲击力的画面语言。

图 7-38　丰田汽车广告片截图

五、影调

创作者对光线艺术性的运用能赋予影视画面以不同的视觉气氛，即画面影调。影调是观众对影视片的第一感觉，是影视片表达的主观情绪。

影调一般分为如下几种类型：低调、极低调、高调、极高调、小中间调、大中间调。

1. 低调

画面以中灰到黑色为主，给人的感觉是黄昏、阴沉、哀伤、忧郁、肃穆等。如图 7-39 所示，低调表达葬礼的悲伤情绪。

图 7-39　低调示意图

2. 极低调

画面主要是大面积的黑色，辅以小面积的亮点，有较强的戏剧性，给人的感觉是神秘、恐怖、刺激等。如图 7-40 所示，电影《寂静岭》中用极低调强调紧张氛围。

图 7-40　极低调示意图

在广告片中，也经常使用低调和极低调营造恐怖氛围，形成特殊的喜剧效果。如公益广告片《心脏复苏术》（图 7-41）中，低调恐怖的气氛、汽车广告中的运动轨道与教导人们怎样进行心脏病突发的急救形成鲜明的对比，使公益广告的效果更有作用。

图 7-41　低调和极低调营造恐怖气氛

3. 高调

画面以中灰到白色为主，给人的感觉是明亮、愉快、舒畅、轻松等。它在广告片中最为常用，如康师傅茉莉清茶广告片（图 7-42）：运用帅哥、美女配上小清新的剧情和小清新的场景来和产品本身相联系。

图 7-42　高调照明营造"小清新"氛围

4. 极高调

画面主要是明亮的浅灰色，在明亮的背景下，空间往往被简化为平面，人和物则被抽象为线条。极高调给人的是优美的、简洁的、纯净的感受。

如神舟笔记本电脑广告片中（图 7-43），极高调营造的是诗意氛围。

图 7-43　极高调营造诗意氛围

5. 中间调

画面有小面积的明暗对比，比较接近现实世界的光照效果。中间调还可以分为：

（1）小中间调　画面有小面积的明暗对比，比较接近现实世界的光照效果。

（2）大中间调　画面有大面积的明暗对比，反差较大，能给人强烈的视觉冲击力。

如奥迪汽车广告片《越狱》（图 7-44），中间调的运用使画面精致、美观、大气。

图 7-44　中间调营造写实效果

影调在视频中显得尤为重要，但又是业余爱好者最容易忽视的部分。例如，OPPO 手机《FIND ME》中国际影星莱昂纳多·迪卡普里奥（Leonardo DiCaprio）演绎的原版，利用中间调的影调，让整部影片增加神秘感，增加冲击力（图 7-45）。

尽管原版和翻拍的版本在文案、配乐、台词、动作上都基本相同，但是少了影调的变化，翻拍的显然不及原版的深入人心，成为了所谓的山寨版。

图 7-45　正版和“山寨版”《FIND ME》影调运用对比

六、景别

景别是指被摄主体和画面形象在电视屏幕框架结构中所呈现出的大小和范围。景别的决定因素有两个：一是摄像机和被摄体之间的实际距离，二是所使用镜头的焦距长短。一般将镜头分为五种大小不同的景别：远景、全景、中景、近景、特写。

（1）远景：也叫大全景，是视距最远的景别。细分的话，远景画面还可分为大远景和远景两类。其特点是“远取其势”，展现规模与气势，适合于写景状物，展示环境，创造深邃的意境，抒发创作者的情感。画面结构简单、清晰。如影片《勇敢的心》中的远景镜头（图 7-46），表达了深厚的历史感。

图 7-46　影片《勇敢的心》中的远景

拍摄远景，要注意调动多种手段来表现空间深度和立体效果。所以，远景拍摄尽量不用顺光，而选择侧光或侧逆光以形成画面层次，显示空间透视效果，并注意画面远处的景物线条透视和影调明暗，避免画面的单调乏味。

（2）全景：主要用来表现被摄对象的全貌或被摄人体的全身，同时保留一定范围的环境和活动空间。全景的画面比远景要小，取景框内大致以能容纳站立的全身人为准。全景比较适于介绍环境，表现现场气氛，又能展示大幅度的动作，刻画人物与环境的关系，对确定事件的空间范围有重要的作用。全景是叙事性场景中必不可少的镜头，又称为“定位镜头”（图 7-47）。

图 7-47　影片《赎罪》中的全景镜头

（3）中景：画面表现人物大半身的形体动作，一般摄取人物的膝盖以上部分。它能给人物表演以自由的活动空间，能表现人物之间的相互关系，重视具体动作和情节，既不与周围的环境混同，又不与环境气氛脱离。因为它不远不近，位置适中，是非常适合的视觉距离，分散观众注意力的因素较少，所以，在广告影片中使用比较多。拍摄中景画面时，必须注意抓取具有本质特征的现象、表情和动作，使人物和镜头富于变化。图 7-48 所示为中景镜头描写人物动作。

（4）近景：摄取人物腰部以上的画面。这种镜头能使观众看清楚人物的面部表情，或某些形体动作以及物体的一些细节，也是广告中经常使用的镜头。与中景相比，近景画面表现的空间范围进一步缩小，画面内容更趋单一，环境和背景的作用

图 7–48　中景运用

进一步降低，吸引观众注意力的是画面中占主导地位的人物形象或被摄主体。近景是将人物或被摄主体推到观众眼前的一种景别，拉近了被摄人物和观众的距离，容易产生交流感(图 7–49)。

图 7–49　近景示意图

(5)特写：是视距最近的一种镜头，用来突出被摄对象。一般拍摄人物面部、肩部以上或人体某一个局部，是表现物体细部的镜头。取景更小的可称为大特写或细部特写。特写镜头的特点是表现力极为丰富，给观众以逼真感，有极强的提醒和暗示的作用。在广告中，通常大量使用特写镜头来强调产品，或表现人物的身体局部（比如化妆品广告中的脸部），或突出细小的动作，以及人物流露出的情感。特写有一种观看的强迫性，能给人以体察入微的感觉，容易形成视觉冲击力。如《勇敢的心》中，用人物特写形成强烈的视觉冲击力(图 7–50)。

有创造性地运用特写语言，能够带来新奇有趣的视觉效果，如 Europcar 租车公司的广告片(图 7–51)，全部使用特写镜头，画面冲击力强。

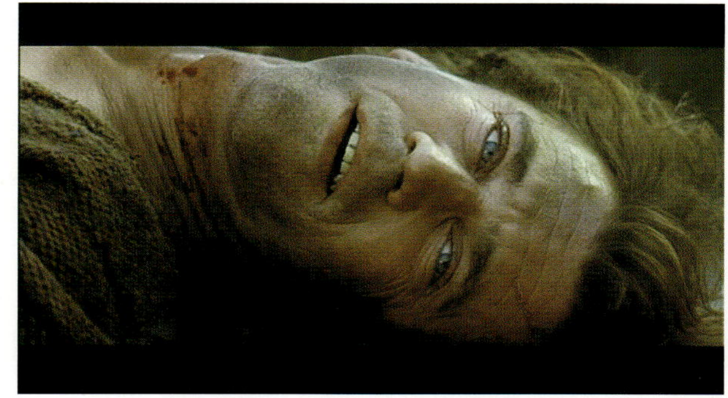

图 7–50　《勇敢的心》中的特写

图 7–51　Europcar 租车公司的广告片中的特写

七、色彩与色调

(一)色彩

色彩对人们情感的作用是直接的，冷色调(蓝色、绿色)使人平静，暖色调(红色、橙色)使人兴奋。人们对于色彩的心理感觉及联想虽然因个体差异而有不同，但总的来说都受到特定文化心理的影响，在相同文化氛围中生活的人对同一色彩产生的感觉和联想大致相似。一般来说，不同色彩对应的心理文化氛围有：

红色　生命、热情、兴奋、太阳、火焰、积极、强暴、奋进、吉祥、危险、革命、警示

橙色　热情、温和、晨光、轻松、诱惑、嫉妒、权力

黄色　富贵、荣耀、地位、光辉、快乐、疑惑、轻薄、统治

绿色　春天、青春、生机、安全、平静、和平、希望、神秘、阴冷

青色　深远、淡雅、冷漠、独立、沉稳、消极、寒冷

蓝色　天空、深邃、无限、幽静、安适、冷静、凄凉

紫色　华贵、严肃、神秘、柔和、庄严、沉稳、幽婉

黑色　沉默、神秘、悲哀、恐惧、死亡、诡秘、压抑

白色　纯洁、明快、高雅、寒冷、死亡、冷清、快乐

灰色　和谐、稳定、静止、忧郁、温和、平常、中性

(二)色调

色调是影视中的色彩基调，是一部影片在色彩构成方向的总倾向，是彩色电影画面总的色彩组织和配置。色调在一部影片中，最有利于表现情绪、

情感并使影片形成一种独到的韵味和风格。

1. 根据色相划分，常用的色调有蓝色调、红色调和金色调。

（1）蓝色调：占据色彩排行榜第一名的颜色，是优雅、忧伤、科技、纯净和内敛的“代言人”。如“洋河蓝色经典”广告片（图 7–52）。

图 7–52　蓝色调广告片

（2）红色调：温暖、极富有视觉冲击力的表达方式。国内导演张艺谋执导的《红高粱》中对红色调的运用堪称经典（图 7–53）。

图 7–53 《红高粱》中的红色调

《波导女人心》广告片中用红色调表达性感。如图 7–54 所示。

（3）金色调：象征着辉煌和美好。如意大利导演贝纳多·贝托鲁奇执导的影片《末代皇帝》中就大量运用金色来象征皇权的威严（图 7–55）。

“芝华士”微电影《心灵之境》中用金色调表达“高贵”“浪漫”的气氛（图 7–56）。

2. 根据色彩的饱和度（是指一种色彩与相同明度的消色相差别的程度，在视觉上就是指色彩的鲜艳程度）来划分，可以将色调分为浓彩主调和淡彩主调。

图 7–54 《波导女人心》广告片中的红色调

图 7–55 《末代皇帝》中的金色调

图 7–56 《心灵之境》中的金色调

（1）浓调：也叫浓郁调子、浑厚调子。被摄对象有色表面色彩不良，混有黑、灰色，无色表面反光率不高，并且多处于光亮较少的照明条件下，在镜头画面内部变化和外部转换中，这种倾向始终占主导地位，即构成浓调。

浓调在广告片中也被经常运用，如吉普汽车《狂喊》中用浓烈的色调来强调吉普汽车拥有者的强烈兴奋感（图 7–57）。

（2）淡调：也叫雅调，清淡调子。被摄对象有色表面饱和度不纯，有灰、白色，无色的表面反光率不高，并且多处于强光照明条件下，在镜头内部变化和外部转换中，这种倾向始终占主导地位，即构成淡调。如午后奶茶微电影《闺蜜》中的清淡调子，表达“从容、淡雅”的主题。（图 7–58）

图 7-57　浓烈调子营造的兴奋感

图 7-58　清淡调子营造的清新感

3. 色调根据色性还可分为冷色调和暖色调。

可以根据影片《情书》和《我的父亲母亲》的剧照来比较冷、暖色调的差别(图 7-59)。

图 7-59　冷暖色调对比图

第三节　视听艺术语言之声音元素

声音在影视作品中主要发挥传达信息、塑造形象、创造画外空间等功能。影视作品中的声音主要分为人声语言、自然音响和音乐三大类型,以下分别展开讨论。

一、人声语言

人声是现实声音中色彩最丰富、最富有魅力的声音。根据研究结论,传递一项信息的总效果=言词 7%+声音 38%+面部表情 55%,这里的声音指的是声音的表情性素质,具体来讲包括:音高、音色、力度和节奏。人声语言的情绪造就了广告影片的各种风格,或豪放,或幽默,或深情,或委婉……

例如,经典广告片温蒂汉堡《牛肉在哪里》(图 7-60)中,一个极具感染力的老太太声音连连叫喊"Where is beef?"由于其声音独具魅力,以至于这句话成了当时全国的流行语。

图 7-60　经典广告片《牛肉在哪里》中的老太太

按照来源,人声语言可以分为画外音、台词和字幕三种形式。

1. 画外音,也称旁白,即说话者不出现在影视的画面中,作为一个全知的旁观者讲述画面中所描绘的事物。

在海王银杏叶片的药品广告中:

镜头一　在纯净的白色背景下,一位老人在拍篮球,音响有力而节奏轻快。画外音"六十岁的人三十岁的心脏"。

镜头二　相同背景下,一位青年人在拍篮球,音响节奏缓慢而无力。画外音"三十岁的人六十岁的心脏"。

镜头三　某牌药品包装特写。画外音"服用……改善……

镜头四　有镜头一、二的背景下,老人和年轻人都在拍篮球,音响有力而节奏轻快(图 7-61)。

画外音起解释、补充画面的作用,宜画龙点睛、点到为止。

图 7-61　海王药品广告片

在一些纪录片性质的广告片中，旁白作为解说词，承担了最主要的表达功能，精炼、有个性魅力的解说往往是体现广告效果的关键点。如最近几年在互联网上广泛传播的“六神”花露水的说明性纪录片《花露水的今世前生》，因其新鲜有趣的语言风格，如“时光如高铁，岁月如动车”等，风靡网络，引发大量模仿。

2. 台词，包括对话和独白两种形式。

①对话　广告片中人物之间的对话，可以使人进入现实环境，让观众如临其境，更乐意接受有关商品的信息。这种形式自然而感染力强。

台湾某银行理财的产品广告：

画面：温馨的家庭气氛里，年轻的父亲正在上网，小女儿在一边玩耍。

父亲：妹妹（台湾人对小女孩的爱称）快来看，爷爷奶奶在澳洲的照片哦！

女儿：咦？他们怎么总在玩哪？他们怎么不用上班？

父亲：爷爷奶奶已经退休了呀！

女儿：什么叫退休？

父亲：退休就是不用上班了。（停下来看女儿）等爸爸退休了，你送不送爸爸到处去玩？

女儿：你不是说凡事都要靠自己吗？

父亲一怔，看着女儿，若有所思，但立即明白了许多，笑了。

广告语：退休靠自己。

②独白　镜头中人物的内心独白或自言自语，也包括产品拟人化的独白。

某减肥茶的电视广告：

画面：一卷古书慢慢翻开，一片古老而神秘的土地，充满东方色彩。一个美丽女子，身穿一袭白衣乘火车而来，而后她成了一个白衣天使，飞奔到枪林弹雨的阵地去抢救伤员；一个天真无邪的纯情少女，手捧鲜花，欲与花朵相争艳；一个贵妇人独守荒漠；一个女扮男装的革命党人英勇就义；一个有魔力的仙女……貌美女子以一个个奇异不凡的角色，出现在一个个亦真亦幻的故事里面。最后镜头拉出，原来是一个身体过于臃肿的女子在对着镜子幻想而已。

内心独白：我要将人们在书上看到的事情变成事实。要在冬季的雪地里赤身行走，沐浴夏日的阳光。像孩子一样玩耍，像勇士一样思考……可是慢着，我们是不是像自己想象的那个样子呢？

广告语：减去体重，赢得生活。

3. 字幕，即在电视荧幕上打出的文字。

字幕可以加深有声语言及画面的印象，以便记忆；也可以弥补单纯有声语言的不足，如避免同音误解等；有些时候，字幕还可以代替旁白的功能，达到此时无声胜有声的效果。总体来讲，字幕更接近画面语言，用字幕代替说话，能给人以思考和客观存在的感受。

圣象地板广告《踢踏舞篇》（图 7-62）：

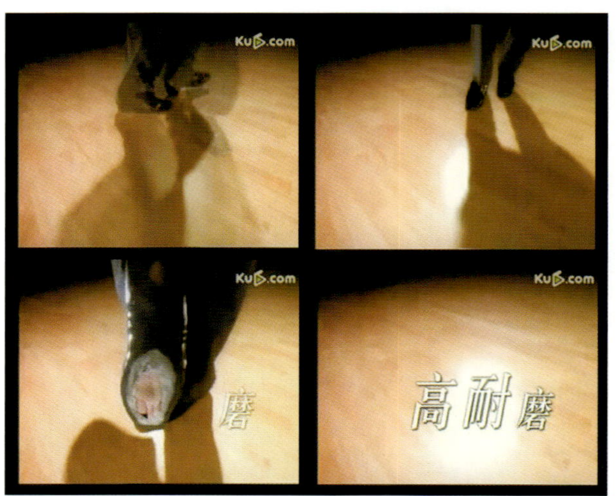

图 7-62　圣象地板广告

画面：光可鉴人的地板上，一双脚跳着优美的踢踏舞，光线几度明暗交替，抬脚竟发现鞋底磨没了，露出光底脚跟，而地板依然完好如初。

字幕：高耐磨，德国制造，圣象出品。

字幕还可以起到解释和限定画面意义的作用。在有些广告片中，大量采用隐喻和象征性视觉符号，如果不通过字幕，根本无法理解画面的涵义。

例如，中国银行的系列形象广告片中的《追寻智慧的旅程篇》（图 7-63）：

图 7-63 中国银行广告片

广告的开头有"止,而后能观"的字幕,广告里也运用壮观的山川河流、智者多种元素来阐述这一思想,最后再通过旁白说出:"在追求智慧的旅程里,永远是山外有山。"

二、自然音响

自然音响包括动作音响、自然声、机械声、环境声等。

音响在影视片中的作用是不容忽视的。在现代影视艺术中,由于对话的出现常常干扰观众对画面的注意,因此,音响的运用越来越受到重视。

影视片中音响的作用主要表现在以下几个方面:

(1)音响可以创造一个有意义的声音环境。

如百事可乐饮料的一则广告片(图 7-64):

人声鼎沸的海滩上,人们顶着烈日在嬉戏;一辆装满百事可乐的小货车运抵海滩,不过似乎并未引起人们注意。售货员是一位年轻男子,他转眼想到了一个好办法:将扩音机的音量调到最大,然后对着它,拿杯子、放冰块、开瓶盖、倒饮料……熟悉而诱人的声音吸引了所有在太阳下暴晒的人们,所有人都停下来寻觅声音的来源。当最后痛饮的"咕咕"声传来时,口渴的人们终于忍不住了,像潮水般涌到小货车跟前——年轻售货员的计谋得逞了。在本片中几乎没有人声语言,故事情节完全由画面和音响来完成:海浪声、人群嘈杂声、冰块撞击杯底的清脆声音、开启瓶盖的声音、汽水冒泡的吱吱声、大喝一口痛快的咕咕声……

(2)音响能够表现人物情绪,表达特殊涵义。

如用干咳声表现人物的紧张,用口哨声表现人物心情的愉快和轻松。又如,一个人参观建筑物的镜头,他的脚后跟蹭地的长长回音不仅反映了所处位置的规模,还暗示建筑物的空旷,脚步声在告诉观众,这是一个冷清的地方,无人居住。

(3)音响在一定程度上能够承担叙事的任务。

在一则禁酒广告中,画面是一只不断注入酒的酒杯在即将斟满时发生了爆炸。而声音却是:一个男人和一个女人的笑声、汽车的刹车声和转弯声,最后是汽车发生车祸时的碰撞声。在这里,声音不仅描述了一个事件的发生,还构筑了一个画外空间,给人以无穷的想象力和巨大的震撼力。

(4)音响可以作为象征符号。

像作为一个整体而存在的银幕形象和标志性色彩一样,声音同样有隐喻性。在影视片中经常用尖锐的警笛声指代警事的发生,用玻璃制品的破碎声象征婚姻或某种固定关系的破裂。如一则胃肠药的广告:雷鸣声、滂沱大雨声,一声嘹亮的哨音响起,雷声、雨声顿消。在这里,音响被巧妙地用

图 7-64 百事可乐广告片

作比喻。

(5)音响可以扩充画面空间,增加信息量。

如心相印纸巾广告中打喷嚏的声音,虽然没有患者的直观展示、痛苦的表情,却通过声音代表了一切,配合着画面上的水渍,一个固定的镜头就向观众展示了一个远远超出画面的想象空间。

(6)无声也是声音的一种存在。

某空调的广告:一阵静默中展示一组商品的画面,广告语"没声音,就是没声音"。利用无声画面不仅突出了商品噪音小的优点,而且大大增强了广告片的注意力。

三、音乐

音乐在沟通上具有三大原理层次:

感官层次　音乐可以刺激脑部神经,产生情绪上的反应,即音乐可以引发身体的反应和感官上的直接感受,此外更能引起情绪上的变化。例如,令人兴奋的音乐比令人安静的音乐更能引起受测者的焦虑情绪,快乐、兴奋的音乐比悲伤、安静的音乐容易产生情境焦虑和攻击性。

感觉层次　音乐是一种情感的背景成分,消费者可以在没有认知涉入的情况下,对产品产生好感。

知性层次　音乐可以象征某种情境,如婚礼进行曲在结婚场合播放,代表特殊的意义。

根据学者的研究,消费者在没有购买动机下,也就是低涉入状态下,音乐可以增加其对品牌的好感,同时会增加购买意图;但相反在高涉入状态下,音乐往往干扰人们对广告信息的认知,会降低购买意图。有研究证明,在情感涉入的情况下,音乐可和其他广告要素整合,产生容易辨认的印象,从而形成品牌偏好度和购买意图。台湾学者许惠珠研究发现,在有音乐的情况下,女性比男性对感性诉求更易产生情感反应,情感被制约到广告和产品中,而产生较佳的广告印象和品牌印象。

具体来说,音乐之于广告的意义,有以下三个方面:

(1)铺陈广告片的情绪。

广告片有其特定的情绪表现,或舒适、或安详、或幽默、或激情奔放,作为配乐,便是协助表达这些情绪的最佳方式,合适的广告音乐可以极大增强广告片的感染力。如"雪花啤酒"潜水篇中的音乐就充分表达了"心情的释放"这个主题。

(2)构造特定的时空。

如咿呀的二胡声会把人带入上海的深巷胡同;同样是沙漠的景色,如果加上蓝调口琴的配乐,就使人联想到美国或墨西哥;而如果换上中东的音乐,就会使人联想到埃及等地。

例如,大众汽车广告片中,小孩模仿"未来战士"对家中的各种物品施放"魔法",背景音乐是著名电影《星球大战》的主题曲,音乐与画面配合相得益彰,充满乐趣。

(3)增强记忆效果。

一支制作精良的广告歌曲能风靡一时,为大众反复传唱。音乐比文字有更强的记忆效果,当使用一首歌时,可以让文字更容易被记得。音乐是一种有效的回忆提示,是一种强有力的印象广告。如麦当劳的"更多欢笑,更多选择,尽在麦当劳",就让许多中国儿童耳熟能详。

四、声音和画面组合关系的两种形式

1. 声画同步

声画同步指声音和画面密切配合,声音的情绪和表述内容与画面基本一致,共同塑造完整的空间。它包括现场录制的同期声及后期为画面内容补充的配音。

在"PHILCO"音箱广告片中(图 7-65),一群蚂蚁纷纷爬到音箱上,享受被音响共振弹飞的感觉。配音中模拟蚂蚁的尖叫声,幽默有趣,与画面的配合天衣无缝。

图 7-65　音箱广告片

2. 声画对位

声画对位指从某种特定的艺术效果出发,在同一时间内让声音和画面做出不同侧面的表现,两者形成"对位"的关系,用来表达影视片更深层的内容。声画对位又可分为两种情况:

一种是声画并列。声音不是简单地追随或解释画面内容，也不是与画面处于对立状态，而是以独特的表现方式从整体上揭示主题和人物的情绪状态，在听觉上给观众提供更多的联想。

例如，奥迪汽车广告片中（图 7-66），画面是一头骆驼与豹子的亲吻，而解说的内容是关于汽车的特点，背景音乐雄浑、豪放；声音和画面各自承担叙事功能，似乎没有什么联系；但是声音能激发观众的联想，而画面又能牢牢抓住观众的兴趣。

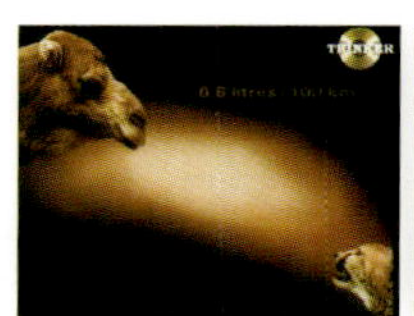

图7-66　奥迪汽车广告片

另一种是声画对立。声音和画面在情绪、气氛、节奏以至内容等方面相互对立，使声音有着某种明显的离异性，从而深化主题，形成视听的强烈冲击力。

《独立报》广告片中（图 7-67），画面和配音完全对立，如画面内容是"抽烟"，声音则是"不许抽烟"。一组积累式蒙太奇镜头，强调了"不盲目听从，要独立思考"的主题。声画对立产生了强烈的对比效果，影片具有震撼性的艺术魅力。

图7-67　《独立报》广告片

第四节　蒙太奇艺术

一、蒙太奇的含义

蒙太奇（montage），原是建筑学上的一个法语词汇，原意是"安装、组合、构成"，即将各种不同的建筑材料，按照一个总的设计蓝图，分别加以处理、组合，安装在一起，构成一个整体建筑物，产生出全新的功能与效用。

借用到影视创作中，蒙太奇是指：按照原定的创作构思，把摄像机所记录的各种镜头、画面有机地组合起来，使之产生连贯、对比、联想、衬托、悬念及各种节奏等功效，从而组成一部完整的反映生活、表达主题、为广大观众所理解的影视片。

对于蒙太奇的理解，应该从两个层面入手：

1. 蒙太奇是影视艺术独特的形象思维方式。

蒙太奇来源于人们对现实生活的观察和认识，来源于对现实生活的视听感受和分析思考。

蒙太奇开始于影视剧本、拍摄提纲的艺术构思，贯穿于影视导演的分镜头、分场处理，完成于影视片的最后剪辑。影视创作者只有熟练地掌握和运用这种形象思维方式和方法，才能精确地表述影视片的思想和内容，生动地描绘人物和场景，产生荧幕感，从而保证影视片的拍摄成功。

2. 蒙太奇是影视艺术独特的艺术表现方法。

运用蒙太奇的结构手段，可以比较自由地支配影视的时间和空间，可以选择情节、细节、场面中最重要、最精彩的加以突出表现。

蒙太奇的多种叙述方式，可以使影视片的内容表现得更加顺畅、生动、简单、精彩。

精确把握蒙太奇的节奏可以大大提高影视片的内在韵味和艺术品位。蒙太奇是影视艺术的语言、文法和修辞手段。它直接关系着镜头语言的运用和视听语言的构成，对影视片的成败起着决定性的作用。

二、蒙太奇的类型

法国电影理论家马尔亭提出，无论什么形式的蒙太奇，归根到底只有两种：叙述蒙太奇和表现蒙太奇。

1. 叙述蒙太奇

它是指将镜头按照时间顺序、生活逻辑和因果关系来分切、排列、组合，以交代情节、展示事件和演绎故事。

它强调外在与内在的连续性，着重于情节发展和人物形体、语言、表情以及造型上的连贯。一般又分为以下几种形式：

（1）直叙式蒙太奇。故事情节按照时间顺序发展，脉络清晰，逻辑连贯，是最基本的叙述方式。

例如，百事可乐广告片《受伤篇》（图 7-68）中，讲述了运动员为什么都会脚部受伤的原因：一个运动员去自动贩卖机上买可乐，投币后机器却没反应，用脚狠踹机器导致脚部受伤狼狈而去，为什么会这样？最后的答案揭晓，原来是一个调皮的小孩给自动贩卖机做了手脚，只等运动员走后便可以不劳而获。

图 7-68　百事可乐广告片

这个直叙式蒙太奇中，叙事简洁流畅，便于观众理解和接受。同时又在叙事过程中埋下伏笔，如运动员看到队友脚部受伤、小孩一直坐在贩卖机旁边等，因而叙事逻辑连贯，颇具观赏性。

（2）平行式蒙太奇。故事情节通过两条或两条以上线索，在不同时空、同时异地或同时同地并列发展，互相有呼应，又有联系，彼此起着推动、促进、刺激的作用。这种方式有利于删节过程，灵活转换时空，丰富剧情，在故事片中经常被使用。例如，电影《魔戒》中故事分别以霍比特人的冒险之旅、精灵族和人族的联军正面迎战以及魔军的战争部署三条叙事线索同时并行，剧情显得格外丰满，极富戏剧张力。

由于线索较多，平行式蒙太奇的解构比较适用于时间较长的影片，在一般的 30s 电视广告中较少使用。

（3）交叉式蒙太奇。与平行式蒙太奇不同的是，它强调数条情节线索发展时严格的同时性。将同一时间和不同空间的镜头，交叉地组接起来，以构成两种紧张的气氛和强烈的节奏感，激化观众情绪，增强情节的感染力和冲击力。

例如，一则国外的去痛片广告片（图 7-69）中，将前台运动员举重的画面与后台控制人员操控失效的画面交叉剪辑，运动员难以忍受的痛苦表情与后台操控者若无其事的表情交叉出现，形成了强烈的视觉效果，暗示了运动员不为人知的痛苦，这种剪辑极富情绪感染力。

（4）叫板式蒙太奇。上一个镜头说到什么人和物，下一个镜头就跟着出现这个人和物，如同京剧中的叫板，叫到谁，谁就出场。这种蒙太奇能够收到承上启下、前呼后应、转换自然、紧凑明快的良好效果，在广告片中使用频繁。

例如，在麦斯威尔咖啡的广告（图 7-70）中，女主角持续 100 的倒数，终于在最后到“1”时出现了女主角的期待——男主角的琴声。

图7-69　去痛片广告片中的对比镜头交叉运用

图7-70 麦斯威尔咖啡广告片

（5）错觉式蒙太奇。首先是故意引导观众猜想到情节的必然发展，接着，出现的是出乎人们预料的结果。这种构成方法可以使剧情发展曲折多变，给人留下深刻强烈的印象。这种叙事方法与广告创意结合，往往能够使广告片富有情趣、生动活泼。

例如，在国外的一则丝袜广告片（图7-71）中，姿色平平的女孩坐上公交车后，顿时获得了路边男性的强烈关注和仰慕，有的甚至不顾危险紧追公交车。然而正在女孩由难以置信到沾沾自喜的时候，镜头拉开，原来吸引大家目光的是喷绘在公交车身上的一个穿丝袜的性感美女图像。

2. 表现蒙太奇

它是通过镜头的对列，即通过镜头内容或形式上的对列，通过人物形象和景物造型的对列，造成一种概念或某种寓意，产生一种联想或某种含义，以增强艺术表现力和情绪感染力，达到激发观众的想象和思考，揭示、突出、表现创作立意的目的。主要形式又可分为：

（1）对照式蒙太奇

图7-71 丝袜广告片中的错觉

通过镜头之间在内容上和形式上的强烈对比，表达创作者的某种寓意、情绪和思想。在影视片里，常常看到富与穷、强与弱、文明与粗野、伟大与渺小的对比，这种构成方法有着强烈的艺术震撼力，可以鲜明地表达创作者的观点和倾向，在电视广告中经常被运用。

一则薯片广告（图7-72）中，一群青年人用毡帽、三角围巾、牛仔裤打扮成牛仔的样子，正在摆出各种牛仔经典造型的时候，两位开着卡车、嚼着薯片的青年人过来，对他们露出不屑和嘲弄的表情，那群“伪牛仔”顿时泄气。影片用两组人形象的对照来暗示“吃某牌薯片才是真正的酷”，画面对

图7-72 薯片广告片中的牛仔形象对照

比鲜明，让人印象深刻。

（2）心理蒙太奇

通过精心安排的镜头组接，展示出人物的心理活动或精神状态，如梦境、幻觉、想象、思索、闪念、回忆以至潜意识活动。心理蒙太奇能够制造一些奇幻、灵异等风格的影像，可以突破现实主义的叙事模式，因而在广告片中也较多使用。

例如，某牌烈性酒的广告（图7-73）中，画面透过酒瓶就切换到了想象空间，在幻觉中，一对情侣被外星人追赶、遭遇枪战，上演了一幕英雄救美的精彩故事。影片用酒瓶作为视觉转换的道具，暗示该品牌的烈性酒能够唤起男人的英雄情结。心理蒙太奇的运用使画面超越现实主义叙事，尽情展示形象，画面视觉冲击力极强。

图7-73 酒类广告片中的超现现实镜头

（3）复现式蒙太奇

内容、性质完全一样的镜头画面在片中反复出现，从而达到加深观众印象、深化主题、增强感染力的作用。复现式蒙太奇类似于文学语言中的排比句，常用来暗示、强调，具有较强的抒情色彩。

如一则调味品广告（图7-74），在三个内容、主题甚至构图都一模一样的镜头中，男人（儿子）反复唠叨"我应该离开你"，而女人（母亲）则一直不停地做饭。男人由青年、中年到老年，决心很大却始终待在原地，因为"加了调味品的食物实在是太好吃了，让人无法离开"。复现式镜头的排比式

图7-74 复现式蒙太奇

叠加，不但极大简化了叙事，而且暗示了广告主题，营造出了有点温馨、有点伤感又有点幽默的情绪氛围。

（4）积累式蒙太奇

将从内容到性质上相同的一些画面（但表现主题可以不一致），按照动作和造型特征，各取不同的长度组接起来，构成一种紧张或扩展的场面，以营造出预想的气氛和节奏。它能够有效地增强影视片的气势、情趣和节奏感，为影视创作者所乐于使用。

食品品牌"奥利奥"一则名为《兄弟》的广告片（图7-75）中，用一组哥哥照顾弱智弟弟的镜头感动了无数观众。画面中兄弟俩年龄在增长，场景在变化，但兄弟情谊的主题始终一致，同质镜头的叠加产生了强烈的情绪，具有较强的感染力。

图7-75 积累式蒙太奇营造抒情效果

（5）象征式蒙太奇

按照剧情的发展和情节的需要，利用景物镜头含蓄而形象地表达影视片的主题和人物思想活动。不同内容的景物镜头和构图相似的画面，能烘托、譬喻、升华人物形象或主题思想。如运用得当，将具有强烈的情绪感染力和形象表现力，产生奇妙独特的艺术效果。

例如，芬必得的广告片（图7-76）中，用一组人类与鲸鱼在大海中遨游的镜头象征性表达人类摆脱疼痛困扰的舒适心情，比喻贴切自然优美，巧妙规避了广告法规中对药品广告不能描述患者细

图7-76 芬必得广告片中的象征镜头

节的限定。

3. 叙述蒙太奇和表现蒙太奇的区别

叙述蒙太奇适宜于展现故事情节，时序清晰，逻辑顺畅；当然，如果处置不当，叙述蒙太奇容易流于平铺直叙、拖沓冗长。

表现蒙太奇则适宜于表达情绪、寓意和思想，具有强烈的艺术表现力。表现蒙太奇容易产生直露、生硬、晦涩、矫情的弊病。

一般来说，叙述蒙太奇是影视片中最基本的最常用的构成方法；表现蒙太奇则更富有高度的创造性，是以视觉的隐喻或象征，直接深入事物的核心，常常会将事物本质表现得更为深刻，因此在广告片中比较常用。

阅读资料

邵清风，等. 视听语言. 北京：中国传媒大学出版社，2007.

思考与讨论：

(1)30s 广告与 300s 微电影广告在影视语言的运用上应注意哪些差别？

(2)如何在广告片中合理运用隐喻和象征？

第八章　视频广告片的创意与编剧

第一节　视频广告的创意

一、视频广告创意的主要策略

1. 差异化策略

差异化策略来自美国广告学者罗瑟·瑞夫斯提出的USP理论。USP即Unique Selling Proposition，意思是“独特的销售主张”、“最佳促销力点”，内涵包括：

（1）一则广告必须向消费者明确陈述一个消费主张；

（2）这一主张必须是独特的，或者是其他同类产品宣传不曾提出或表现过的；

（3）这一主张必须对消费者具有强大吸引力和感染力。

在产品高度同质化的时代，差异化行销方兴未艾。不过值得注意的是，差异化策略建立在“消费者是理性的，消费过程的选择行为是理性的甄别行为”这一推论基础之上。因此，差异化策略注重从产品中发掘能够打动消费者的“亮点”，广告诉求也竭力集中于“亮点”之上。如果消费者不能被这个“亮点”打动，广告传播就会失效。

因此，差异化策略相对适用于竞争激烈的行业或者理性决策占据上风的消费品的销售上，如药品、家电、汽车、房地产等。广告创意的核心在于挖掘产品的“卖点”，并通过名人例证、使用验证，或者反复强调等方式来建构和强化“卖点”在消费者心中的印象。

例如，苹果公司“iPhone”手机与三星公司的“Galaxy”手机，同为高端手机，前者在广告中诉求“娱乐”功能，后者则诉求“商务”功能，表现出明显的差异化。

2. 品牌形象策略

20世纪60年代由大卫·奥格威提出的品牌形象论是广告创意、策划策略理论中的一个重要流派。在此理论影响下，出现了大量优秀的、成功的广告。其基本观点是，要把广告看做是品牌长期投资的一部分，广告要为塑造品牌的性格和形象服务，其经济性和重要性远胜于对单个商品具体功能的表达。最终决定品牌的市场地位的是品牌总体上的性格，而不是产品间微不足道的差异。

一个品牌的形象，是由商品的外部特征、内在品质和精神价值这三个方面构成的。其中，外部特征和内在品质是品牌本身固有的要素，前者包括包装、品牌名和价格；后者包括品牌的技术先进性、市场占有率、功能性指标、服务状况、社会美誉度等。而精神价值是品牌的精神品格与心理价值，它是主要通过广告宣传为品牌创造出的新扩展的价值，它不能复制，也无法模仿，往往能更加深刻地影响到品牌形象，使品牌散发出迷人的长久魅力。

简单地说，差异化策略关注的是消费者实际得到的利益，而品牌形象策略关注的是消费者的内心感受。差异化策略强调广告传播中的理性说服，而品牌形象策略强调的则是广告传播的目的是在消费者心中建立起一种美好形象。

品牌微电影便是品牌形象策略的具体体现。在前文中我们分析了凯迪拉克汽车品牌通过微电影《66号公路》阐释了“自由”的精神追求，并将电影明星莫文蔚演绎的独立、睿智的人物形象与影片中展示的辽阔深远意境等联系起来，最终在消费者心中树立起凯迪拉克品牌“自由不羁”的个性形象。

不过，无论是USP还是品牌形象论，两者都在追求对品牌的确认，只不过USP立足于理性诉求，而品牌形象论则更多诉求于情感因素。实质上，任何理性诉求都暗含着情感的因素。这不仅表现在，产品提供的实惠给消费者带来的满足会产生积极的情感体验，而且表现在产品的理性诉求往往需要有情绪的激发来补充。比如，雀巢咖啡广告突出“味道好极了”，这是该广告集中于味觉的USP，而这种USP正是通过一个给人好感的模特儿，以其自然潇洒的神态表达出饮后的无限美味感受，给人以强烈的感染力。

3. 共鸣策略

1998 年，《泰坦尼克号》成为全世界人们讨论的热门话题，它创造出人类电影史上的新纪元。在当年的奥斯卡金像奖颁奖晚会上，该片获得了包括最佳影片在内的共 11 项奥斯卡金像奖。同时它也创造了人类营销史上的奇迹，上映 3 个月就赢得了 12 亿美元的票房收入。分析其原因，《泰坦尼克号》（图 8–1）正迎合了人们的怀旧情结，引起了专家与观众的共鸣。这种以怀旧挖掘人的情感的方式，创造了广告策划、创意策略的重要理论——共鸣论。

图 8–1　3D 版《泰坦尼克号》海报

共鸣论主张在广告中述说目标对象珍贵的、难以忘怀的生活经历、人生体验和感受，以唤起并激发其内心深处的回忆，同时赋予品牌特定的内涵和象征意义，建立目标对象的移情联想，通过广告与生活经历的共鸣作用而产生效果和震撼。共鸣策略的主要特点如下：

（1）在拟定广告主题内容前，必须深入理解和掌握目标消费群体。

由于当今社会日益分层化和碎片化，不同的群体在生活方式、购买心理、媒介消费习惯、思维惯性、利益诉求等方面存在鲜明差异，因而广告的前期调研工作应深入研究不同群体的特性和个性。比如，以“80 后”中产阶层为消费群体的雪佛兰汽车，在品牌微电影《老男孩》中抒发浓浓的“怀旧”情绪，勾起“80 后”群体的整体回忆，通过怀旧间接表达对当下社会压力的不满和抗争，因而在以“80 后”为主体的互联网上掀起了强烈的共鸣浪潮。

（2）常选择目标消费者所盛行的生活方式加以模仿。

（3）关键是要构造一种能与目标对象所珍藏的经历相匹配的氛围或环境，使之能与目标对象真实的或想象的经历联系起来。

共鸣论侧重的主题内容是：爱情、童年回忆、亲情。

如法国巴黎人寿的品牌微电影（图 8–2）中，以一名父亲的遗书口吻，将死亡比喻成一个“躲猫猫”的游戏，深情地呵护未成年的小女儿健康幸福成长。语言感人肺腑，催人泪下，极具感染力。

4. 定位策略

“定位”（Positioning），是 20 世纪 70 年代由艾·里斯和杰·屈特提出的，作为一种行之有效的传播沟通方法，定位理论至今仍发挥着重要作用。

里斯和屈特的定位理论概括来说就是：定位就是基于把广告作为一种传播活动，为了提高传播效果，从市场出发，确定传播对象；从消费者的信息心理和品牌认知实况出发，确立诉求点，投消费者之所好，从而在消费者心目中的产品阶梯上占据有利的位置，这个位置一旦确立起来，就会使人们在产生某一特定需求时，首先考虑该品牌。其核心命题有三：

（1）消费者的心灵是营销的终极战场，广告的最终目的是进入消费者的内心，是消费者在定位产品，而不是广告主和广告代理商。广告主必须了解他们的产品和竞争品牌在消费者心目中的相对位置，然后才能加以强化和改变定位。

例如，加多宝公司在打造品牌“王老吉”时，集中诉求“怕上火”，就是基于目标消费群体——普遍熬夜、偏爱外出就餐的中青年白领的心理需求提出，极具针对性；当“王老吉”品牌被广药集团收回之后，加多宝公司推出“加多宝”品牌，为了承续消费者的记忆，一边继续强化“怕上火，喝加多宝”，一边针对消费者对两个品牌的混淆事实，改变定位，诉求“正宗好凉茶”。承上启下，进一步稳

图 8–2 法国巴黎人寿微电影

固加多宝公司在凉茶经营方面的地位。

（2）广告进入消费者内心的前提是符合消费者的认知结构。《新定位》一书里将消费者心理归纳为五大模式：消费者只能接受有限的信息；消费者对于品牌的印象不会轻易改变；消费者喜简烦杂；消费者缺乏安全感，他们购物时情绪化而非理性；消费者的想法容易失去焦点，企业原有定位容易因为延伸而模糊。定位理论指出，在消费者头脑中存在一级级小阶梯，他们将产品按一个或多个方面的要求在这些小阶梯上排队。定位就是要找到这些小阶梯，并将产品与某一阶梯联系上，以在消费者心目中占据一个独特的位置。

（3）广告的功能是在消费者心目中树立难以模仿的差异化特征。与 USP 理论不同的是，定位理论的出发点是消费者的心灵而不是产品，强调从消费者出发，在消费者的心里解决差异化的问题，而不是尽力在产品上下功夫。广告表现出的差异性，并不是指出产品的具体的特殊的功能利益，而是要显示出和实现品牌之间的类的区别。

定位一旦建立，无论何时何地，只要消费者产生相关的需求，就会自动地首先想到广告中的这种品牌、这家公司或产品，达到“先入为主”的效果。

5. 品牌个性策略

美国 Grey 广告公司提出了“品牌性格哲学论”，日本小林太三郎教授提出了“企业性格论”，形成了广告策划创意策略中的另一种后起的、充满生命力的新策略流派——品牌个性论。该策略理论在回答广告“说什么”的问题时，认为广告不只是“说利益”、“说形象”，而更要“说个性”。

随着市场竞争的日趋激烈，产品的高度同质化，品牌日渐成为商家重要的竞争手段。品牌是指用来识别特定商品和劳务的名称、术语、符号、图案以及它们的组合。借助于品牌，消费大众很容易把各类厂家的商品区别开来。个性是社会范畴，是许多学科研究的对象。学科视野不同，对个性概念的解释也不同。心理学学者大部分认为，个性是由各种属性整合而成的相对稳定的独特的心理模式。我国古代一句老话“蕴蓄于中，形诸于外”能很好地概括出个性的内涵，即个性就是人的表里的统一体。品牌个性就像人的个性一样，它是通过品牌传播赋予品牌的一种心理特征，是品牌形象的内核，它是特定品牌使用者个性的类化，是其关系利益人心中的情感附加值和特定的生活价值观。品牌个性具有独特性和整体性，它创造了品牌的形象识别，使我们可以把一种品牌当做人看待，使品牌人格化、活性化。对于品牌个性可以作以下分析：

（1）品牌个性为特定品牌使用者个性的类化

当我们想到一个人时，首先是用性别（男性或女性）、年龄（年轻或年老）、收入或社会阶层（穷人、工薪阶层、富人）来加以描述。同样，品牌通常也能被认为是男性化的或女性化的、时髦的或过时的，以及每日工作的蓝领或优雅的白领。

人们已用成百上千个形容词来描述彼此个性特征，如将某人描述为热情、愚蠢、心灵卑劣、有闯劲等。类似地，一个品牌的特点可以是冒险的、顽固的或是易兴奋的且有些粗俗的。例如，“杜蕾斯”品牌通过微博、微电影等媒介，建立了一个“有一点绅士，有一点坏，懂生活又很会玩的人，就像夜店里的翩翩公子”的个性形象。

（2）品牌个性是其关系利益人心中的情感附加值

品牌个性具有强烈的情感方面的感染力，能够抓住消费者及潜在消费者的兴趣，不断地保持情感的转换。品牌个性蕴含着其关系利益人心中对品牌的情感附加值。正如我们可以认为某人（或某一品牌）具有冒险性并且容易兴奋一样，我们也会将这个人（或品牌）与激动、兴奋或开心的情感联系起来。另一方面，购买或消费某些品牌的行为可能带有与其相联系的感受和感情。

例如，“万宝路（Marlboro）”的全称是 Man Always Remember Lovely Because of Ro-mantic Only，意为“男人们总是忘不了女人的爱”。菲利普·莫里斯公司定位于女性烟民的“红颜知己”。为了表示对女烟民的关怀，公司把香烟的烟嘴染成红色，以期待广大女士被这种无微不至的关怀所打动，从而打开销路。然而几年过去了，莫里斯心中期待的销售热潮始终没有出现。20 世纪 60 年代初，公司请来了利奥－伯内特广告公司为万宝路做广告策划，该公司把女人化的品牌——万宝路一举改为男性化的香烟品牌。公司投入巨额的广告费，在人们心目中树起了“哪里有男子汉，哪里就有万宝路”的品牌形象。那豪放粗犷、自由自在、纵横驰骋、无拘无束的牛仔形象代表了在美国开拓事业中不屈不挠的男子汉精神，而这也正是万宝路的形象（图 8-3）。万宝路被人格化了，其个性是：自由、野性与冒险，正是这种品牌个性，让有着相同个性以及向往这种个性的人去争相购买万宝路香烟。

（3）品牌个性是特定生活价值观的体现

价值观可以表现为令人兴奋的生活的追求、对自尊的追求、理智的需要、对自我表现的要求等。每个人将不同的价值观作为其生活中心：一个人可能高度评价对娱乐和刺激的追求，另一个也许更关心自我表现或安全。具有独特个性的品牌，可以与某一特定价值观建立强有力的联系，并强烈吸引那些认为该价值观很重要的消费者。

品牌个性策略不满足于仅仅建构抽象的品牌“形象”，而是进一步将品牌形象具体化、明确化，拟人化，最终建立一个能与消费者心心相印的“死党”“导师”“闺蜜”等角色。这种策略在互联网视频时代，尤其具有广泛的应用价值。

例如，日本 LAWSON 便利店的品牌微电影（图 8-4）中，将品牌人格化，变成一个谦恭、友善、充

图 8-3 “万宝路”香烟平面广告

图 8-4　LAWSON 品牌微电影截图

满爱心和感恩心的年轻人，他始终守候在路口，见证社会的悲欢离合，感受人们的喜怒哀乐，并且在人们遇到困难时伸出温暖的援手……他其貌不扬却彬彬有礼，穿着普通却悲天悯人，举止质朴而又亲和温暖，恰如其分地展示了品牌的形象气质。人格化使品牌形象不再流于空洞抽象，通过演员的精湛演绎，品牌以动人的人格魅力深深地打动了观众。

二、视频广告创意的方法

广告创意是一种极其复杂的心智活动，是极富创造性的工作。很显然，没有一个固定的方法能保证产生优秀的创意。但经过历代广告人的经验总结，已形成了一些行之有效的创意方法，在此作个简单介绍：

1.“二旧化一新”法

该法是指广告创意是“旧元素的新组合”，新构想常常来自两个旧想法的组合。原来相当普遍的彼此不相干甚至是互相抵触的两个概念，或两种想法、两种情况、两种事物、两个人物等，出其不意地将它（他）们组合在一起，往往能产生突破性的新组合。

例如，女性化妆品与火箭、机器人之间似乎没有任何联系，但是在香奈儿的机器人版广告片（图 8-5）中，我们看到唇膏变成火箭的火焰、腮红

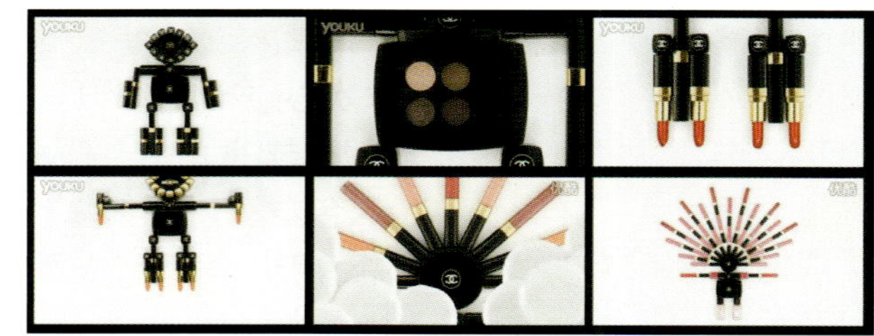

图 8-5　香奈儿产品广告《机器人》截图

变成发射的信号灯。

2. 水平思考法

水平思考的概念是由英国心理学家爱德华·戴勃诺博士在进行管理心理学的研究中提出的。其含义是：人们在解决问题时，总是习惯于沿着一条线形的思路，缜密、精确、严谨、有序地一步步深入思考，直至找到答案。他认为，大多数的人过于重视旧知识与旧经验，根据所谓旧经验，逐渐产生了“创意”，这种垂直思考法往往会阻碍创意的产生。而水平思考法恰恰相反，它追求的是在横向、广泛的“面”上或“点”上的思考，每次思考都是不连续的、多方向的，以寻求突破固有的框架，发现从前没有考虑过的解决问题的新构想或可能性。

水平思考法中有一种逆向思考值得注意，就是一种向常规思路反向扩张构思的方法。

水平思考法也有自身的缺陷，它不能像垂直

图 8-6 公益广告片《塑料袋越狱》截图

思考法那样对问题进行深入的研究和挖掘，常流于浅尝辄止，难以透彻地把握对象。因此，对两种思考方式要综合运用，以水平思考法拓展思维，用垂直思考法纵深挖掘，相互结合，才能促成新颖、独特、深刻、有效的广告创意的产生。

例如，在呼吁人们少用塑料袋的公益广告片（图 8-6）中，一反传统强调"使用塑料袋可能带来的恶果"等正面说服的理性思维，编造了一个监狱里的故事：贪婪的狱警总是克扣犯人家属送来的食物，仅仅将塑料袋丢还给犯人；一次次心酸和愤怒之后，犯人竟然用塑料袋串起来做成绳子越狱了！影片有些"无厘头"，但一个又一个的黑色塑料袋给人留下了极为深刻的印象：攒下塑料袋，用于越狱吧；如果你不在监狱，那塑料袋就没什么用处了。

3. 集脑会商思考法

该法又称头脑风暴法、脑力激荡法，主要是将广告公司内各方面的人员聚集在一起，以"头脑风暴会议"的方式寻求最佳广告创意，它依靠的是集体的智慧和力量，是一种集体思考法。在一次集脑会上，可能产生大量的新构想，会后由专人整理会议记录，由创意人员综合、归纳、改进、发展并完善，最后形成满意的创意。

这种方法的局限性在于，它阻碍了具有独创性的广告人的创意力量，迫使优秀的创意人去迎合其他缺乏创造力的成员提出的平庸的构想。因此，需要通过完善的管理来发挥头脑风暴会议的优势，并尽量降低负面作用。可以通过制定"创新团队记分卡"的形式来设置团队分工及检验团队成员的行动和态度，见表 8-1。

4. 顿悟构思法

它源于心理学对思维的研究，其特点是创作者对产品特点、定位等问题都有了清楚的认识，但

表 8-1 创新团队记分卡

创意产生者	创意推广者	创意系统设计者	创意实施者	创意评估者	创意记录员	会议主持者
产生了很多创意	将最终结果形象化	鼓励开放的氛围	了解团队成功所需的细节	确保最后期限和相关政策	清晰记录创意及讨论内容	提供会议日程，解释会议程序
找到新选择、应对新措施和新方法	保持乐观	减小外部限制力量对团队的影响	填补创意产生者和创意推广者遗留的漏洞	对团队表现提出反馈意见	让创意易于理解	鼓励创意发生，避免扼杀创意的语言
强调通过遵循制度和程序实现目标	发现新创意潜在的应用范围和可能产生的影响	顾全大局，确定完成项目所需的资源	按预先的规则行动	作出果断的决策	不修改创意	决定会议开始、结束和休息的时间
注意力集中在创意和概念上	不因挫折失去热情	建立成功所必须的按部就班的程序		保证资源得到合理应用		阻止与会议无关的话题
提出假设，不作原因分析	激发团队成员的动力，交流团队的目的	确定工作标准		确保计划和预算		
	向公司推广创意	提供指导		维护绩效评定标准		

一时难以形成一个满意的创意，在一段时间里似乎无所作为，突然由于某事的启发，一个好创意就诞生了。这与禅学中的“顿悟”有异曲同工之妙。

事实上，“顿悟”的创意并非无源之水、无本之木，它来自于创作者平时生活的积累以及优秀的联想能力。著名广告人李欣频曾指出，阅读、看电影和旅行是创意的源泉。作为广告人，应该随时对生活经历中的“闪光”片段或者别人作品中的有价值资料进行“闪存”，大脑只有具有一定的信息储备量，并建立各点之间的关联，才可能绽放创意，实现由量变到质变的过程，“顿悟”才可能实现。

5. 3B 创意法

所谓 3B 是指 Beauty、Baby、Beast，即美女、儿童和动物这三种视觉表现元素，长期以来一直是广告创作者们认可的对观众进行有效感性诉求的秘诀。宛若天仙的美女、天真烂漫的儿童、活泼可爱的动物无论何时总是人们注意力的焦点，用他们做产品代言人，可以把人们对他们的喜爱之情转移到对产品的喜爱上，从而实现广告效果。

汽车作为家庭用品，很多汽车广告片中偏爱使用儿童、美女或动物形象。这则“起亚”汽车广告片《宝贝星球》（图 8–7）中，将儿童形象和动物形象运用到极致，造成了强烈的视觉冲击力。

三、视频广告创意的原则

广告创意是一门科学性和艺术性高度统一的学问，因此，衡量一个创意是否优秀，通常从传播实效和美学两个角度进行。创意的形式是不拘一格的，但必须遵循一定的科学规律和艺术法则。视频广告创意相对于其他媒体表现的创意而言，更有其特殊的要求。

概括起来，视频广告创意必须遵循以下几个基本原则：

1. 独创性原则

广告创意是广告诸要素中最有魅力的部分，一则广告与另一个同类广告最大的区别就在于此。作为一种原创性的劳动，独创性是其最基本的原则。正如文学家罗伊·怀特所言：“在广告业里，与众不同就是伟大的开端，随声附和就是失败的起源。”广告创意的独特性通常表现在以下几个方面：

（1）创意思想的独特

如前面介绍，视频广告片尤其是品牌微电影中，建构及传播某种独特品牌理念是关键，而这就取决于思想的独特性，不同于一般的创意表现、创意思想是 Big idea，它不仅能表达企业的价值观，更能代表甚至倡导当前时代的积极、前沿的价值观。有思想的广告片犹如有智慧的达人，能产生无穷的魅力，能引领时代的风潮。

在这方面，尊尼获加威士忌品牌推出的《Keep Walking》石头人篇（图 8–8）就值得称道。这个广告片中首先将品牌人格化成沉睡已久的石头人，苏醒之后不畏惧世人的目光，坚持向前走。“Keep Walking”不仅是品牌理念的表达，更是当前人们追求梦想、追求成功或者超越自我的各种执着信

图 8–7　起亚汽车广告《宝贝星球》

图 8-8　尊尼获加威士忌品牌形象广告片《keep Walking》

念的体现，这句话道出了成功者或追求成功者的心声，因而广告片极具时代感和感召力。更重要的是，这个创意思想可以衍伸出系列视频广告片，是名副其实的“Big idea”。

苹果公司在发布新产品“Mackintosh”时，采用名著《1984》的思想理念和故事情节“反对专制独裁”拍摄的广告片(图 8-9)，由于其立意深刻，一经传播便立即在知识界人士中受到热捧。

(2)传播方式的独特

在视听新媒体时代，创意不仅仅局限在内容领域，也可以体现在传播方式领域。相比于传统影视广告的受众被动收看形式，视频广告片可以采用用户生产内容、用户参与创意、用户参与互动等丰富多样的形式。这些在前文中多有介绍。近年来，一些广告创意人开始制作一些融合多种传播形式的广告片，在传播方式上开创了一种新形式。例如，一部名为《分手前的那七天》的微电影在网络上获得了较高点击量和好评度，这其实是“护舒宝”品牌的定制微电影，由于其选用热播影视剧《爱情公寓》中的男女主演作为广告模特，故事情节沿用原来剧中的路线继续发展，观众很容易将其视为《爱情公寓》的后续片段而持续追捧，剧中“关谷”与“唐悠悠”看似完美的爱情故事却以分手结局，进一步引发剧迷们的病毒式传播。这种融合热播影视剧、微电影、病毒式视频广告等形式的传播方式无疑是独特而成功的。

(3)表现方式的独特

它指在视听语言的运用上不循常规、不落俗

图 8-9　苹果“Mackintosh”产品上市广告《1984》

套，带给观众全新的视听觉体验。

例如，国外某求职网站的微电影《死了又死的祖母》（图 8–10）中，这位两鬓苍苍、步履蹒跚的祖母一次次遭遇爆炸、车祸、坠楼等事故意外死亡，又一次次挣扎着从坟墓中复活，再一次次死亡……画面采用低调和极低调处理，显得悲伤而且恐怖，充满悬疑色彩。直到最后才揭晓谜底：年轻的白领们总是拿祖母的死作为向公司请假的借口，为了请假，他们总是自私地利用亲情；于是祖母为了孙子，义无反顾地“死了又死”。用恐怖、悬疑的手法叙述一个充满温情和幽默的故事，表现方式之独特让人印象深刻。

有的广告片一反常规影视制作形式，用一组图片的拼接造成特殊的视觉效果。如某品牌相机的广告《徒步穿越美国的男人》（图 8–11），这种新颖的、充满奇幻色彩的蒙太奇手法之运用是视听艺术的创新。

2. 实效性原则

所谓实效性，就是广告能够达到商业传播的目的。广告活动是有目的的商业活动，无论广告的目的是促进销售、传递商业信息，还是建立品牌形象，目的导向都是检验广告优劣的最重要标准。

事实上，对于实效性原则的理解和应用有两种偏差：一是将实效性等同于简单重复，无视广告创意的艺术性，甚至宣称“有创意的广告不是好广告”，一味强调单向“暴力式”宣传，贬低创意的价值。这种宣传方式采用过分密集的投放策略，即所谓“广告轰炸”，让观众甚为反感。其后果不仅浪费了广告主的巨额经费，更损害了品牌形象。二是过分强调广告画面和语言的美感，无视广告的商业目的，本末倒置，将“获奖”作为广告创意的目的，从而将广告活动变成自娱自乐的艺术鉴赏。这两

图 8–10　某求职网站微电影《死了又死的祖母》

图 8–11　照相机广告片《徒步穿越美国的男人》

种极端倾向都是危险的。

3. 诚信原则

广告本质是商业艺术，而虚构是艺术的根本特点，因此夸张和比喻是广告中最常见的诉求技巧。但广告同时又是商业传播行为，必须要遵守我国大众传播相关的管理法规。广告片中的虚拟、夸张或比喻仅仅只是艺术表现手段，对实际的产品功能、企业规模等商业信息则不能虚构和夸大。具体来说，广告的诚信原则体现在三个方面：

（1）实事求是，不做虚假广告。

在一些名人代言的广告片中，明星现身说法，讲述使用某某产品的体验，而实际上他们根本没有使用该产品；一些保健品的广告则夸大产品功效到不切实际的地步，这些都违背了广告的诚信原则。在消费者素养日益提高的今天，这种虚假广告自然日渐受到唾弃。

（2）讲事实的传播策略。

由于视听语言的传播优势，在视频广告中讲事实，给人一种眼见为实的身临其境感，其传播效果是惊人的。例如，某品牌笔记本电脑的广告片中，笔记本电脑主演一幕高空跳伞的镜头，最后安全着陆、毫发无损。影片采用长镜头记录式拍摄，可信度较高。

而在一个《可乐开车》的病毒式视频（图 8–12）中，记录了一个突发奇想的年轻人利用开瓶装可口可乐时的气压，成功启动雪佛兰汽车的过程。通过这个貌似业余水准的纪录片，反映了该品牌汽车的卓越性能，所谓“不着一字，尽显风流”。

（3）给消费者实际的承诺。

广告大师奥格威说过，“信不信由你。真正决定消费者购买和不购买的是你的广告内容，而不是它的形式。你最重要的工作是决定你怎样来说明产品，你承诺些什么好处”。而承诺是需要兑现的，不能兑现的承诺相当于对消费者的欺骗。在国内的化妆品电视广告中，经常有这样的解说词：“……含有 88% 的乳液精华”，“肌肤 7 天内可明显改善”，“60% 的维他命……”且不问这些数据如何得来，单是这些承诺就不可信，更加难以兑现。这样不切实际的承诺对广告长期传播效果的影响是负面的。

4. 艺术性原则

所谓“言之无文，行之不远”，没有艺术观赏价值的广告片始终只是“广告暴力”，虽然能够在短期内对消费者产生一定的影响，但长期来看不利于形成良好的品牌形象和口碑。借助于视听艺术本身的魅力，广告完全可以做得“好看”，吸引网络用户的注意力，从而将以广告主和媒介为核心的“推”式传播，变成以网络用户为中心的“拉”式传播。

视频广告片的艺术性具体体现在以下几个方面：

（1）表现主题的时代感和思想性。

一般而言，广告片的主题应尽可能符合甚至引领社会主流价值观，倡导和促进社会进步；尽量避免过于小众化或者偏离社会主流价值观。尤其是品牌微电影中，主题更需要鲜明的个性色彩和时代感，体现品牌引领风尚的地位。

例如，Pay easy 广告片（图 8–13）中女主角是一位“便利贴女孩”，与众多影视作品中时尚、靓丽且争强好胜的女性形象迥异的是，她总是以温柔恬静的姿态告诉自己及别人：“你是否常常在想，什么才是最好的人生？车子没人家的好，还经常抛

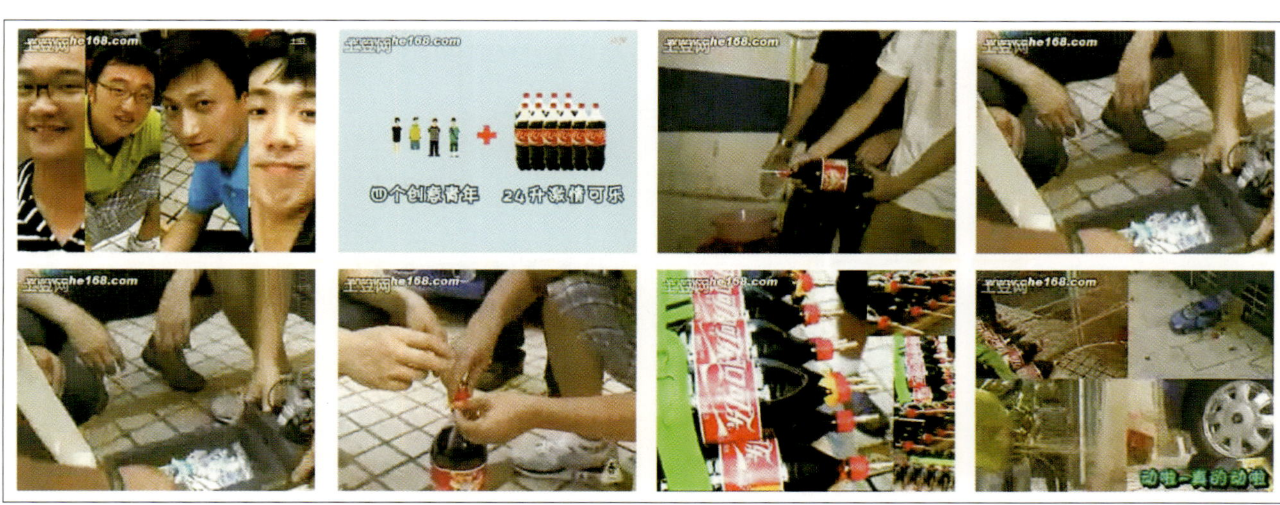

图 8–12　病毒式视频广告《可乐开车》

图 8-13　Pay easy 广告片《便利贴女孩》

锚，但是这样我们就可以一起散步回家……自己认为好，才是最好！"表达了一种知足常乐、珍惜当下、乐观平和的人生观和价值观。

维珍航空的品牌微电影《每个人都是天才》（图 8-14），用魔幻手法赞美了每一位员工身上独一无二的才华，表达了该公司尊重人才价值，善于发现、利用人才的企业价值观。这种民主化、人性化的管理思想在一般商业广告片中非常少见，因而显得卓尔不群。

（2）符合视听艺术规律，恰当运用视听艺术语言。

正如前文所言，文字语言与视听艺术语言存在较大差别。优秀的视频广告片不仅仅是广告，也是"影视剧"，具有艺术审美价值。它不仅主题深刻高雅，而且塑造的人物性格分明，故事张弛有度，情感丰沛真挚，让观众在审美的愉悦感中领悟品牌精神或者商品特征，而不是生硬勉强地把广告信息强加给受众。

如某水泥粘胶的广告《修女篇》（图 8-15），利用了滑稽的手法，修女院的喷泉坏了，因为坏的是特殊的部位，年轻的修女们都不好意思也不知道该怎么做，最后年长的修女用某水泥粘胶粘好了，

图 8-14　维珍航空品牌微电影《每个人都是天才》

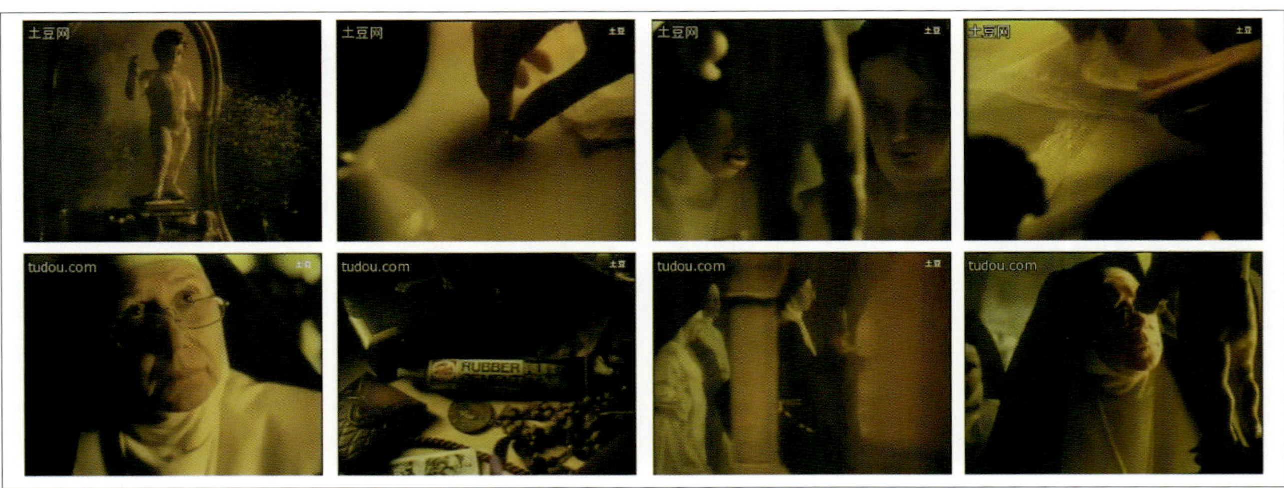

图 8-15　水泥粘胶广告片《修女篇》

解除了这一尴尬。广告片采用大量特写镜头来描述修女纯真无邪的表情，用金色调营造一种圣洁的氛围，特写接全景的剪接方式使叙事简洁、明快，短短的 30s 广告片中蕴含多个情节点，是视听语言运动的典范作品。

（3）符合目标受众的审美特征。

针对网络传播的分众性特征，广告片的风格应与其目标受众相匹配。例如，针对热爱运动的青年男性传播的影片应节奏感强、信息量丰富；针对年轻女性群体传播的影片则采用节奏缓和、色调柔美的“小清新”风格等。

在一部保时捷汽车品牌微电影（图 8–16）中，三位成功人士一同回到昔日的校园，共同捡拾起少年时光的单纯和美好：捉弄老师、暗恋女同学等。影片采用蓝色调和金色调，构图和影调大气沉稳，节奏舒缓，场景和服装高雅精良，音乐荡气回肠，适合该品牌汽车的消费主体——中年、事业成功男性的怀旧情结。

对比菲亚特汽车广告片，由于消费对象主要是城市青年人群体，因此影片风格是戏谑的、轻松的，强调剧情的戏剧性。

例如，在 2012 年菲亚特的汽车广告（图 8–17）中，用滑稽的手法，讲述了办公男在大街上被一位性感女郎所吸引，被女郎大胆挑逗，最后才发现女郎其实是停在街上的一辆菲亚特的车。

5. 娱乐性原则

美国学者尼尔·波兹曼在其经典著作《娱乐至死》中指出，“娱乐是电视上所有话语的超意识形态。不管是什么内容，也不管采取什么视角，电视上的一切都是为了给我们提供娱乐”。在互联网时代，娱乐的地位和功能似乎更加得到加强。广告不仅要“好看”，还要“好玩”。提高视频广告片的娱乐性可以从以下几个方面着手：

（1）游戏化

荷兰学者赫伊津哈在其著作《游戏的人》中指出，“游戏成了人及其创造的文化的基本存在方式”。中国广告学者金定海指出：“游戏是创意之母。”“没有游戏，就没有创意。”游戏先于文化，也

图 8–16 保时捷汽车品牌微电影《回到校园》

图 8–17　菲亚特汽车广告《幻想艳遇》

先于创意。过去对游戏的理解，被简单化了，认为这是童年的幼稚，事实上，在所有的传播形态中，游戏始终是一个重要的存在。媒体的内容生产，本质上就是游戏的生产；迪士尼、梦工厂、奥运、世界杯，充满了游戏的形式和游戏的精神。游戏以幻想体验为审美方式，以快乐效应为外部表征，以精神超越为内在理念。游戏具有假设性、想象性、象征性、幽默性、情境性、竞争性，这些都是很好的创意概念和方法。

例如，国外某口香糖广告片《口臭，快闪》（图 8–18），结合年轻人爱玩的“快闪”活动，安排群众演员在广场上、街道上迅速倒下一大片，并用摄像机偷拍下“快闪”中不知所措的游客的夸张表情和举动，有趣、好玩，且能表现口香糖的价值和功效，广告受到年轻群体的追捧。

游戏化广告的设计应该注意：首先，游戏的规则简单明晰，可操作性强，能够让参与者在最短时间内理解；其次，参加者是自愿的并且能够遵守规则；再次，应设置奖励，或者引入竞争，让参加者获得成就感；最后，将游戏活动与视频传播结合起来，善于记录游戏活动中的生动细节和感人故事，力图传播效果最大化。

图 8–18　病毒式视频广告片《口臭，快闪》

（2）戏剧化

所谓戏剧化就是在创意表现中尽量设置故事性情节，并尽可能制造戏剧冲突，从而造成跌宕起伏的剧情和引人入胜的观赏效果。概括起来，戏剧

图 8-19　菲亚特汽车广告《唇印篇》

化的情节可以表现为开头设置悬念、中间突出对比（对照式蒙太奇）、结尾出乎意料（错觉式蒙太奇）。幽默是戏剧化的重要特征，尤其是在广告片中，出人意料的剧情设计或者反差很大的人物设计能够产生滑稽可笑的效果和感染力。

如菲亚特汽车广告片《唇印篇》（图 8-19），男青年开着菲亚特汽车带着女朋友全家去兜风，彼此之间表情微妙：女孩害羞、未来岳父警惕、未来岳母高深莫测。当汽车每次经过一个隧道的时候，男青年脸上都多了一个唇印，下车时发现未来岳母在偷偷补唇膏……原来如此！观众在心领神会中感受到菲亚特品牌的独特幽默个性。

戏剧化效果还可以通过塑造独具个性魅力的人物（动物）角色来实现。例如，在一则呼吁人们少看电视的公益广告片（图 8-20）中，坐在电视机前呆若木鸡的小孩与努力争取主人关注的小狗相映成趣，那只忙前忙后、机灵可爱的小狗种种温柔期待、怅然所失乃至悲伤欲绝的情态极具个性魅力，让人印象深刻。

（3）情绪化

"煽情"是娱乐化的重要手段。凸显人情味，激发观众的情感"共鸣"是共鸣理论的具体应用。在激发情感、引起情绪变化方面，视听艺术因其表达方式的多样化而独有优势。视频广告片中可以充

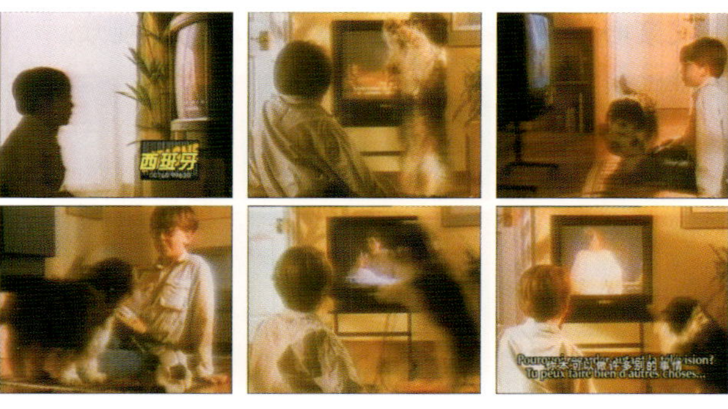

图 8-20　公益广告片《少看电视》

分使用画面语言（影调、色调、构图、人物形象等）、声音语言（人声、音乐、音响）及各种蒙太奇手段来营造情感氛围。

例如，新加坡航空公司的品牌微电影《两个杯子》（图 8-21）中，采用悬念的叙事方式，描述一位孤独的老人在旅行中总是假想着他已经去世的妻子陪伴在身边，无论是点餐还是住宿，总是要"双人的"，以致让周围人不解；但在新加坡航空公司的航班上，他获得了"两个杯子"的贴心服务和心灵安慰。影片描述至死不渝的伉俪情深，无论是表演、构图还是音乐、节奏感，都充分体现"以情动人"的原则。

2013 年中央电视台播放的公益广告《打包篇》（图 8-22）讲述一个失智老人慢慢失去了记忆，甚至连自己的儿子也不认识，但身为父亲的他没有

图 8–25　英国 John Lewis 百货公司广告片《漫长的等待》

的诠释下，让更多的人了解到韩寒的生活，了解到凡客的理念（图 8–26）。

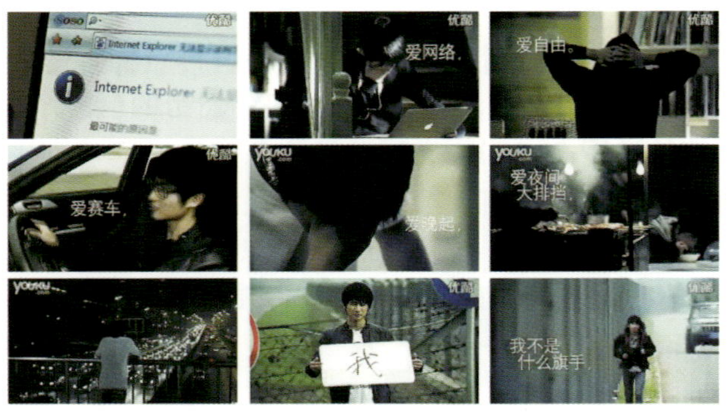

图 8–26　凡客诚品网站广告片《韩寒篇》

5. 实证型

实证型广告是一种理性诉求，只要论题正确、鲜明，观众就会对商品的验证方式产生兴趣，并关注验证商品。

例如，Google 浏览器的广告中对不同年龄层次对手的绘画创意进行扫描，再通过浏览器将所有的作品串成了一段温馨的短片（图 8–27），令在场的每一个人兴奋不已，当然也证明了 Google 浏览器的速度。

6. 广告歌曲型

该类型适用于目标消费群年龄层比较低的产品，特别是食品类广告。各种音乐结合在一起自然会使广告大为增色。广告歌曲不仅容易讨好观众，而且利于普及传播。广告歌曲的形式多种多样。饮料中的世界品牌可口可乐、百事可乐以及中国品

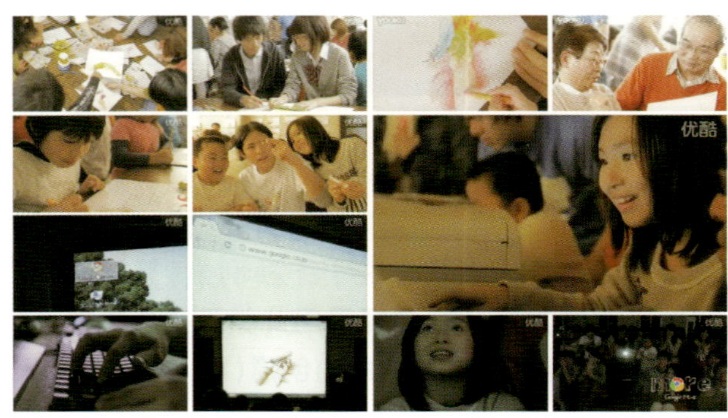

图 8–27　Google 浏览器广告片《创意绘画篇》

牌旭日升的广告歌曲都取得了极大的成功。

例如，2013 的百事可乐广告请了碧昂斯运用跟自己斗舞方式的 MV 广告来向观众讨好（图 8–28），观众在欣赏广告的同时也能收听到动听的歌曲，并能欣赏到绚丽的 MV。

图 8–28　百事可乐《斗舞篇》

7. 比较型

把两种产品直接进行对比，效果强烈，观众容易识别。比较型侧重于证明优于同类竞争商品，故不免有肆意贬低他人商品之嫌，我国国内还不允许使用这类广告，只能自己和自己比较。在美国，

图 8–29　百事可乐比较型广告片

图 8–30　可口可乐比较型广告片

两大饮料品牌经常以比较的方式出现，肯德基与其他快餐连锁店竞争的时候使用过比较型广告。

例如，百事可乐巧妙地运用小孩因为身高不够，通过踩在可口可乐上才买到了百事可乐(图 8–29)的创意来进行比较广告的创意。

而可口可乐也推出了《可口可乐大战百事可乐》系列的动画广告(图 8–30)，讲述了"你可以拿去我的瓶子，但是你拿不走我的味道"的拯救大战。

8. 纪录片型

该类型讲述企业、品牌或产品的历史、现状，介绍产品细节，是采用配音、图片、动画等视听语言介绍的"产品说明书"，或者是为商品定制的"电视专题片"。随着 Flash 技术的推广应用，这种形式的广告片日渐受到欢迎。富有趣味性的解说台词或者动画往往能增加纪录片的魅力。例如，《花露水的今世前生》(图 8–31)就是近年出现的佼佼之作。

图 8–31　六神花露水纪录片型广告片

二、故事型广告片的戏剧冲突框架设计

叙事是故事型广告片的主要任务，一个故事讲得是否精彩，除了取决于视听艺术语言的运用技巧外，还取决于故事中蕴含的戏剧冲突。戏剧冲

突（也称为“情节点”），即故事中的矛盾（人与人之间、人与环境之间、人物内心之间等），是影片的“看点”，是故事之所以能够吸引观众、感染观众、卷入观众情绪的关键所在。在120min的普通电影当中，戏剧冲突是不断设置且丰富多样的。但在数分钟甚至数10s的广告片中，戏剧冲突必须是激烈的、明确的、少而精的。

每一个故事中都可能存在多种类型的冲突：内心冲突、人际冲突、个人与社会之间的冲突、个人与自然间的冲突等。

每一种冲突都可以使观众将注意力投向人物角色的困境之中。正是困境中的主角成为观众与故事之间强有力的情感纽带。

概括起来，叙事性的影片中常见的戏剧冲突框架有这么几种：

1. 用坚强和智慧对抗暴力和强权。

这是文学作品和传统影视片中最常见的主题，例如，童话故事《彼得·潘》《哈利·波特》、“007”系列电影及大多数恐怖片。戏剧冲突关键在弱者与强者的对抗过程，最终弱者一方依靠坚强和智慧取得了胜利。这种故事主题符合大多数人对于理想社会的设想，具有励志向上、振奋人心的传播效果。

潘婷品牌泰国微电影《拉小提琴的女孩》（图8-32）讲述了聋哑女孩喜欢小提琴却招人排挤，最终通过聋哑卖艺人的帮助获得成功的励志故事。

2. 大人物与小人物的对照或转换。

例如，童话作品《王子与贫儿》，电影《麻雀变凤凰》《龙兄鼠弟》《公民凯恩》等。戏剧冲突关键在两种不同人生之间的对照以及在此过程中人们对内心的审视。这种类型的故事多用对照式蒙太奇来表现。

例如，某品牌美发产品广告《灰姑娘》（图8-33），当精心打扮的灰姑娘出现在华丽的舞会中时，她被埋没在一堆艳光四射的美女之中；午夜的钟声敲响，魔法消失，她身上的华丽装饰一件件消失……她躲进化妆间，急中生智用美发产品重新梳理了头发，用道具铠甲遮住了破烂的衣衫，当重新出现在大家面前时，即便褴褛的衣衫也遮不住天然的风采，她惊艳了所有人。原来能吸引王子的并非是浮华的外表，而是她自身真实的魅力。广告商品作为最重要的道具出现在最关键的剧情转折点。

3. 势均力敌的双方（正义战胜邪恶）。

以弱胜强的框架强调的是胜利的原因，而势均力敌的框架强调的是战胜的过程。这类影片通常以让人眼花缭乱的场面赢得眼球，以英雄般主人公的人格魅力吸引观众。如《星球大战》《终结者》等。凯迪拉克微电影《一触即发》（图8-34）正是代表。

4. 保护弱者或拯救弱者。

正如童话故事《罗宾汉》的描述，人人心中都有一个英雄情结。这方面的电影很多，如《人猿泰山》、《拯救大兵瑞恩》等。

例如，美国LG的吸尘器的广告（图8-35）中，将居住在家的人比作在海中遇难的人们，将家里的细菌垃圾比作海中的猛兽，他们最终被LG吸尘器所拯救。用娃娃替代真实的人，使得影片更加有趣，更容易引起人们的注意，同时寓意着孩子们需要更多的关怀，否则将像影片中的娃娃们一样无助。

图8-32 潘婷品牌泰国微电影《拉小提琴的女孩》

图 8-33　国外美发产品广告片《灰姑娘》

图 8-34　凯迪拉克汽车品牌微电影《一触即发》

图 8-35　LG 吸尘器广告片《细菌的末日》

5. 勇气的胜利(战胜逆境或者心灵的黑暗)

这种故事框架中危险往往不是来自外部，而是来自人类本身的懦弱、卑怯、自私、贪婪、掠夺等。主角在情节发展中一步步挑战自我，获取勇气，最终战胜逆境，取得自我的成长。例如好莱坞影片《2012》《海神号遇险记》等。这种框架强调在人物形象刻画中凸显内心的变化和成长，戏剧冲突主要来自内心的斗争。

大众银行的广告《母亲的勇气》就是这类作品的代表，讲述一位不懂英文从未出过国的母亲独自一人飞跃三个国家只为看望刚刚生产的女儿，这种爱的勇气，令人感动也值得人敬佩。

6. 冒险与挑战(自由意志与宇宙规则的斗争)

就如经典名著《堂吉诃德》的故事一样，宇宙规则(包括自然规则与人类社会规则)是不可战胜的，但冒险和挑战是理想主义者们最热衷的生活方式。描述平凡人不甘于平庸生活，展开体能冒险或者精神冒险的故事总是屡见不鲜，而且大多带着悲剧或者浪漫主义色彩，如《第七封印》《立春》等。

7. 角色互换或环境改变

当主角的真实形象与人们期待中的形象完全相反时，或者当主角来到一个完全迥异的世界时，戏剧冲突就产生了。前者如《修女也疯狂》，描述了一位洒脱不羁、妙趣横生的修女形象，颠覆了人们的想象；后者如《回到未来》，主角穿越到未来，遭遇到难以想象的伦理困境。这类影片在故事情节的设计上往往体现新奇独特，富有喜剧效果。

胡戈的病毒式视频广告片“穿越”系列中，就乐于采用这种框架，表现人物在不同环境中的尴尬，从而实现幽默、搞笑的效果。

Prada 品牌微电影《心理治疗》(图 8–36)中，当一位贵妇人躺在弗洛伊德椅上喋喋不休抱怨的时候，她的心理治疗师——中年男性，却不由自主穿上了贵妇人的皮草大衣在镜子前搔首弄姿。

8. 亲情、友情与爱情

热烈的情感本身就充满冒险和悬念的意味，具有强烈的情绪感染力，尤其是爱情，更是文艺作品经久不衰的主题。情感主题的影片中戏剧冲突往往来自于理智与情感、纯真个体与社会偏见、表达与误解等之间的矛盾。

广告片中以亲情、爱情作为叙述框架和表现主题的非常普遍。例如，联想微电影《always on line》(图 8–37)，讲述了男孩不希望女孩因为自己的病情伤心，假装提出分手，以让女孩自己学着长大的感人爱情故事。

图 8–36　Prada 品牌微电影《心理治疗》

图 8-37　联想电脑品牌微电影《always on line》

三、故事片的情节设计

大多数作品中，戏剧性结构的基本要素都是开端、中间和结尾。中间占一半或略长；结尾略短于四分之一。这个基本的三幕结构就是：设置目标、冲突斗争和最后实现目标。值得注意的是，在故事型视频广告片中，由于时长所限，情节一般都是单一的事件。影片制作者可以聚焦于这单一事件，更充分挖掘其内部的潜力。也就是说，叙事的目标越简单，挖掘就越有深度，观众的期望越容易得到即刻的实现。

1. 开端

开端具有决定性意义。一般情况下，开端大约占作品长度的四分之一。大多数故事会在一开始便建构难题、目标，或者置人于困境之中。开端需要完成的情节任务是：

（1）需要设定主人公的需要——目标。

（2）需要说明游戏的规则。

（3）可以为主题和随后的人物奠定基础。

（4）建立影片的规则和风格。

（5）为后面情节埋下伏笔。

2. 中间

中间是实现并解决在开端时所创设的、发现的和限定的难题的奋斗过程。

（1）在第一部分，故事必须确立一个新的发展方向。这个定位往往由超过男女主人公所能控制的故事情节或者事件决定。

（2）在第二部分，出现故事的转折点。主人公通常会采用一些行动来推动故事情节向不同的方向发展。

（3）在中间部分，应该给人物角色划分发展的阶段，显示人物的成长过程；在作品中必须设置悬念；否则，观众如果知道了即将发生的故事，就会失去继续观看的兴趣。

3. 结尾

结尾是影片的高潮部分，问题的解决在某种程度上满足了观众的观看欲望。

4. 情节

所谓情节就是故事向前运动的过程。情节的设计通常可以从以下几个方面考虑：

（1）事件或变故是故事情节发展的必要构成因素。

（2）在每一个改变故事叙述方向的时刻（情节点）上，都存在一个重要的危机时刻。

（3）每一场戏都应该引入一个新的人物，从而推动故事向前发展或者驱使主角进入到故事中去。

（4）在作品的中间部分，主角都会陷入走投无路的局面。

(5)随着故事里的第一个难题的出现，高潮时刻就会悄然而至。

(6)一般都有主要情节和次要情节。次要情节是非常重要的讲故事的工具，能够协调或者变换主要情节故事的各种视点。

第三节 剧本的撰写

一、影视剧本的特点和要求

影视剧本是用文字表述和描写未来影片的一种文学样式，它为影视导演提供工作蓝图，导演根据它用画面和音响的摄录和剪辑构成完整的影片，它是影视创作的基础。

1. 特点

影视文学，不是一般意义上的文学，而是打破传统文学叙事的方式，创造出一种以影视的独特视听思维方式来构思和写作的崭新文学形式。影视剧作是按照对生活的体验、理解和评价，运用影视思维及其表现手段所进行的一种艺术创造。

在不同的国家，对影视剧本的理解不同。例如，在美国，导演通常并不需要影视剧本；而在中国，影视剧本兼有影视性和文学性，它不仅能供拍摄，而且可供阅读。它既是一部影视作品，又是一部文学作品。

2. 要求

合格的影视剧本需要具备以下几个要求：

(1)可视性强，用画面叙事。

(2)画面力求具体，避免过于笼统。

(3)努力运用声音元素。

(4)文字清爽、干净利落。

(5)注意段落之间的转场处理。

影视剧本的语言与一般文学作品的语言的最大差别就在于语言的画面感是否强烈。这方面，有些作家，如张爱玲，其作品中语言的画面感就十分强烈，尽管不是影视剧本，却符合影视剧本的语言要求。例如，小说《金锁记》中的片段：

风从窗子里进来，对面挂着的回文雕漆长镜被吹得摇摇晃晃，磕托磕托敲着墙。七巧双手按住了镜子。镜子里反映着的翠竹帘子和一副金绿山水屏条依旧在风中来回荡漾着，望久了，便有一种晕船的感觉。再定睛看时，翠竹帘子已经褪了色，金绿山水换成了一张她丈夫的遗像，镜子里的人也老了十年。

对比以下网友的作品，可以看出明显的差异：

男人的工作忙碌而简单，每天重复着，男人至今没有找到自己心目中的女神，当别人问起，他会说："工作太忙了，朋友也很多，挺充实的，没有人陪伴，不觉得寂寞啊。"其实，恰恰相反，他的心是孤单的。一年前，他的女友离开了他，听同事们讲，那天，他在办公室里流泪了，直到天亮。他已经把所有全部倾献出去了，时间、感情……掏空了，在别人看来，他应该重新装满，可惜他不会，一旦空了，再怎么强迫自己，任何的东西似乎就再也挤不进了，除非有奇迹。

二、故事的来源

视频广告片中的故事通常有三个来源：

1. 原创故事

根据广告主的需要和创意、经费等要求，编写一个故事。在编写这种原创故事的时候，除了需要编剧者的灵感和平时的积累，从新闻故事中寻找元素不失为一种好方法。

例如，百威啤酒的品牌微电影《爱的代驾》(图 8-38)，讲述的是妻子抱怨丈夫因陪客户酒宴而只得屡屡为其代驾，二人争吵时却遭遇神秘力量互换了身体，在"换位思考"中，两个人最终体谅了对方，获得了美满的爱情。这个故事虽然是原创的"魔幻故事"，但其源头是 2011 年的重要新闻事件"2011 年 5 月 1 日起，《中华人民共和国刑法修正案(八)》正式实施，醉酒驾驶作为危险驾驶罪被追究驾驶人刑事责任。"而更有创意的是，该影片的两位主演沙溢和史可正好于当年结婚生子，一时间成为娱乐新闻的焦点。而"男女互换"的创意点更是从"明星沙溢在婚礼上男扮女装娱乐嘉宾"中汲取。这个影片将"酒驾入刑"纳入故事背景，以爱情作为主题，演绎一段"爱的代驾"故事，体现百威品牌独有的人文关怀，巧妙而入时。

2. 改编其他作品

改编最大的好处在于，已经有了一个好故事，这个故事已经或者正在启迪着许多人。故事里已经建构了人物、情节、环境和主题，作为创作者，只需要将其由文字语言转变为视听语言。这个好故事的来源很广泛，包括文学杂志、网络小说、影视剧甚至视频游戏。

改编别人的故事应该注意的是必须购买原著版权和改编权，避免产生纠纷。

而有些改编却可以规避版权风险，如对经典

图 8-38　百威啤酒品牌微电影《爱的代驾》

故事的改编。将古老的、妇孺皆知的老故事以一种全新的视角来讲述，表达不同的主题，这是一种较好的剧本创作手段。

世界经典童话作品《灰姑娘》《小红帽》《白雪公主》中的故事情节和人物经常出现在各种广告片中。相比之下，一些优秀的中国传统故事如《牛郎织女》《白蛇传》等鲜见于各种广告故事中，这不能不说是一种遗憾。

3. 改编真人真事

真实人物和真实故事是目前比较受欢迎的广告题材。这是由于真人真事更具可信度和感染力，尤其是一些真实小人物身上绽放出的人性闪光点，经媒体报道后，更能激发观众的亲近感和信任度。

类似的改编数不胜数，如支付宝《啤酒哥的故事》（图 8-39，讲述了一位信守承诺的啤酒搬运工的故事）、阿里巴巴《爱心父亲和自闭症儿子的故事》等。

三、剧本编写的过程

1. 剧本构成的基本元素

（1）镜头（shot）：摄影机从开始拍摄到停止这段连续时间内所记录到的影像。

（2）场景（scene）：电影剧本中最基本的戏剧元素，一场戏通常是指在同一时间、同一地点进行的一段表演，一般由一组镜头构成。

（3）段落（sequence）：一般由相互关联的几场戏组成，这几场戏由相同的主题、时间、地点、内容或行动串联在一起。

2. 撰写故事梗概

故事梗概（concept）：故事的主要内容，是描述基本故事情节的简要文字稿。其作用是提取中心思想，明确整个剧本写作方向，对一部电影的整

图 8-39　支付宝品牌微电影《啤酒哥的故事》

体创作提纲挈领。故事梗概示例：

篇名

《……》是一部根据……改编的电影。它讲述了……的故事。

主人公是……他……遇到……于是……结果……这件事给了……一个……启示……

3. 撰写分场大纲

分场大纲（scene outline）：按顺序编排剧本中的所有场景，并对每个场景中的事件做简短说明。无需编写对白，也不必详细叙述。其作用是可以用来检验剧情，检验剧本甚至电影叙述故事的方式。将每场戏写在一张卡片上，能方便地删减或增加几场戏，或者变动它们的顺序。分场大纲示例：

篇名

（1）介绍影片中的主要人物：……某某和某某是邻居，他们正在进行争吵……

（2）某某和某某决定去……

（3）某某采取了……

………

4. 撰写文学脚本

撰写文学脚本（treatment）是电影剧本创作较重要的步骤之一。用文学手法讲述电影故事，读起来很像一部注重细节描写的短篇小说。

其作用是：可以准确地提供完成剧本所需的视觉形象与环境气氛，并以此设计对话，在分场大纲的基础上丰富人物性格，对场景、表演及行为动机作出详细描述。作为促销手段的文学脚本通常比较简短。

5. 撰写分场景剧本

分场景剧本（screenplay）：将文学脚本转化为分镜头剧本的过渡形式，通常以场景为写作基础。

作用：对场景及演员表演进行描述，为每个角色提供对白和进行适当的提示等。它意味着编剧任务的完成。示例，微电影剧本《过年》中片段：

机场日外，一架飞机慢慢从天上降落。

飞机停下后，从机舱里面走下一个西装笔挺的男人，45 岁左右，戴副眼镜，他就是钱老板。

钱老板边走边打手机：“对对对，就是那只股票，把我账户上所有的资金都买成那只股……对，你没听错，是所有的资金。好，就这样。”

钱老板挂断电话，扯开衬衣领子念叨：“看我这次还不发达咯！”

他一怔，拿起电话：“喂，老婆。我回来了，对，现在在机场，半个小时到家。”

6. 撰写分镜头剧本

分镜头剧本（shooting script）：由导演完成，把电影剧本中涉及的场景、人物、对白与表演等内容分成单个镜头进行编写，并注明摄影机的位置、角度及运动方式。

作用：前期制作阶段的最后步骤，为导演和剧组提供影片所需的技术资料，保证摄制工作的有序性和可预测性。示例：

篇名

第 1 场

外景　居民区街道——日景

淡入

（1）全景，俯拍一个秋日里的美丽的街道。我们看到住在这个街区的四个孩子：10 岁的甲，矮矮胖胖的，嘴里永远嚼着东西……9 岁的乙是个运动型的黑人小姑娘……摄影机跟拍他们正走在街道上。镜头下摇，向乙移近……出片名，整个场景铺音乐。

叠化

（2）甲和乙的二人镜头：

甲（欢笑着）

对白

（3）特写：乙大笑

………

分镜头剧本也可以写成分列式，见表 8-2。

7. 绘制故事版

故事版（storyboards）：分镜头脚本的形象化表现形式。其作用是：图文结合，为艺术指导、布景及摄影提供帮助。故事版如图 8-40 所示。

表 8-2　分列式分镜头剧本

镜号	景别	镜头移动	画面	字幕（对白）	音效	说明
1	特写	平拍	闹铃在床头儿上跳动、爆响		急促的闹铃声	1、2 为一长镜头
2	近景	右摇平拍	男子从酣梦中惊醒，看表，表情惊愕，懊恼。打字幕，慌忙起床！人物头发杂乱，表现邋遢颓废	涂鸦式字幕：“与 MM 见面要迟到啦！”风格青春浪漫	音乐紧张，慌乱	

续表 8-2

镜号	景别	镜头移动	画面	字幕(对白)	音效	说明
3		拉近	卫生间。### 小家电的柜子里，电吹风、电熨斗、电热器等摆放整齐，旁边衣架，梳妆台、镜子			
4			男在 ### 小家电的柜子前站定，蓄势待发		大战来临前的紧张	
5	切	正面快速拉近	男突然睁眼		惊险	
6	近景	侧平拍	以迅雷不及掩耳之势开电热器，然后又一手拿出电吹风收拾杂乱的头发，一手拿电熨斗熨皱巴巴的西服后补襟……其他可用的小家电同时运作		动感轻松	
7	特写	特写 + 后期处理	多画面表现男主角利用 ### 小家电打点行装的紧张有序的夸张动作，同时表盘开始在倒计时(注：多画面是半圆状在屏幕上排列，表盘以圆心为转轴，转过一个画面消失一个画面，表示此工作已完成)，到最后一个画面(烘干西服)西服被取下的同时铃声响，多画面全部消失，忧愁初始场景	动画制作的表盘，风格时尚	动感轻松	
8	后拉		男子在镜前扶正了一下铃带，脸上露出得意的笑容，镜中的他早已风度翩翩，与刚开始形成强烈对比			8、9 为一长镜头
9	近景	平拍	男拍拍印有 ###LOGO 的柜子，朝着镜子做一个加油的动作，得意，转身出门			
10	特写	摇	### 小家电的柜子，镜头在各种小家电上移动，画面转虚。打广告语	广告语："科技，打点精彩生活！"	轻松活泼	
11	标板。多幅生活场景旋转成 ###LOGO，蓝屏，### 企业最新广告语："时尚生活 ###"				音乐止	

图 8-40 蒙牛牛奶电视广告片的手绘故事版

阅读资料

根据微电影《误餐》的故事梗概，体会情节点的设置。

微电影《误餐》故事梗概

一名衣着讲究、举止优雅的白人女性在纽约大购物之后来到中央车站。她急匆匆地穿过广场，却与一名黑人男子撞到了一起。她手上的东西撒了一地。贵妇人拒绝了男子的帮忙，快速捡起地上的东西并接着赶路，但最终还是错过了火车。当她检查她的手提包时，却发现里面的钱包没有了。她神情失落地流下了泪水。

在等下一趟车的时候，她到附近的一家餐馆用剩下的钱买了一份沙拉。她把沙拉和手提包放在餐馆的一个卡座上，然后返回到柜台取叉子。等她回来时却发现一个流浪的黑人正在吃她的沙拉。她气愤无比地站在卡座边上，伸手去抢沙拉，但是黑人男子没让她得逞。贵妇人再次鼓起勇气，直接用叉子叉起一块莴苣并瞪着黑人男子。黑人男子没有做出反应，于是她继续叉向沙拉盘与男子一起分享食物。黑人男子站起来走开，贵妇人也准备离开。但是黑人男子端着两杯咖啡很快又回来了。他递给她一些糖。贵妇人微笑地喝起咖啡来。他们一起分享着“误餐”。

贵妇人听到火车鸣笛声后起身离开了餐馆。在去站台的路上她意识到手提包落在了餐馆，于是她又匆忙赶回，结果发现流浪男子和她的手提包都不在了。她来回地寻找，最后在隔壁的卡座上发现了手提包以及一份原封未动的沙拉。意识到事情的原委之后，贵妇人抓起手提包，奔向火车，并与黑人流浪汉擦肩而过。这次，她终于赶上了火车。

思考与讨论：

(1)网络时代广告创意理论有什么变化？

(2)为什么说“故事型广告”是网络时代最重要的广告形式？

(3)在微电影中，如何设置并丰富故事的“情节点”？

第九章 视频广告片的制作

第一节 前期工作

一、成立摄制小组

摄制小组通常由以下人员组成：制片人、场记、导演、摄影师、灯光师、制片主任、道具师、化妆师、美工师、演员等。在具体的制作工作中，这些人员以导演为中心，各司其职、相互协作，共同完成视频的创作。

1. 制片人

制片人负责前期制作计划的基本筹划工作，而且要构思和发展创意，更重要的是，要负责筹措完成拍摄工作的资金。

2. 制片主任

制片主任制作剧本分解表，列出每一个场地必需的各项要素，保证所有人员和物品在拍摄时能准确到位。如制作演员表、场次表、拍摄日程表、服装表等。

3. 导演

导演的工作是形成作品的整体视觉风格，并在整个摄制过程中将其生动表现出来；最大程度激发演员的表演才能；保证每一个镜头的拍摄在技术和审美方面都正确无误；调动剧组人员的积极性，使他们保持最佳工作态度。导演主管了拍片的所有一切，主要职责有五点：

（1）把握剧本思想或创意并将其转化为具体的构思；

（2）编写导演分镜头剧本；

（3）协助制片人选择确定其他主创人员，尤其是演员；

（4）组织领导实际拍摄工作；

（5）负责最后的剪辑合成。

4. 摄影师（摄像师）

一位高水平的摄影师必须要了解所有的灯光技巧，并熟悉摄影器材，听从导演的调度指挥，且能发挥自己的创造性，以最有表现力和冲击力的画面塑造出个性鲜明的形象。

5. 灯光师

灯光师负责拍片现场所有的灯光设备，凡拍片所需的灯光搬移、架设、接通及对焦都由灯光师负责。

6.场记

场记负责各场戏之间的衔接，撰写当天拍摄日志，并作简单评价。

在前期准备工作中，制片人承担着最关键的工作，即为影片筹集资金及安排合理的预算。在为广告主定制的影片中，尽管不用刻意去寻求资助，但是也应该根据创意剧本进行提案及预算。在向广告主递交提案的时候，应准备一份翔实的故事大纲，并注意掌握故事叙述的信息量，同时又应避免暴露过多的细节。一部微电影广告片的预算安排可以参考表 9–1。

表 9–1 一部微电影的预算安排表

预算安排表

制作：　　　　日期：

长度：　　　　拍摄天数：

账目	分类	预算	实际费用
001	脚本和版权		
002	制片人		
003	导演		
004	演员		
	线上费用总计：		
005	制作		
006	职员		
007	设备		
008	美工		
009	场地		
010	胶片与冲印费		
	制作总计		
011	剪辑费用		
012	声音制作费用		
013	冲印费用		
	后期总计		
014	办公费用		
015	保险费用		
016	意外开支		
	日常支出总计		
	线下费用总计：		
	所有费用总计：		

二、前期制作的基本流程

1. 雇佣工作人员

根据需要，雇佣艺术指导、服装设计、布景设计、摄影指导等工作人员。

2. 选择演员

广告片演员也称为广告模特儿，对视频广告片的传播效果往往起着关键作用。

演员有主要演员、次要演员、群众演员、替身演员等，主要演员的选择应特别慎重。选择视频广告片主要演员，应注意以下两点。

（1）接近性：指演员与目标受众在性别、年龄、地域、心理上的接近。选择广告片演员，不仅要看演员的演技如何，也要看演员的外形、相貌、素质和内在的气质是否符合创意的需要。

（2）同一性：指演员的个性特征能够同品牌的个性特征融合。

有些广告主为了体现品牌个性及树立 CEO 形象，会采用公司 CEO 为演员，传达企业理念和品牌精神。如“聚美优品”CEO 陈欧主演的视频广告片《我为自己代言》（图 9–1），不啻为一种良好的尝试。

图 9–1　聚美优品网站广告片《我为自己代言》

3. 选择场景

通常多用内景，少用外景；多用人工景，少用自然景；讲求简洁统一，力忌繁琐。选内景要注意是否符合演员的活动线路、机位安排和运动、灯光的布置等，要尽量减少和设想的差距。选外景还应考虑地点的远近、交通、供电等因素。

在微电影制作中，在经费足够的情况下，尽可能采用外景拍摄以求逼真效果，对场景的布置要尽可能符合创意的要求，能体现主题、服务情节和人物设计。

场景能决定影片的氛围和风格，展现广告主和品牌的气质、内涵，因此，场景设计还必须符合品牌理念和品牌风格。

场景设置是视频广告片制作的关键因素，为影片选择合适的场景往往在一定程度上决定了广告片的质量。在汽车广告片中，往往会选择丰富的室外场景来渲染品牌大气、高端的形象，如雷克萨斯（Lexus）视频广告《信仰篇》（图 9–2）中，场景的选择和设计效果非常突出。

在预算不很充足的情况下，考虑室内场景是视频广告片制作的常见之举，精致、美观、贴切的室内场景可以为广告片增色不少，如 Reliant 电力服务公司视频广告片《搬家篇》（图 9–3）中就有不少精致的场景设计。

图 9–2　雷克萨斯汽车广告片《信仰篇》

图 9-3 某电力公司广告片《搬家篇》

4. 道具、服装的设计与布置

道具是任何一部广告片都不可缺少的，包括服饰、用具、摆设、背景等。选择道具应注意：要有助于体现设计意图、表达情感、渲染气氛、点缀环境；要能引导注意力转向表现重点，突出广告信息；在数量上不宜太多，色彩、形状不宜夺目，特别是服饰、背景等重要道具，往往要请专门人员严格按要求设计、制作。

如新西兰航空公司视频广告片《霍比特人》（图 9-4）中，采用著名导演彼得·杰克森的同名电影中的人物造型来介绍乘坐航空器的注意事项，服装设计精致华美奇特，艺术效果突出。

图 9-4 新西兰航空公司视频广告片《霍比特人》

第二节 视频摄像艺术

一、视频拍摄的基本要求

1. 平

在一般情况下，视频画面要水平，不能倾斜，否则画面中的垂直物体出现倾斜，不合常态。尤其是在手持摄像机时，容易出现画面倾斜的现象。当拍摄字幕、带地平线和建筑物的镜头时，对平的要求更加严格。但如果要特意追求差异化视觉效果，也可采用倾斜角度拍摄。

2. 稳

拍摄时摄像机运动速度要均匀。无论什么样的运动镜头，都要掌握好移动的节奏以及上下镜头节奏的关系，不要时断时续或者快慢不均。摄像师应屏住呼吸或者依靠稳定物来稳定摄像机，一般应使用三脚架。

3. 清

清即清晰，对于近景、特写镜头来说，画面只要求主体清晰。而对于中全景来说，除了要求主要对象清楚外，同时要求一定范围内的前后景物也清楚。

4. 匀

这是对各种运动拍摄的共同要求，即镜头摇转速度、变焦速度、移动速度都要均匀。在摄像中要注意多录几秒钟来保证均匀。

5. 准

要求在拍摄时对画面构图、起幅和落幅要做到准确无误，无论是调焦、取景、曝光还是运动摄像时的推、拉、摇、移，都要能够准确，这样才能保证画面的质量。

二、固定镜头的拍摄

固定镜头是指：摄像机在机位不动、镜头光轴不变、镜头焦距固定的情况下拍摄的电视画面。特点是画面框架静止不动、视点稳定。

就一般的影视节目而言，固定画面镜头应占所摄制镜头的 70% 以上。在固定的单位时间内，固定镜头能容纳更多画面，表达更多信息量。具体来说，固定镜头的优点有：

（1）固定镜头有利于表现静态环境和人物；

（2）固定镜头显得客观及有历史感；

（3）固定画框和运动主体的碰撞能强化动感；

（4）固定镜头能形成深沉、庄重、宁静、肃穆的心理反应。

如铁达时手表广告片《时光篇》（图 9-5），全部采用固定镜头拍摄，画面构图精致端庄、音乐回肠荡气，整体营造出一种如诗如画又沉稳大气的人文气氛，符合品牌理念。

但是相对而言，固定镜头的不足之处是如果主体处于静止状态，则画面会显得比较单调、受局限。

拍摄固定镜头需要注意的是：

（1）善于捕捉动感因素，增强画面内部活力；

（2）注意建构有纵深感的空间；

（3）注意镜头内在的连贯性；

图 9-5 铁达时手表广告片《时光篇》

（4）构图美观、主体突出；

（5）稳、准、平，镜头纹丝不动、一丝不苟。

三、运动镜头的拍摄

所谓运动摄像，就是在一个镜头中通过移动摄像机机位，或者变动镜头光轴，或者变化镜头焦距所进行的拍摄。通过这种拍摄方式所拍摄到的画面，即称为运动画面。运动摄像也是一种重要的影视语言，摄像机不同的运动方式能够造就不同的艺术效果，下面分别介绍几种常见的运动方式。

1. 推摄

推摄是指摄像机向被摄主体方向推进，或者变动镜头焦距使画面框架由远而近向被摄主体不断接近的拍摄方式。用这种方式拍摄画面，称为推镜头。推镜头能够形成视觉前移效果。

在一个推镜头中，通常具有明确的主体目标。推镜头使被摄主体由小变大，周围环境由大变小。

推镜头的主要作用有：

（1）突出主体人物或重点形象。推镜头可以从群体中突出个体，引导、强迫观众的注意力倾向于被摄主体。由于在推镜头中，主体处于画面结构中心位置，因此它带来的视觉冲击力十分强烈，能给观众留下深刻的印象。

（2）突出局部、细节或重要情节。推镜头可以表现画面当中的局部或细节部分，以及整体与局部的相互关系，如用来说明某物上有某装置，某处有某人等，从而更具真实性和说服力。

（3）影响画面的节奏。推镜头的运动慢时，会带来一种宁静平和或神秘、庄重的气氛和情调。而当速度快时，则显现出一种紧张不安或激动兴奋的气氛。

（4）能产生节奏和动感。推镜头的方向与被摄物体的运动方向一致时，将使运动速度减慢；相反，则使运动速度和节奏加快。

推镜头的拍摄及应注意的问题：推镜头形成的镜头向前运动是对观众视觉空间的一种改变和调整。要重点掌握落幅，重点在于最后的造型。推镜头在推进的过程中，画面构图应始终注意保持主体在画面结构中心的位置，换句话说，就是始终保持主体在画面中结构上的优势。推镜头的推进速度要与画面内的情绪和节奏相一致。一般来讲，画内情绪紧张时，推进的速度应快一些；画内情绪平静时，推进速度应慢一些。在移动机位的推镜头中，画面焦点要随着机位与被摄主体之间距离的变化而变化。

2. 拉摄

拉镜头，与推镜头正好相反，是摄像机不断远离被摄主体的后退式拍摄方法。利用摄像机的变焦镜头，将镜头焦距向更短的焦距变化，也可得到拉的拍摄效果。机位变化的拉，如同人们不断远离某一物体的观看感受，而变焦镜头的拉则像站在原地不动，从注视某一具体物体到转向观看该物体与环境的关系的效果。拉镜头形成视觉后移的效果，使被摄主体由大变小，周围环境由小变大。

拉镜头的主要作用有：

（1）表现主体与其所处环境的点与面的关系。

拉镜头可以将个体放入到群体当中，用来交代人物所处的环境，表现某人在某处。它能强调局部与整体、主体人物与客观环境的关系和相互作用。有时，可以将起幅镜头与落幅镜头里面的人物进行对比，造成观众意料不到的效果。

（2）能产生连续变化的景别，使画面不断扩展，从简到繁，形成多层次多结构的变化。

（3）可作为广告的转场镜头、结束镜头或结论镜头。在某些情况下，这种由小变大的景别变化，能给人依依不舍的情绪感受。

（4）可以加强或减弱运动主体的动感。拉镜头的运动方向与被摄物体的运动方向相一致时，将使运动速度减慢；反之则加快。

拍摄拉镜头时，要注意的事项和使用推镜头是一样的。有一点不同的是，拉镜头的重点是谁在落幅的环境中，即落幅的主体与环境的关系，应有其相应的表现意义。

3. 摇摄

摇摄是指摄像机机位不变，但摄像机沿光轴方向旋转的一种拍摄方法。它可借助三脚架上的云台摇摄，也可以利用人体的转动进行摇摄。摇摄的方式有沿水平方向运动的左右摇、沿垂直方向的上下摇，以及两者结合的上下左右复合摇。摇镜头犹如人们转动头部环顾四周或将视线由一点移向另一点的视觉效果。一个完整的摇镜头包括：起幅、摇动、落幅三个相互贯连的部分。一个摇镜头从起幅到落幅的运动过程，迫使观众不断调整自己的视觉注意力。

摇镜头的作用：

（1）能用于跟踪人物的运动，介绍广告故事、情节发生的空间环境等，和推、拉拍摄不同，它追求的是一种气氛，淡化了主体形象的细节描述。

（2）可以控制景别。它可以在较小的景别里包容更多的信息，尤其是对于超比例的物体的摇摄，可以形成多层次多结构的画面变化；在空间描述方面，摇镜头可以展示更具体、更开阔的视野。

（3）利用镜头的起幅与落幅的关系，表达同一环境中的人物之间的空间位置关系。也可以利用摇镜头的中间停顿，介绍多个人物之间的关系。

（4）由于摇镜头的画面内容总在不断地变化，它有利于形成某种对比、比喻、暗示、因果关系，并产生内容积累和某种悬念效果。

（5）可以利用速度的快慢形成一定的节奏，并形成主观性镜头、电视转场镜头等。

摇镜头的拍摄必须要注意的是：摇镜头必须有明确的目的性。摇镜头所关注的重点是在摇摄过程中，不断摇进画面的新环境、新意境，给人以变化和新意。因此使用时要有明确的目的性，做到起幅要稳，落幅要准。摇摄速度会引起观众视觉感受上的微妙变化，要注意对运动物体的构图要求以及观众对物体的视觉影响，摇的速度快，空间距离就显得近，反之就远。摇摄的最大范围是360°，还要考虑到镜头的清晰度、观众观看的习惯和后期制作时镜头的剪辑等。

4. 移摄

移摄是指将摄像机架在活动物体上，边运动边拍摄的一种拍摄方法。移摄镜头的画面框架和内容总在不间断地变化，给人以巡视或流动感，它的被摄主体可以不固定，但所拍摄到的物体处于位置不断变化的运动状态，移摄调动了观众的运动感受，主观色彩浓。移镜头的形式主要有前移、后移、横移、曲线移。

移动镜头的画面特征是：摄像机的运动使得画面框架始终处于运动之中，画面内的物体不论是处于运动状态还是静止状态，都会呈现出位置不断移动的态势。摄像机的运动，直接调动了观众生活中运动的视觉感受，唤起了人们在各种交通工具上及行走时的视觉体验，使观众产生一种身临其境之感。移动镜头表现的画面空间是完整而连贯的，摄像机不停地运动，每时每刻都在改变观众的视点，在一个镜头中构成一种多景别多构图的造型效果，这就起着一种与蒙太奇相似的作用，最后使镜头有了它自身的节奏。

移镜头的作用：

（1）由于镜头的移动，它可用于拍摄特殊比例的物体或复杂的空间环境，展示多层次的画面，灵活地调度场面，并产生一种内容积累的效果，有时也能制造悬念。

（2）移镜头如同人们边走边看，这种流畅性、连续性和主观性，能产生较强的纪实性。

（3）移镜头能影响画面的节奏。当它运动速度慢时，给人一种或宁静平和或神秘、沉重的气氛和情调。当它运动速度快时，则给人以紧张不安或激动兴奋的气氛。

拍摄移镜头须注意：要有其明确的表现意义，起幅要稳，落幅要准。镜头移动要平稳，利用广角镜头进行移动拍摄，可以求得更稳定的镜头效果。

5. 升降拍摄

升降拍摄是将摄像机架在升降装置上，跟随升降装置一起上下运动的一种拍摄方法。升降镜头的画面框架和内容总在不间断地发生变化，而主体可以不变，这样可以把高低处的环境或人物连续不断地展示出来。

升降镜头的形式主要有垂直升降、斜向升降、曲线升降（规则升降）。升降镜头的升降运动带来了画面视域的扩展和收缩。

升降镜头视点的连续变化形成了多角度、多方位的多构图效果。

四、运动镜头的综合运用

1. 摇摄+拉摄，营造悬念感、提升静景画面的运动美感。

如可口可乐《歌咏篇》（图 9-6），广告片的内容是一支数十人的合唱团在歌唱（画面主体是静止的），如果用固定镜头拍摄的话，会显得单调乏味。片中整体构思是"拉"，即从一个人的特写开始，到几个人，再到很多人，形成了豁然开朗的释然感，提升了影片的情绪；同时，又采用"摇"，很自然地将镜头从一个人过渡到另一个人，避免了直接切换的生硬，大大缓和了影片的节奏。整体而言，摇摄和拉摄的运用，赋予了静景镜头灵动的美感，极富抒情色彩。

2. 移摄+推摄，营造紧张感，丰富剧情。

如飞利浦 DVD《中枪篇》（图 9-7），影片剧情

图 9-6　可口可乐广告片《歌咏篇》

其实非常简单，就是一个青年男人一边观看 DVD大片，一边就着番茄酱吃薯条，番茄酱滴在胸口犹如鲜血。影片采用错觉式蒙太奇叙事，为了给简单的剧情增加戏码，故意将摄像机视角设置成"闯入者"。通过一组移摄和推摄镜头的结合，摄像机带领观众犹如警察一般闯入室内，突然看到一个躺着的男人胸口"中枪"！最后解答了悬念，告诉了观众实情。

五、斯坦尼康——运动摄像技术的综合应用

斯坦尼康（Steadicam）（图 9-8、图 9-9），即摄影机稳定器，是一种轻便的电影摄影机机座，可以手提。它由美国人 Garrett Brown 发明，自 20 世纪 70 年代开始逐渐被业内普遍使用。

作为一种摄像辅助器材，斯坦尼康的主要功能是在移摄时保持画面稳定，减少镜头震动。不仅仅如此，斯坦尼康器材的运动突破了传统轨道和摇臂

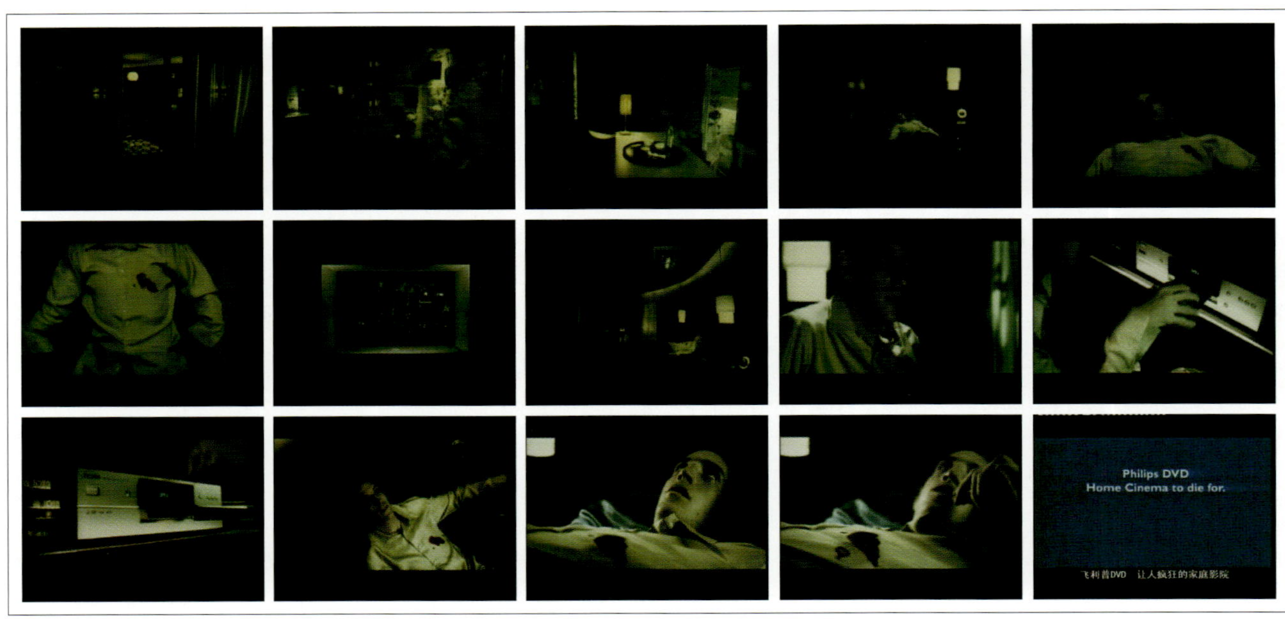

图 9-7　飞利浦 DVD 广告片《中枪篇》

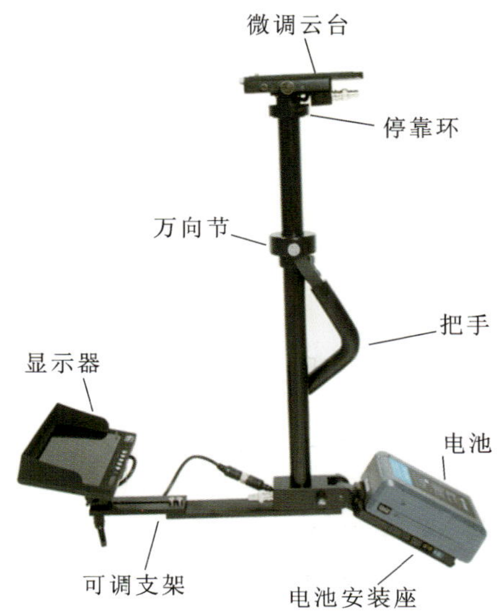

图 9-8　斯坦尼康的基本构成

图 9-9　斯坦尼康的使用

工具的局限性（如地面必须平整、运动范围有限等），可以实现超长镜头的拍摄，以及画面视点的自然转换。如今，斯坦尼康稳定器在广告片拍摄中也大量运用。如飞利浦 DVD《中枪篇》中就是典型的斯坦尼康镜头。在英国影片《赎罪》中，有一段 20mm 左右的长镜头，描述第二次世界大战中"敦刻尔克大撤退"的情景，导演采用斯坦尼康器材，轻松实现了镜头内部多视点的转换，不仅表达了丰富的信息，营造了宏大的场景，也描绘出了主角复杂的心理活动。

第三节　布光的运用与设计

一、关于布光的几个常见概念

1. 反差

反差指的是在一个特定的场景中，明、暗程度间的差异。正常的反差，可以显示场景中由最暗到最亮全部的亮度层次。

2. 反差比

最亮的数值比上最暗的数值即反差比。一般而言，胶片比电子成像系统有着更大的宽容度。利用场景中的反差范围，不仅可以得到正确的曝光，而且可以有创意地操控场景中的光线。

3. 色温

在我们的感知中，太阳光是白色的，但实际上太阳光是由红、绿、蓝三个颜色组合而成的，比例为 30% 的红、59% 的绿、11% 的蓝。时间不同，空气中云雾的反射状况不同，太阳光的颜色也就各不相同。接近日落时，红色波长就呈现出较红的颜色；而正午时，阳光颜色就会有些偏蓝。

我们使用色温数值来精确测量光线的不同颜色，单位开尔文（Kelvin,K）。如日出时的色温大约为 1800K，而正午时则升高到 5500K。

色温的高低是指光线中所包含的不同波长光量的多少。如果含长波光多，光线色度就偏黄，由橙到红，为低色温。含短波光多，光线色度就偏青，由蓝到紫，为高色温。

由于光线色温的不同，在摄影时如果使用胶片的话，则要求也不同，主要成分为日光型彩色胶片和灯光型彩色胶片两种感光材料。日光型彩色胶片是按白光平衡设计的，其色温指数为 5500K 光源照明条件下，拍摄对象的色彩才能得到准确的还原效果。灯光彩色胶片是以色温为 3300K 的光线来平衡的，人的眼睛看 3300K 色温的光线是黄色的，但它对灯光彩色胶片来说，却是白色的。灯光片只能在这种色温光源条件下使用，被摄对象色彩才能得到正确的再现。高于这个色温，则被摄物偏蓝色；低于这个色温，则偏黄色。

不同光线的色温参考值如图 9-10 所示。

4. 白平衡

当摄像机设好日光灯或钨丝灯之后，白平衡就可用来将摄像机精确调校得和光源色温一致。

将摄像机对向白色表面，使白色表面充满整个

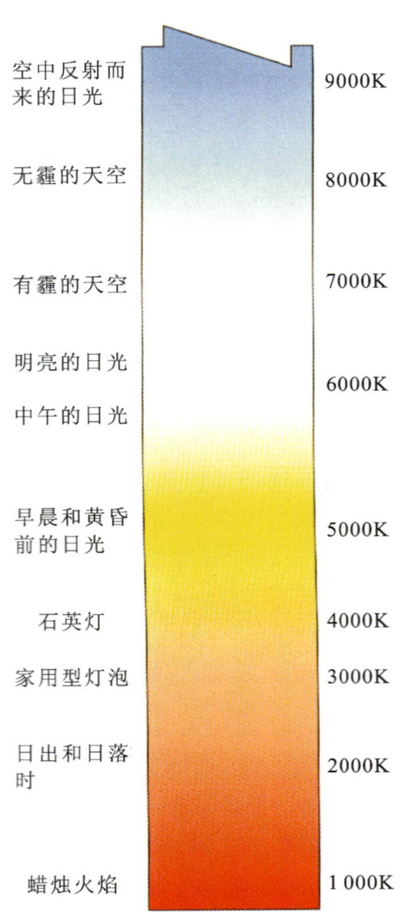

图 9–10　不同光线的色温参考值

画框，再启动白平衡装置。以淡蓝色做白平衡，会产生对应的暖橘色；以橘色做白平衡，则会产生冷蓝的颜色。图 9–11 所示为不同的白平衡调整示意图。

图 9–11　不同白平衡调整示意图

二、光源的类型与运用

1.根据来源光源可以分为自然光源（日月光）和人工光源（灯光）。

（1）自然光源

日光，是人眼能看见的一种光。通过科学手段能测定它的组成及光谱，它实际上是包含有红、橙、黄、绿、青、蓝、紫七种色彩的色光。人的眼睛所能看见的光谱仅仅是日光光谱中的一部分，它是 0.4~0.7 μm 的光线。这一段光谱也是普通摄影（像）机可以拍摄的。日光形成室外自然光和室内自然光。

由日光造成室外自然光，特点是光照范围大、普遍照度高、光线照明均匀等。在视频拍摄布光中主要是利用日出和日落这段时间的光线效果。同一物体的亮暗反差明显，不同物体之间的反差也有差异，因而近浓远淡的透视效果十分强烈。同时，日出和日落的光照时间短，光线的强弱变化大，天空亮而地面暗。

从光线的表现力来看，这两个时刻的光线极具感情色彩和气氛表现效果。利用早、中、晚光线的不同形成不同的色调，又可以表现不同的环境气氛。对这两段时间的光线运用，用之不慎也会效果平平。要讲究简单运用，要防止杂乱的光影、重叠的线条、斑斓的光点涌入画面，扰乱观众的视线。

室内自然光主要是指太阳光经过门、窗、各种缝隙等透光通道进入室内而形成的光照效果。与室外自然光相比，室内自然光的光线更为柔和，室内自然光照明更具真实感。在较为宽阔的室内拍摄视频广告，最好采用室内逆光或侧逆光光线，这样气氛更为浓烈，环境特点更为明显。图 9–12 所示为室内侧光照明效果图。

图 9–12　室内侧光照明效果

（2）人工光源

人工光源指通过使用各种照明灯具，如聚光灯（菲涅耳聚光灯、回光灯、充气灯、追光灯等）和散光灯（如勺形灯、柔光灯、条灯等）实现室内灯光的照明设置，它可以模拟生活中的各种光线效果，形成浓厚的画面气氛，增强广告画面的艺术感染力。

2. 根据光的性质，可以将光源分为软光源和硬光源。

软光源又称散射光，是指发光面积大的光源所发出的光线，照射在被摄物体上产生明显的投射。其代表性的光源有天空和通过软化的人工光源。如使用排灯、磨砂玻璃灯、灯前用挡光纱、环境反射构成的散光等。软光源的主要特点是：没有明显的投射方向，光线柔软，受光面向背光面的过渡柔和；照明均匀，层次丰富、细腻。但对被照物体的形体轮廓及变化刻画不够鲜明，对表面粗糙不平的质感和清晰度的表达较弱。一般表现化妆品的广告片首选软光源。

硬光源也称为集中照射光，是一种点状光源发出的光线，可以在被照物体上产生清晰投影的光线，其代表光源主要为太阳光和带聚光功能的照明灯具。硬光源的主要特点是：光线造型性好，光感强，有明显的照射方向；受光面亮度高，明暗过渡对比强烈并形成阴影和投射；能有力表达出被照物体的形体轮廓、表面结构的质感、对象上的起伏褶皱等，还能显示出时空感，并能构成各种影调形式和确定明暗配置。通常将硬光源作为主光使用，也可以作为修饰光。常常利用它表现清晰度要求高和需强调的部分。但硬光源容易形成光斑，不利于细节的表现。

三、光线的设计

为了准确地表现创意中人物、商品、场景造型和气氛所追求的效果，在拍摄前一定要制订一个照明的方案。光线的设计应以广告创意的要求、生活中的原有光效为原则，从广告创意的内容出发，并结合被摄人物、场景的具体情况，设计构思出光线的造型和光线的气氛。大体有以下几个方面的内容：

1. 光线的角度设计

（1）平光：也称顺光，光源、拍摄机位、被摄对象三者处在同一条轴线上，即光源在摄影机的背面照射被摄对象，景物正面各部位接受同等的照明，各对象都得到清楚的描绘，但没勾画的作用。平光的方向性不强，主要被摄对象和背景、陪衬体等相应的物体难以区分，容易混同。平光照射能隐没一些凹凸不平的皱褶，能表现一种柔和细腻的感觉，具有“柔化”作用。如图 9–13 所示，广告作品中婴儿的面部柔和。

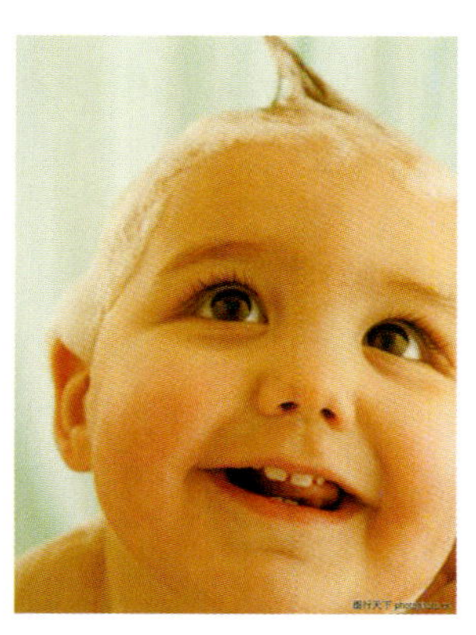

图 9–13　顺光拍摄效果图

（2）正侧光：又称为斜侧光，光线投射在水平方向与摄像机镜头光轴成 45° 角。这种光线通常作为主要塑形光。这种布光能在对象上形成一定的明暗变化，具有很好的表现被摄物体的形态、表面质感和轮廓的作用。这也会使同一形象结构之间，有了明暗区别，能丰富画面的明暗层次，在运动中构成微弱的明暗层次变化，是一种表现力较强的布光。如图 9–14 所示，广告摄影作品中模特的秀发层次分明。

图 9–14　正侧光拍摄头发效果

（3）侧光：光线投射方向与摄像机位置成水平角 90°。这种光线在被摄对象上形成半暗半明的效果。受侧光照明的被摄物体，有明显的明暗面和投影。被摄对象立体形态感强，色彩层次的质感效果也较鲜明。如图 9–15 所示，广告作品中模特面部立体感强。

图 9–15　侧光拍摄人物脸部效果图

（4）侧逆光：光线投射方向与摄像机拍摄方向成水平角 135°~140°。光线从侧逆方向照射，被摄对象的轮廓、立体形态十分鲜明。在外景拍摄中这种照明能较好表现大气透视效果及深度空间。如图 9–16 所示，侧逆光造就纵深感。

图 9–16　侧逆光造就场景纵深感

（5）逆光：也称背景光，是指光源与拍摄位置成 180° 角时，来自被摄物体后方的照明。这种照明只能照亮被摄物体的轮廓，也称轮廓光。逆光可使这一景物区别于另一景物，并能层次分明，使对象各有鲜明的轮廓。在拍摄全景和远景时，通常采用这种布光，使画面获得丰富的层次，尤其是在表现同一色阶的景物时，效果更为显著。逆光还可以使一些透明半透明的物体亮起来，产生一种富有视觉表现力的独特效果。图 9–17（来源于中国摄影家协会网）所示为逆光拍摄效果图，逆光形成人物的轮廓感及丝绸的特殊质感。

图 9–17　逆光拍摄人像效果图

（6）顶光：光线从被摄物体垂直上方照射，称为顶光。在这种光线照射下，景物的水平面照度大于垂直面照度，景物亮度间距大，缺乏中间层次。在顶光下拍摄人物，会产生反常的、奇特的效果。在实际操作中，通常对这种布光要运用辅助光加以处理，如提高阴影亮度形成小光比等。如图 9–18 所示，顶光拍摄配合辅助光。

图 9–18　顶光配合辅助光拍摄效果

（7）脚光：由下向上照射人物或景物的光线，其角度在 90° 左右。在人物前方从下向上照射称为前脚光，这种布光方式在特殊环境下使用，能产生异常的变形效果，可用来刻画特殊角色形象或者表现特殊情绪、气氛，也可用来做修饰光使用。如图 9–19 所示，脚光造就梦幻效果。

图 9–19　脚光拍摄梦幻效果

2. 光线的影调设计

根据不同的创意风格的需要，光线不仅仅是满足曝光的实用需求，更可以创造性地制造出影片的不同影调，如高调照明设计与低调照明设计。

高调照明设计是指屏幕画面压倒性地亮过中灰的无阴影的场景。高调设计通常在场面调度中强调色彩、造型和线条，通常使用浅色的墙壁、家具和服装，不允许出现阴影变黑的情况，一般用于喜剧、新闻电影和轻松的戏剧性作品。

例如，“宝宝金水”的广告片（图 9–20）中，高调照明营造快乐轻松的风格。

图 9-20　宝宝金水广告片高调照明效果

低调照明设计是指屏幕画面压倒性地暗过中灰的充满阴影的场景。

低调照明设计充分利用阴影和质感，通过对被照明的暗色的墙壁、家具和服装的结合去创造屏幕画面中大范围的深调，一般用于严肃的戏剧、悬疑片甚至恐怖片。在广告片中采用低调照明有时可以反映品牌的历史厚重感、产品的特殊品质感或者暗示消费者的高雅品位。

"路易威登"品牌微电影《旅程之约》(图 9-21)中采用了低调照明设计。

图 9-21　低调照明效果

3. 照明风格设计

根据导演的不同风格，照明设计还可分为自然照明方式和表现式照明方式。

自然照明方式，顾名思义是指利用人工光源模拟现实照明特点，表现出自然条件下较为真实的照明设计风格。

表现式照明方式，则重在体现影片的特殊艺术风格和对照明的创造性运用。常见的有伦勃朗照明，即局部照明法，如图 9-22 所示。

如图 9-23、图 9-24 所示，光源的运用超乎现实，但充满艺术美感。

图 9-22　伦勃朗照明示意图

图 9-23　表现式照明效果图一

图 9-24　表现式照明效果图二

4. 人工光的三点布光法

摄影棚内布光的基本特点是利用人工光源，模拟和再现生活的自然光效。棚内布光可以创造典型环境，渲染气氛，刻画人物性格，塑造角色形象。常见的三点布光法是指：

（1）主光　实现照明的主要光源，决定被摄物体的基本立体感和摄像机使用光圈的大小，通常用聚光灯作为主光，表现物体的形状、质感与立体感。主光位置高、照射角度小，立体感则弱；反之立体感强。一般照射角度为 30°~50°。

（2）辅助光　用于减弱主光所造成的强烈阴影，使阴影出现一定的层次与细节，通常用散射光做辅助光，且亮度应低于主光。主光与辅助光的强度相差越大，画面阴影越浓，立体感越强，形成“低调”效果；主光与辅助光的强度接近，画面阴影淡，立体感弱，形成“高调”效果。

（3）背光　在被摄物体背后布置光线。通常使用聚光灯作为照明工具，可以在人体的头部或肩部周围形成轮廓光，使人物的形体轮廓从背景中突出，增强画面的立体感。

图 9-25 所示为三点式布光示意图，图 9-26 所示为完整的灯光照明图。

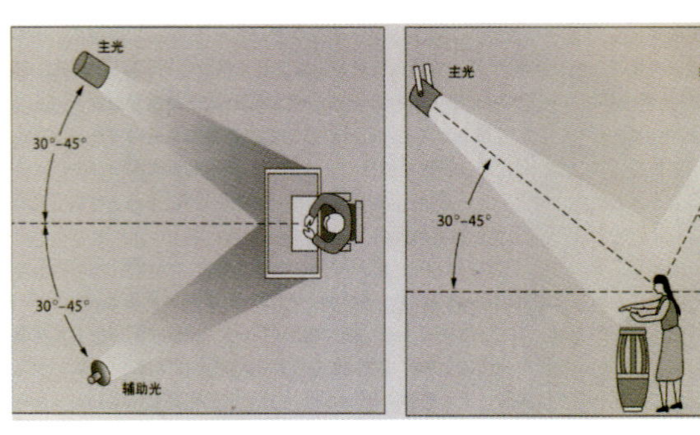

图 9-25　三点式布光示意图

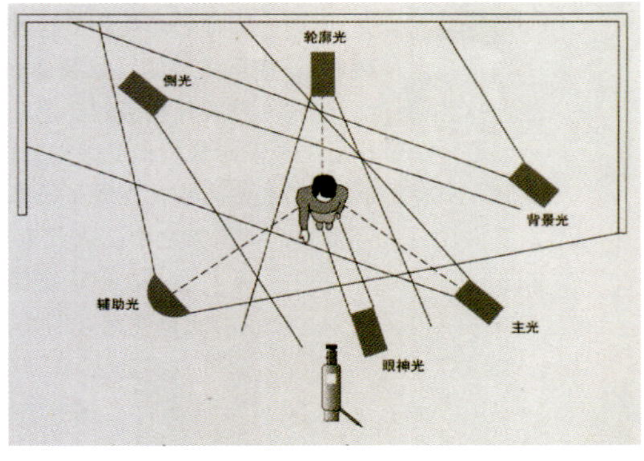

图 9-26　完整的灯光照明图

第四节　视频剪辑艺术

一、剪辑的基本流程

所谓后期制作就是利用蒙太奇技巧所追求的视觉上的秩序和观念上的逻辑，运用连贯的视觉形象和听觉形象来激发情绪和创造视觉冲击力，从而丰富视频影片的内涵，达到广告传播的目的。

1. 洗片、印片

对于数码摄像而言，这个步骤是多余的。

2. 看毛片、编排

毛片是直接冲印出来的东西，或者所拍摄的素材。应仔细检查所拍摄的镜头，如有必要，抓紧补拍或重拍某些镜头。

看过毛片，接下来的工作是把所有的镜头一个一个地剪开，挑出所要的，按顺序接起来。

3. 粗剪

把所有有用的镜头连接在一起，配上合适的音乐或同期声。通常粗剪的长度要大于所要的固定的长度，以便在修改环节有足够的素材。

4. 修改

根据实际需要及艺术特色的要求，对画面进行蒙太奇语言的修改。

5. 加字幕

一般来说，重要的信息或者不容易明白的信息，如产品特点、广告口号、品牌及歌词等应用字幕显示。

6. 配音

根据剧本，配上人物直白、对白、旁白，加上音乐和音效。

二、视频剪辑的一般规律和原则

1. 视频剪辑的一般规律

所有影视剪辑的规律，都适用于视频广告的剪辑，但它更要求在使用时讲究技巧、创造性。尤其是短至 15s 的贴片广告中，每一场面的位置和长度都必须十分精确，音响方面无论对白、广告语、效果声、音乐等也都必须仔细加以选择，要充分利用图像和音响的流动把观众推向预期的目的。通常来说，剪辑就是对以下四方面的合理把握。

（1）时间和空间

视频广告中时空的转换跳跃必然是和一定的时间相联系的。剪辑时要控制时空的变化，关键在于对时间的绝对支配。常用的手法有：用交切镜头可以从动作中消除大段大段的时间，完成空间的变换，以满足用瞬间表达一个过程的要求；也可以延缓时间，充分表现细节和酝酿情感。关键在于要正确感受每一个影像的时间感，根据思维的跳跃规律和视觉逻辑，选择切入点。也可以利用叠化、淡入淡出等光学效果影响时间观念，突破空间限制，从而连接不同的场面。

（2）节奏

节奏是影片维持观众兴奋的手段之一，它的表现形式是一种连续而又间歇的运动。成片的质量很大程度上取决于内在的和外在的节奏。

内在节奏：指每一个镜头内在的运动，通过摄像机的运动、人物动作的快慢、对话的紧张程度等因素具体表现出来。理解了一个场面的内在节奏，才能决定这个场面放在什么位置以及它的时间长度等，从而编制出一种情感和逻辑。

外在节奏：取决于大多数独立场面所占的时间。选择一种合适的外在节奏，将镜头重新删减、组合，才能将内在节奏连成一体，形成真正的能打动人的节奏。通常外在节奏和内在节奏合拍，但也常常反其道而行，以达到独特的效果。

（3）视觉与听觉的关系

视频制作遵循的是视听艺术的规律，视听关系处理是否得当关系到视频广告表现是否完美。视频广告中，画面都会伴随着相应的音响（人声或音乐），声画并茂，图文并茂，才能让视频广告片比其他广告形式具有更多的传播优势。一般来说，人声是为了配合画面情节的延续和重点广告词的宣传，加深人们对于广告的理解；音乐元素的介入，在于用优美的旋律打动消费者，加深印象，塑造品牌个性。特定的音响、音乐配合特定的画面，能够烘托环境，渲染气氛，指向特定的产品，形成独有的品牌个性。

（4）图像和图像的关系

每一个镜头都受前后镜头的影响，我们对一个镜头的反应要受前一个镜头的微妙支配，而在导入下一个镜头时它又留给我们一种情绪和理性的记忆。把几个这样的镜头有机地结合起来，就组成了画面语言。因此，要体会到创意的逻辑主线和情绪主线，要对广告片有"情节"发展的意念，要能合理把握全片的"悬念""高潮""铺垫"等画面段落；要对画面性质、相互关系把握准确，对剪辑点拿捏得当，技巧运用合理，达到流畅、生动、精炼的表达效果。

2. 视频剪辑的基本原则

（1）逻辑性原则

视频作品要做到尊重人们的基本认知习惯和心理，符合日常逻辑和思维惯性。要在镜头的转化过程中使人的视觉注意力感到自然、流畅，尽量不要产生视觉的间断感和跳跃感。逻辑性主要表现在以下两个方面：

①生活逻辑原则　主要体现在时间上的连续性和空间上的联系性。例如，在描述同一主体的生活场面时，时间和空间上的变化都应该遵循一个顺序规律或者有自然的过渡和交代。

②叙事逻辑原则　在描述一个故事情节时，应该有事件发生、发展、变化的基本逻辑。

（2）连贯性原则

每个镜头必须为下一个镜头做好准备，去触发并且左右下一个镜头，必须含有下一个镜头能够满足的答复或完成动作的那个元素。它包括视觉效果的连贯及心理上的连贯。

（3）修辞性原则

常见的修辞手法有隐喻和象征。

隐喻　通过蒙太奇手法，将两幅画面并列，而这种并列又必然会对观众产生一种心理冲击，其目的是为了便于观众看懂并接受导演有意通过影片表达的思想。例如，将平静的海洋和熟睡的孩子两种画面并列在一起，就往往能让观众体会一种宁静、安详的氛围。

象征　当涵义并非产生在两幅画面的冲击之中，而是蕴藏在画面内部时，就是象征。具体指某些镜头或场景，它们始终属于剧情本身。象征能够启发观众的地方要远比简单看到的明显内容所能提供的多得多。例如，在电影《公民凯恩》的开头：镜头推进，一块牌子上写着"不准进入"……这个镜头不仅是影片中的写实描写，也是对主人公内心不可捉摸的象征。

（4）轴线原则

轴线原则即180°角规律，是指拍摄和编辑的过程中，必须在脑海中设定一条假想线，拍摄时摄像机不能越过这条假想线，编辑时只能将在假想线的固定一侧拍摄的镜头组接在一起。如果越过这条线拍摄和编辑，就会造成屏幕画面方向的混乱，也就是"跳轴"。轴线规律一般包括：运动轴线和关系轴线。在图9-27中，如果将图a与图c相接，就会出现"跳轴"。

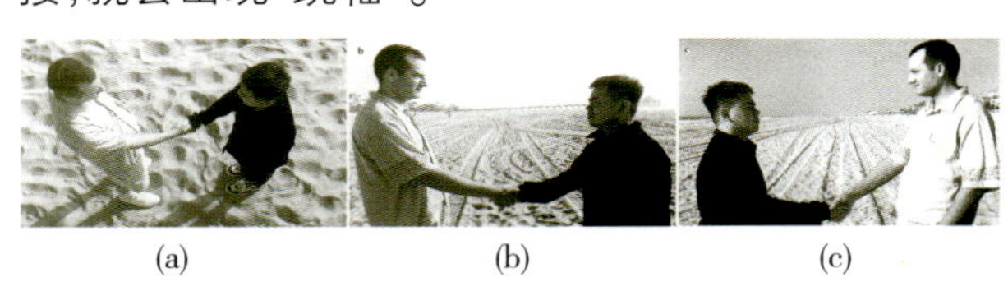

(a)　(b)　(c)

图9-27　跳轴示意图

如法国Perrier瓶装水广告片（图9-28）中，女人与狮子的对峙，构成一条关系轴线，摄像机始终保持在一侧。

如果拍摄素材运动有错误时，就要采取一些补救措施，使轴线自然地转换过来，改变轴线的常用方法有以下几种：

图 9-28 轴线规律示意图

①借助运动的动作变化改变轴线。在两个相反镜头中间，插入一个有运动物体转弯动作或人物转身动作的镜头，利用动作把轴线变过来。

②插入中性运动镜头。在两个相反运动的镜头中间，插入一个运动物在画面中间做纵深运动的镜头，中性运动镜头没有明显的方向性，可减弱相反运动的冲突感。

③借助人物的视线。比如，在车上看外面的景物从右至左划过的画面，插入坐车人转头从左往右看的镜头，随人物视线变成景物从左至右划过画面的镜头，以人物视线作为契机，使相反运动有了逻辑联系。

④特写插入。在两个运动的镜头中间，插入一个局部的特写来暂时分散人的注意力，减弱相反运动的冲突感。这是一种很常用的方法。

⑤全景再次交代视点。在一些速度不很快的运动物改变方向时，可以从近景跳到大全景。等运动已改变过来后，再跳到小景别。这是纪录片剪辑的有效方法之一。

例如，在可口可乐《边界线篇》(图 9-29)中，两个人物之间的位置构成了一条轴线，通过插入中性运动镜头、人物视线镜头等方式避免了“跳轴”。

三、影视画面语法

1. 基本句型

用几个镜头表现同一对象时，如果从全景开始，经过中景、近景到特写，我们称这种句子为前进式句子，因其视点是从远到近，逐步前进的；如果从特写开始，经过近景、中景到全景、远景，这种句子为后退式句子，因其视点是从近到远的，逐步后退的。除了前进和后退这两种形式的句子外，还有一

图 9-29 用中性运动镜头避免跳轴

种复合句子，这种复合句子由一对对称分布的前进式分句和后退式分句构成，所以又叫环形句子。

如果叙述的顺序是由面到点，或者剧情的发展越来越紧张，用前进式的句子；如果叙述的顺序是由点到面，或者剧情趋于松弛，用后退式句子。在实际运用中，镜头总是有进有退，不可能只进不退或只退不进，因此前进式句子与后退式句子是交替出现的。

不同的句式对观众的情绪有不同的影响。如果把画面对观众的情绪影响用曲线表示，那么前进式句子是上升的情绪发展曲线，后退式句子是下降的情绪发展曲线，环形句子是抛物线的情绪发展曲线。

分镜头时，一定要根据内容的发展，先画出内容的情绪发展曲线，然后选用相应的景别，使景别形式与内容吻合。

2. 画面组接的基本原则

画面组接首先是指画面的连接。由于人的视觉接受在生理上和心理上固有的特性，形成了一系列视觉接受的习惯和程序，因此画面组接必须符合人们的接受习惯。简单说来，组接的原则大致有三个：

（1）静接静

如果两个画面的主体都是静止的，可根据镜头活动的方向和速度确定剪辑点；如果主体有动有静，则以运动镜头为主，主体的动作结束后接下一画面，或主体动作开始时接上一画面。

（2）动接动

有两种情况：一是两个在视觉上都有明显动态的不同主题画面的连接，如奔跑的人和行驶中的汽车相接，直接采用“切”的技法，节奏明快、流畅；二是运用动作剪辑点使两个同一主题的画面相接，如一个人“进门”“关门”“坐下”之类的几个动态镜头的连接。关键点是找准动作速度快、幅度大的那些转折点，以明显的变化引起注意，收到最佳的衔接效果。

两个运动画面的组接，应以主体运动为主体，并结合镜头运动的方向、速度，保持主体运动方向的一致以及运动速度和节奏的统一。这样显得自然、流畅，不会出现视觉上的障碍。

动接动的组接方式往往能精简画面语言，产生鲜明的节奏感，因此在广告片中运用普遍，如下面欧洲旅行社（图 9–30）的广告，画面极富动感。

（3）固定镜头和运动镜头的组接

一般有两种情况：一是静接动，上一画面（静）接下一画面（动）的主体动作的开始；二是动接静，运动镜头的主体运动时，必须待主体动作结束、运动镜头停止后，再接固定镜头。

3. 画面组接的方法

（1）切

切指把两个镜头直接连接起来，即前一个镜头结束，后一个镜头立刻开始，承上启下的速度极快，中间没有真正的时间停留，因此，又称无技巧剪辑，使用的情况比较多。

切的特点是对比强烈，节奏紧凑，简洁，朴实，在广告作品中，最适合表现节奏性强、刺激大的内

图 9–30　动景接动景的流畅剪辑

容。有时，一连串变化画面的快速切换，可以创造强劲的动感，形成强烈的视觉冲击力。

（2）化

化指两个或两个以上不同时空的不同景物在同一画面中重叠起来，即前一镜头渐渐隐去，后一镜头渐渐显现。通常是将在内容上有内在关系的画面重叠在一起，可用来表现时间的流逝与人物的回忆、想象、梦幻等插叙场合。化的主要作用是给人以时间过程的感觉，有压缩时间和引起联想的作用。

（3）淡

淡有两种：淡出和淡入。淡出是指一个镜头画面由清晰逐渐变暗以至于完全消失；相反，淡入则是一个镜头画面由全黑逐渐显露直到完全清晰。这种组接方式适宜于表现某一事情的结束和另一事情的开始。其特点是：过渡显得平稳、流畅、舒缓，中间的空场可以给人一个“间歇”的感觉。

（4）划

划即后一个镜头从前一个镜头画面上渐渐划过或后一个镜头将前一个镜头挤出去，有点像拉门窗一样。划也有划入和划出两种形式。根据划的方向，有横划、竖划、对角划。主要在上下两个画面内容和意义相差较大时，或者在一些需要加强视觉效果或节奏的情况下使用。

（5）闪

闪指上下两个画面相接时，在前一个镜头与后一个之间通过空出几帧画面，形成闪烁的白光，然后过渡到下一个镜头。其特点是节奏感强，视觉刺激度大，花费时间少，尤其适合于同机位变镜头的组接。

（6）分屏

分屏即分割多幅画面，将它们容纳在一个镜头的画面之中，可用来平行展开不同空间、同时存在的景物，或者多层次地表现人物的活动、事物的发展。它的特点是既节省篇幅，又起到转接场景的作用。

（7）其他

由于影视特技的发展，镜头组接的方式更为丰富多彩，如马赛克、翻转、圈入圈出、快跳、快闪、快动作、慢动作等。

不管采用什么技巧，好的视频广告画面剪辑，都应该符合这些要求：画面连接自然、富有韵律，能吸引观众注意力，并维持兴奋；画面语言简洁、生动、直观，单从画面就能领会广告信息的内容；画面内容可信，并能制造情绪和引起情感波动。

4. 镜头长度

确定镜头长度的依据有两个：一是观众的心理需要，即观众能够看懂画面内容，领悟导演意图所花费的时间；二是节目本身内容表达、情绪表达和节奏表达的需要。

确定镜头长度的技巧：

（1）视内容表达的需要。画面中熟悉的事物要短，固定镜头可短。

（2）视景别而定。参考数据是：特写 1~2s；近景 2~3s；中景 3~5s；全景 5~8s；远景 8~12s

（3）视画面构图而定。主体位于前部、亮处、运动着，镜头可短。

（4）视情绪而定。例如针对中年人情绪的镜头可长。

5. 场景和段落的转换

较长的视频会有不同的场景，而根据情节的变化又分为不同的段落，在不同的场景和段落之间如何自然、流畅地转换（也称为转场），通常有两种主要方式：有技巧转场和无技巧转场。所谓有技巧转场是指利用软件制作技术实现的特效方式来转场，如前文所介绍的闪、划、翻页等，通常会显得比较刻意，较少使用。无技巧转场是指利用镜头画面之间的自然联系来实现转场的目的，过渡轻快自然，因此使用较多。下文专门介绍无技巧转场的几种常用方式：

（1）利用逻辑因素转场

比如，利用人物的出画入画、人物的主观视线的变化或者上下镜头之间的隐喻关系等，来实现不同场景之间的自然过渡。

（2）利用同一主体转场

例如，可以让人物从一个地方来到另一个地方，或者以同一人物出现在不同场合来实现场景的转换。但要注意的是，尽量让主体处于画面比较醒目、突出的位置，以排除画面其他因素的干扰，使观众的注意力保持在主体上。

（3）利用相似物体转场

利用两个画面中两个物体的某一方面的相似性因素来使段落的转换自然、连贯。例如，从印刷厂的报纸过渡到报摊上的报纸，也许两者之间并没有什么联系，但由于有类似性，视觉上仍然显得流畅。

（4）利用两极镜头转场

利用远景（全景）和特写来转场，会造成明显的段落感，但不宜使用过多。

（5）利用空镜头转场

空镜头有明显的间隔效果，但可以改变前后的节奏。

（6）利用挡黑镜头转场

挡黑镜头有很强的悬念感；利用它来转场，可省略很多过场戏，使结构紧凑；还可以强调主体。例如，由一个舞会场景转换到其他场景中，就可以用舞池中的人物背影造成的镜头挡黑效果，形成视觉上的隔断感，然后自然过渡到另外场景。

（7）利用运动镜头转场

这是一种很自然的转场方式，镜头的运动（推、拉、摇、移、升降等）自然形成场景变化。

（8）利用声音转场

类似“叫板式蒙太奇”的特点，上个场景中的人物说到某个地方，而后自然出现这个地方的场景。

例如，在瑞士心脏病基金的微电影（图 9-31）中分别采用运动镜头、相似物体、挡黑镜头、空镜头等多种手段实现转场效果，介绍了青梅竹马的男女因为种种原因错过彼此终于最后相逢的故事，数十年的人生浓缩在数分钟内，转场技巧的运用使画面剪辑流畅、自然。

四、非线性编辑系统

1. 非线性编辑的概念及流程

非线性编辑是指以计算机技术为基础，使用数字化技术和计算机存储技术与设备，用计算机文件的形式存储和记录视频、音频素材，再配合相应的专业剪辑软件，以时间线为轴，组织和安排各种素材文件，添加各种字幕和特效，从而最终完成节目制作或输出的编辑方式。

非线性编辑的主要流程为：

预选镜头→剪辑→特技制作→叠加字幕→片头片尾制作→配音及音效合成。

2. 几种主要的非线性编辑系统

目前市场上各种专业、非专业的非线性编辑系统层出不穷，配合清晰度高的优质素材，一般都能做

图 9-31　瑞士心脏病基金微电影中的经典转场镜头

出较为满意的效果。常用的几种中端系统有：Apple公司的 Fianl Cut Pro、Avid 公司的系列产品、新奥特的 Himalaya-A1200、大洋 D3-Edit 标清、奥维迅的 Open Edit 等。常用的几种低端系统有：Avid 公司的系列产品、DVstorm XA Plus、新奥特的 Himalaya-Mobile、大洋 D3-Edit1000、Adobe Premiere、After Effect、Ulead Media Studio Pro 等。

五、影视特效

特效泛指在影视作品中由人工制造出来的假象和幻觉。特效在影片中的运用可谓源远流长，早期的特效往往通过特殊化妆或者烟火道具等手段完成，其目的是为了避免演员受伤或者营造影片需要的特殊场景效果。而进入数字时代以后，影视特效技术大放异彩，尤其是 3D 特效技术的采用，使特效由辅助性工具变成重要的影视艺术表现元素。代表性作品有："指环王"系列、《阿凡达》、"变形金刚"系列等等。数字特效的软件多样，形式多样，在此就不做详细介绍。

近几年来，在广告片中，数字特效技术也得到了越来越广泛的应用，其发展前景相当可观。从下面几则广告片中可以看到数字特效带来的令人惊奇的艺术效果。

1. Galaxy 巧克力广告片《复活奥黛丽·赫本》（图9-32）

这则广告片采用 CG 特效技术，历时 1 年，花费数百万美元，"复原"已故国际巨星奥黛丽·赫本年轻时的模样，甚至连表情都栩栩如生；再现经典影片《罗马假日》中的场景，赶上"复古"潮流，效果令人赞叹。

2. 巴特林 3D 特效（图 9-33）

这支广告片中，汽车自动变形、金刚牵着小孩的手、脚踏滑板在高楼大厦上溜过、儿童乐园里跑出恐龙、地铁变成过山车……3D 特效的运用，实现了真实人物与虚拟人物的"共处"，实现了现实生活中无法出现的"魔法"场景。只有过硬的技术手段，才能实现惊人的想象力。

3. 拟人动画：Dunlopillo 床垫广告片（图 9-34）

描述床上的情侣，很可能会"犯忌"，出现不合道德风俗的画面。然而这则广告片别开生面，用一组鞋子、毛巾、时钟、手表、雨伞等物品的拟人动画含蓄而唯美地表达了一切。为主题和创意服务的特效才是好特效。

图 9-32 Galaxy 巧克力广告片《复活奥黛丽·赫本》特效

图 9–33 3D 特效的奇幻效果

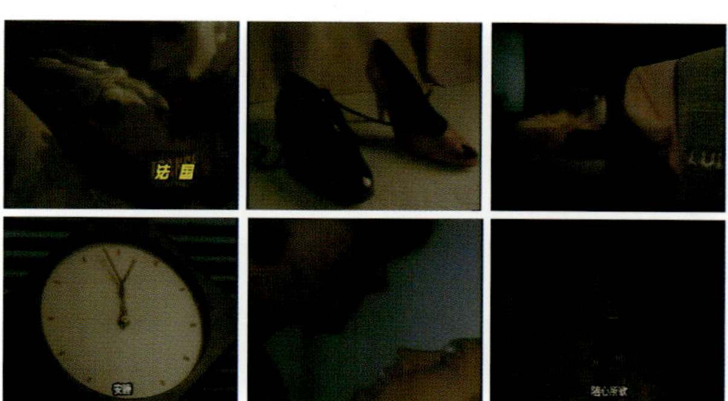

图 9–34 拟人动画效果

阅读资料

彼得 W 雷，大卫 K 欧文. 影视短片制作与编辑.4 版.北京:清华大学出版社,2013.

思考与讨论:

1. 什么是“转场”？转场常用的技巧有哪些？
2. 数字特效技术对视频广告有什么影响？使用数字特效技术应遵循什么原则？

第十章　精品案例赏析

一、益达酸甜苦辣

1. 微博营销

活动名称：益达“说不出的酸甜苦辣”

微博：新浪微博

目标人群：年轻消费人群

时间：2011 年 6 月 27 日—2011 年 8 月 14 日

(1)执行过程

①发布话题

在新浪微博上建立益达口香糖“说不出的酸甜苦辣”活动专区并注册官方微博，团队在 @ 益达 – 酸甜苦辣每天转发、更新网友关于活动及彭于晏、桂纶镁的相关微博，利用明星效应，对益达业务本身进行宣传、推广（图 10–1~ 图 10–2）。

②主题活动

举行抽奖等主题活动：新浪微博注册用户使用

图 10–1　益达微电影海报

图 10–2　益达官网宣传图

时输入“# 说不出的酸甜苦辣 #”活动关键词，发表说不出的酸甜苦辣，分享微博，就有机会赢得各种精美礼物，包括益达酸甜苦辣套装礼盒和旅游券，契合活动营造的“生活是充满酸甜苦辣的旅行”概念。

（2）营销策略

①借助平台，普及信息

通过微博日常的信息发布宣传益达酸甜苦辣这项产品以及相关活动，包括每周共抽取 51 名用户获得奖品，激发用户参与的热情。

②明星效应，吸引关注

益达此次不仅为两位代言人拍摄系列广告，而且通过电视、视频等渠道进行投放，同时配合“酸甜苦辣”主题活动开展“明星快递员”活动，请代言人见证粉丝的酸甜苦辣，并坚持每天在官方微博上进行跟踪宣传。

③情感营销，引起共鸣

让用户通过微博平台讲述自己的酸甜苦辣经历，引起用户间的讨论以产生情感共鸣，拉近品牌与用户间的距离，增强用户对益达的品牌好感度，从而帮助益达更有效地将参与活动的微博用户转为品牌的消费者。

④品牌维护，持续有效

通过持续的官方微博维护提高益达品牌的美誉度，吸引更多用户加入，从而增加益达消费者的忠实度以及两位代言人的粉丝对益达的关注度。

2. 首映式

结合微电影，利用明星效应

微电影首映（图 10-3）投影在北京永定门城墙上，场面大气而令人震撼，桂纶镁和彭于晏在现场鼓励大家用心品味生活的味道、勇于说出心中的感受，还透露将与“益达”一道亲身为大家传递心中说不出口的酸甜苦辣。首映式上采用投影的方式，用主角对话的方式将剧情一一展开，而最后男女主角也是坐剧中的摩托车出来与现场的朋友见面。类似电影的首映式的方式，不仅可以依靠明星吸引更多的粉丝，还可以利用现场的观众制造口碑相传，也利用在场的媒体，免费为广告本身来造势，吸引更多没有来参加的受众。

图 10-3　益达微电影首映式

3. 播放平台的选择

《酸》与《甜》在全国 256 个城市的电视台播出，《苦》与《辣》则以网络视频的方式与观众见面。同时，优酷、土豆、PPS、新浪视频和“益达”活动官网也将会陆续播出这四段故事。分集播出，前两部分在电视上播出之后，将感兴趣的受众从传统的电视广告中吸引到网上来，提高益达在网上的搜索率和品牌曝光率。配合线上的活动同时进行。

4. 千呼万唤始出来的第二部

故事的最后并没有明确地给出结局，第一部的成功也让更多的人来关注益达的这部微电影，经过一年的等待，第二部终于在 2012 年暑假播出，第一集在各大电视台、网站播出。同时采取跟第一部一样的手段，在新浪微博上进行同步的推广。利用剧情互动来和粉丝互动，同步推出幕后花絮和精彩的剧照，第一集的播出就再次吸引了高度的关注(图 10–4)。

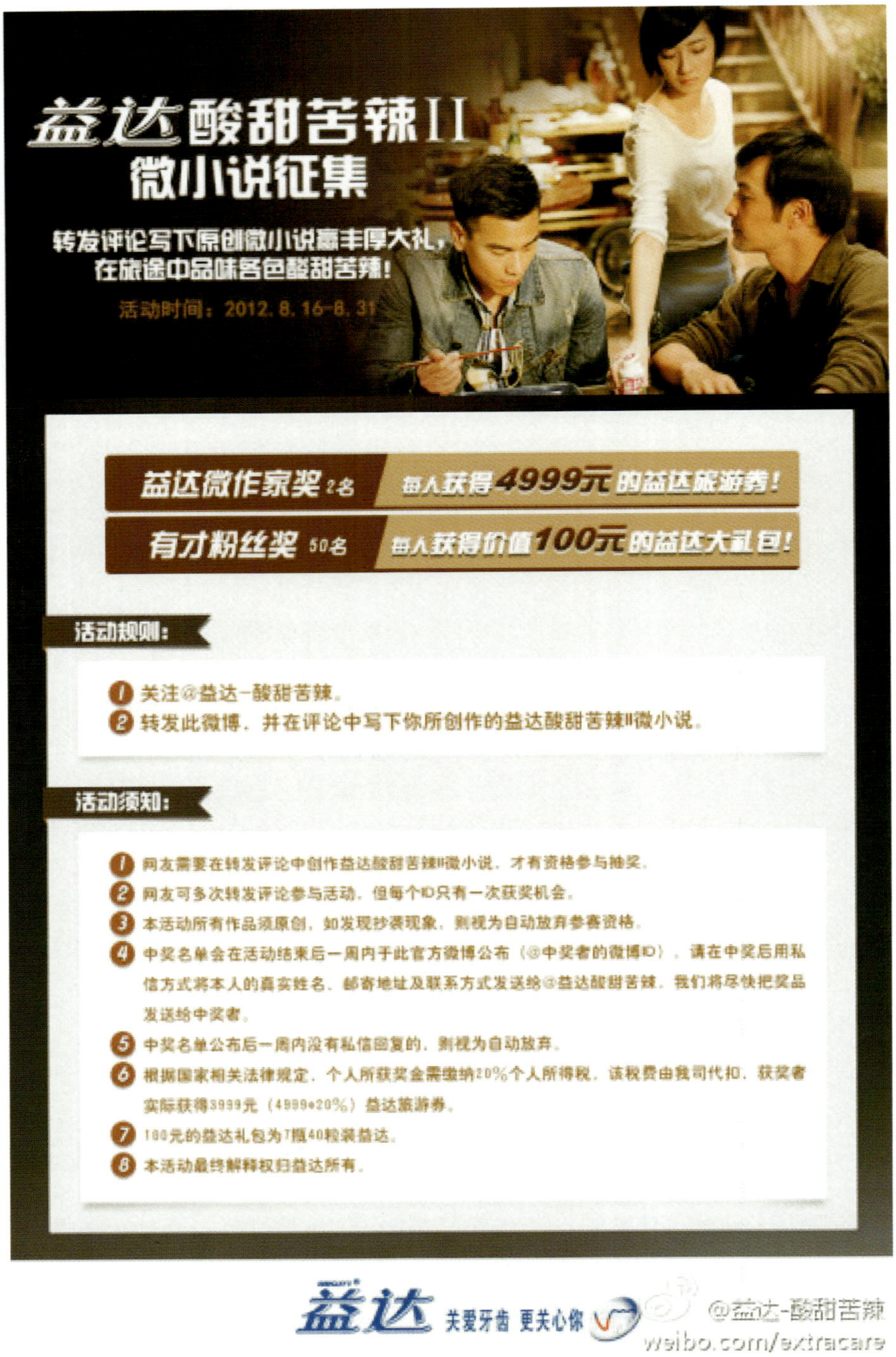

图 10–4　益达微电影剧本征集

5. 创意亮点

特写的镜头在整部剧中有着举足轻重的作用，表现人物心理，拉近观众距离。整部剧分为 5 个部分，分别为：《相遇篇》《甜》《酸》《辣》《苦》，每一个部分独立却又相互联系。作为广告剧，广告的出现必不可少，但益达这部剧紧紧地抓住情感和故事情节的发展，让广告的出现不再令人生厌，而是顺其自然、剧情所需。同时，在发布平台的选择和时间的选择上详细计划，与剧情相关的微博互动也在新浪单独的一个网站展开。

（1）特写镜头拉近距离（图 10-5）

图 10-5　益达微电影中的特写镜头

①男主角取出益达，虽然只剩下两粒，但是也并没有让男主角失望，依旧嚼着益达关心着自己的牙齿，不忘照镜子看看自己的牙齿。此时为了表现益达对于牙齿健康的重要性，一直没有给女主角镜头，为的就是表现男主角全身心地投入到自己的牙齿里了。

②运用未见其人先闻其声的手法，通过先出现女生的声音来打断男主角关心牙齿的镜头，巧妙进行镜头切换的同时也发展了剧情，交代了两位主角。

③再通过加油的动作来拉近两人的距离并进行交流。采用脸部特写的手法，在男主角和女主角的对话之间相互进行转换。而“下一站去哪了”没有回答的问题，正是为下面酸甜苦辣的故事所埋下的伏笔。男主角正来兴趣的同时女主角一句“好了，满了。”简答的四个字瞬间将男主角的话塞了回去，为的就是表现女主角爽朗的个性，也同时让观众对两人关系的发展愈发感兴趣。

④用对女主角的特写来表现两人的眼神交汇，此时也是为了表现女主角心中对男主角好感。最后还是那个沙漠，男主角微笑的特写和女主角微笑的特写（也有介绍演员的作用），暗示了接下来两人会有一段故事的发生。

⑤依旧采用特写镜头，女主角帮男主角踩燃了摩托，再次出现广告主题——“先管好你的牙齿”。其实这一系列的镜头都是为了表现牙齿不好干什么都不行，而益达正是帮助你的牙齿。温馨的情感表达，不仅不让人感觉讨厌，反而让人更容易产生好感。

整部微电影中，用了许多的特写镜头，为的是表现人物内心的细节和关系，同时也博得了观众的好感，拉近了观众的距离。让人不觉得这是一部广告片，反而感觉是一部暖暖的小电影。

（2）场景的特殊布置(图 10-6)

图 10-6　益达微电影中的场景设计

①开场的相遇场景选择在沙漠，左边有“加油站”三字，在沙漠中加油站的油如水一样珍贵，预示着女主角在男主角心中的珍贵，而男主角漂泊的特点，也暗示着最后苦的结局。

②利用吊臂俯拍整个全景，交代集市的情况。位于整个画面的中心位置。接着《相遇篇》的最后两人相视的特写，由于时间的限制并没有交代二人是如何在一起的，反而让观众自己去想象，而且二人的相遇此时也是显得那样的理所当然。没有人会刻意去纠结这中间的细节了。

③为了强调和表现当地的风土人情，用了两个简单的镜头：一个是剪头的人起身看，另一个是卖猪肉的拿着刀盯着看。虽然两个镜头简单，却不仅仅表现了当地的风土人情，还表现了两人之间相互的依赖，正是因为有着这种依赖才使得旅行开始和继续。

（3）细节中为故事发展埋下伏笔（图 10-7）

①镜头通过女主角懒散的脚进行转场，慢慢地从脚往身上移动，直到可以看见男主角。而由于女主角帅气的姿势，让男主角误会为兄弟，也为下面故事的发展中两人的相识，留下一个简单的误会。

②男主角尴尬，通过踩油门和脸部的表情同时来表现人物的心理活动。

“看路，我们还要去海边”一句简单的台词道出了两人最终的目的地，也让人思考，为什么要去海

图 10–7　影片中的细节描写

边，到了海边又要干什么等问题。

（4）广告出现得恰到好处（图 10–8）

①《甜》以两人的背影作为结束，不仅表现两人最后在一起的路还很长，而且引出的“不管酸甜苦辣总有益达”让人感到的也只有温馨没有讨厌了。

②《酸》篇，最后的结尾出现的酸，总结了这段吃醋的故事，同时以女配角也叫一位老人帅哥作为整个画面的背景和画外音，让人忍俊不禁。益达酸甜苦辣篇，最后广告语的出现均是采用这种手法，不仅总结了小段故事的内容，还突出了广告语。

③产品特写的出现紧贴故事的内容。例如，《酸》采用一问一答的形式出现，而《辣》利用男主角诙谐的语言，来表现益达的特色等。

图 10–8　影片中的广告植入

二、别克 suv 昂科拉

【类型】贴片广告

【简介】

2012 年年底，上海通用别克品牌旗下的首款小型 SUV 昂科拉上市。小型 SUV 瞄准的是那些有着青春资本的年轻人，所以在昂科拉的视频广告以及平面宣传中，处处强调着“80 后”甚至“85 后”的

图 10–9　官网的宣传

人生哲学。“计划聚餐，结果突然要加班；计划出游，结果碰上台风天；计划以后，结果她决定和你分手；没有比计划更不靠谱的东西，也没人知道下一步会发生什么……想到什么，就去做咯！我要一个能到处跑的家，开始一次说走就走的旅行！我1981。”配合新品上市，上海通用投放了一组由6段视频组成的关于“80后”的广告，这一次昂科拉的视频都出现在视频网站的贴片广告里，而没有像其他的贴片广告一样，在网络平台和传统媒体同步发布，而是除了在官网（图10-9）上配合宣传发布之外还在优酷和土豆上配合发布。

【创意分析】（图10-10）

（1）之所以放弃电视而选择优酷土豆，有着深层次的原因。一方面，目前中国5.13亿网民中，已有超过4.9亿人收看网络视频。其中，优酷土豆集团覆盖4亿社会主流人群，也就意味着中国有超过80%的视频用户通过优酷土豆收看视频。优酷土豆的强大覆盖能力使得电视台不再是品牌进行快速广泛覆盖的唯一选择。另一方面，在拥有媲美一线卫视覆盖广度的前提下，优酷土豆还可以充分发挥互联网媒体的属性，利用先进的技术手段进行区域定投和频次控制，有效扩大覆盖，减少浪费，全面提升品牌广告投放的ROI（投资回报率）。上海通用别克的数字媒体负责人表示：“契合年轻受众的媒介接触习惯变

图10-10　昂科拉广告片截图

化，昂科拉的上市传播没有进行大规模电视广告投放，而加大了视频媒体的贴片投放，根据相关广告效果追踪测试反馈，目标受众对于广告的总体认知度反响不错，品牌主张的信息通过视频广告得到了有效传递，这无疑鼓励我们对视频营销进行更深入的研究和更丰富的尝试。”

（2）小型 SUV 瞄准的是那些有着青春资本的年轻人，而再确切一些这些目标对象就是 80 后的年轻人，所以 6 段贴片广告分别用犀利的语言来表达。原本社会上就对“80 后”的叛逆和个性作出了种种阐述，而在这几种广告中演员的出色表现让人更多地看到“80 后”们对个性的追求，原本被“批斗”的 80 后在这里也能找到自己的影子，从而追寻和广告中的人物一样的产品。

（3）摆脱以前汽车广告飙车时的大场面，而把重点放在开车人的心理状态和生活状态上。6 个不同的贴片广告在不同的时间进行播放，不至于让人看多了产生厌恶感，反而会让观众在收看不同视频前看到几个不同的同一产品的贴片广告，会让他们自发去寻找其他的贴片。

（4）拍摄手法中多用特写的镜头，拉近与观众的距离。同时也注意突出表现演员的脸部表情，用眼神配合语言来增强说服力。

三、百事为渴望而创

【类别】微电影 + 贴片广告 + 植入广告

【简介】

视频广告的模式正随着技术的提高而变得更加多元化，如由百事公司及土豆网联合推出的 4 集青春励志网剧《为渴望而创》，在赞誉声中完美落幕。据悉，该剧的播出，不仅引发全民的观看热潮，更是掀起了一股创业新风潮。该视频创新推出了“视链”技术，网民在视频中看到被标记的产品，点击产品直接进入到“百乐淘宝专区”可实现即时购买。“视链”技术让看剧和购物二合一，真正达到网民（消费者）的互动参与。这也是视频网站首次依靠平台创新，推出打通视频与电子商务的模式。

土豆网此举拉开了视频网站探索更多盈利模式、深化开发融合的大幕，也有机会让百事等合作伙伴进行营销革新。同时网友还可以在专区留言进行交流。

除了制作和宣传手段的创新之外，这部品牌微电影的卖点也可谓十足。

【创意分析】（图 10–12）

（1）演员的选择上，主演采用新生代的演员们，

图 10–11　网页宣传图

让观众觉得更贴近自己的日常生活，同时有着韩庚、杨幂的友情客串来吸引粉丝的追捧。

（2）利用怀旧的风格，如开篇就采用怀旧的影调来说明各个年代让人印象深刻的事情，不仅可以吸引现代青年的关注，同时也可以让其他人找到自己曾经的影子。

（3）将大学生就业困难的问题同《为渴望而创》结合起来，用创业的故事经历来鼓励更多的人创造自己的价值，让人更容易接受这个思想，进而接受百事这个产品本身。

（4）新出现的"视链"技术，让原本的植入式广告在这里让人觉得更新奇，进而去点击，而不像往常的植入那样令人产生厌恶，而且在电影中数量的控制也很到位，不是太多，如果太多了同样会引起观众的厌恶，那样就让新技术也失去了其意义。

（5）影片中可以看到植入广告、定制剧、贴片广告的影子。植入式广告体现在"视链"的新技术上，贴片广告则用在前期的宣传预告片上。而作为微电影的整部片，一共分成了 4 集，在最具悬念的地方戛然而止，然后在后期陆续播出，这也是作为微电影的广告常用的手法之一。

（6）视频中各种小人物性格各不相同，为的就是引起观众的共鸣。

图 10–12 《为渴望而创》广告片截图视频

四、海航光明行

【类别】微电影

【简介】

利用公益微电影来打动人心。没有如常规一样教人们怎样去做公益事业，而是从感受到爱的帮助的孩子的视角出发，去用自己的方法回报社会。特写孩子纯净眼神和看似幼稚的想法，让更多的人能像孩子一样，体会到爱和帮助。微电影的背景音乐《montana》，空灵的男音配上原生态美丽的西藏，让人更多地感受到原生态的爱。以公益出发进而宣传自己的产品和服务，海航公司本身也真正地做到了播撒光明，践行大爱。“光明行”也并没有因此而停止，而是以此让更多的人加入“光明行”的行列，让更多的人知道海航这个企业。

【创意分析】（图 10–13）

（1）拍摄的时候光的选择恰当，孩子睁开眼看到的第一眼就是光。孩子天真地以为是光带给了自己光明，只要光足够强烈，其他人也能看到光明。故事就是因为光、因为爱来展开。光在整部片的专场和最终的结局中起到了重要的作用。

（2）“笑”是贯穿整部片子的表情。睁开眼看见医生时的微笑、等待光明时和小伙伴们辛苦的微笑、最后成功时的微笑，让这部没有任何台词的微电影，使人感受到人类最原始的温情，这份温情不需要过多语言来表达就能传递到他人心中。

（3）西藏美丽的风景和看不见的人们的表情、动作形成鲜明的对比，这也是小男孩希望有更多的人能够看见这美丽世界的原因，光影的效果在整部片中都有出现，使画面更加美丽，也让故事更连贯。整部影片由光和影来穿插，同时表达了“光明行”的主题活动，而清新的色调也跟影片的内容一样，感动着每一个社会人士。

（4）选择地点和材料的时候，充分表现西藏美丽的自然风光，同时也借风光来象征孩子们美丽的心灵，不断切换的镜头表现出了时间的流逝。

图 10–13　海航《光明行》截图

（5）在光成功汇聚的一瞬间，病人们、医生们、孩子们都露出了美好的微笑。“美好”的结局让人思考孩子尚且知道感恩和回报，如此就能吸引更多的人加入到“光明行”的行列中来。

（6）虽然是部公益的微电影，但作为企业的海航并非是为了做公益广告而做公益广告，这跟海航集团以“爱党爱国、举业为民、感恩社会、和谐发展”为宗旨，践行“为社会做点事，为他人做点事”的企业理念，热心西部地区公益事业，积极承担企业社会责任是分不开的。通过公益的形式不仅可以为企业本身做出宣传，也可以同时宣传企业的宗旨，让更多的人通过对公益的好感来产生对企业本身的兴趣。

五、科比 NIKE 耐克 Black mamba 黑曼巴广告

【类型】微电影

【简介】

在 06 赛季一场对阵猛龙队的比赛中，科比独得 81 分。赛后有人问科比把自己比作什么动物，科比毫不犹豫地说“the black mamba（黑曼巴）”。这部影片就直接用科比对自己的比喻作为片名和主角名。科比携手《罪恶之城》导演罗伯特•罗德里

图 10-14　耐克微电影《黑曼巴》截图

格兹拍摄了电影《黑曼巴》。这部电影应该是科比至今唯一一部个人自传电影。

【创意分析】(图 10–14)

(1)新颖的开场模式。虽然是自传的微电影，采取的却是两人面对面的交流式的一个开场，且交谈贯穿整个视频，在转场景和发展故事情节的时候多次用到这个交谈的场景。两人对话的内容如旁白一样，介绍着剧情、原因、出场人物等内容。

(2)新出场的人物，会提前由导演介绍出来，一般都是电影界的大腕，引起科比的惊奇，同时也是为了引起注意，但是真正的出场人物往往只是些不知名的演员，这里用的是自嘲的手法，例如“能找到别的犀利哥也行”。

(3)幽默诙谐的对话，让人在感到好笑的同时，也感受到制作方的坦白，更达到了商品特写的作用。而整个影片的场景也会因为特写的增加得到更多的拍摄资金，这点在提出之后，资金马上投入，给出了更加宏大的场景。

跟其他的微电影不一样，整部电影给人一种说到做到(在下一个镜头中便得以实现)、实现时间极快的整体感觉。

(4)当然，整部片子在大概让观众摸清套路的同时，在大 boss 出现的时候突然来了一个出其不意——真人出演。这不仅给观众一个新奇，还让人真的感受到这是一部大片。

(5)一双鞋出现一个人，为的就是表现“鞋在人在，鞋亡人亡”的精神，在鞋的广告中这个想法很老套，但是通过鞋子显现出人的投影，这样隐晦的手法还是挺新鲜的。

(6)文案的用心——英雄是一时的，但传奇是一世的。它突出了人也同样突出了鞋。

(7)最后结束的场景宏伟，又突出了品牌的标志。

六、妮维雅街头快闪

【类型】病毒广告

【简介】

在今天这个注意力严重缺失的时代，仅靠商品试用、打折促销、买二送一等传统的手段很难建立和顾客的长久联系，所以妮维雅做了街头快闪运动。女消费者只是在街头体验了妮维雅的试用装并没有产生购买的行为，这是线下体验营销经常出现的一种情况，很多营销在这个时候就停止了。而妮维雅的这次病毒营销却不是，从体验到程度加深的一次次艳遇，不仅仅使这名消费者本身被震撼，街上的路人们也被震撼，当然还有收看这个病毒视频的屏幕前的观众们同样被震撼。

【创意分析】(图 10–15)

(1)从女为悦己者容的角度出发创意，体验过妮维雅的商品之后，用夸张的表现手法，从开始可以得到仰慕者献的花、帅气少年的街头热舞、警察的热舞诱惑、消防员们的湿身表演，以及到最后出现的白马王子，相信这一连串的艳遇不是每个女生都能抗拒的。

(2)病毒广告中每次新人物的出场都给女主角先恐惧后欣喜的感受。最开始的卖花人突然转身、警察的出现等，似乎都是先打破了开始的欢乐欣喜的局面，但实际是为了更加加深这种欣喜。

(3)虽然这部病毒广告可以表现出事件的突发性，但是演员们的表演、道具的准备、出场的顺序都是经过精心安排的，可以看出很重的商业模式。

(4)突破传统的线下营销的促销手段，从用户体验心理出发创作，让线下的宣传不仅仅停留在线下，让观众感受到这次事件的偶然性，同时也让现场的路人们感受到这份疯狂。

图 10-15 妮维雅病毒式视频广告

参考文献

[1] 庞井君. 中国视听新媒体发展前景广阔——在《中国视听新媒体发展报告(2011)》发布会上的讲话[J]. 电视研究,2011(4).

[2] 唐E舒尔茨,菲利普J凯奇. 全球整合营销传播[M]. 北京:机械工业出版社,2012.

[3] 菲利普·科特勒,何麻温·卡塔加雅,伊万·塞蒂亚万. 营销革命3.0——从产品到顾客,再到人文精神[M]. 北京:机械工业出版社,2011.

[4] 侯自强. 网络视频新媒体正从视频网站向网络电视台演进[M]. 北京:社会科学文献出版社,2011.

[5] 沃尔夫(美).娱乐经济[M]. 北京:光明日报出版社,2001.

[6] 宋杰. 视听语言(影像与声音)[M]. 北京:中国广播电视出版社,2001.

[7] 全文韬. 从植入广告到品牌内容营销[J]. 中国广告,2010(8).

[8] 郭桂萍,赵彤.广告信息传播模式的演进——从大众传播到镜众传播[J].情报科学,2010(8).

[9] 孟志军. 微电影的传播学解析[J]. 新闻界,2011(8).

[10] 郑晓君. 微电影 – 微时代广告模式初探[J].北京电影学院学报,2011(6).

[11] 邵清风. 视听语言[M]. 北京:中国传媒大学出版社,2007.

[12] 杰克·特劳特,史蒂夫·瑞维金. 新定位[M].北京:中国财政经济出版社,2002.

[13] 尼尔·波兹曼(美).娱乐至死[M].桂林:广西师范大学出版社,2004.

[14] 约翰·赫伊津哈(荷兰).游戏的人[M].杭州:中国美术学院出版社,1996.

[15] 李光斗. 故事营销[M].北京:机械工业出版社,2009.

[16] 彼得W雷,大卫K欧文. 影视短片制作与编辑[M].4版.北京:清华大学出版社,2013.

[17] 康初莹."微"传播时代的微电影营销模式解读[J]. 新闻界,2011(7).

[18] 李斌玉,姜谢华.病毒式营销传播下的道德风险与品牌塑[J].新闻爱好者,2008(2)

[19] 田智辉.新媒体传播[M].北京:中国传媒大学出版社,2008.

[20] 保罗·莱文森.新新媒介[M].何道宽译.上海:复旦大学出版社,2011.